Plutarch 著
吳奚真 譯

希臘羅馬名人傳

（上冊）

國立編譯館出版
中華書局印行

Plutarch

The Lives of the Noble Grecians and Romans

Translated by Wu Hsi-chen

This book has been published with the assistance of the United Nations Educational, Scientific, and Cultural Organization

Published by

The National Institute for Compilation and Translation

Printed by

Chung Hwa Book Company, Limited

本書由聯合國教育科學文化組織補助出版謹此致謝

譯序

蓋拉德（Albert Guerard）①說：「一部古典作品（classic）之所以爲古典作品，並非因爲它是在很久以前寫成的，而是因爲時至今日，它仍然新鮮如昔。」普魯塔克的「希臘羅馬名人傳」，就是這樣的一部歷百世而常新的作品。

關於普魯塔克的生平，我們所知不詳。連他的生卒時期，我們也只知道一個約計的年代（45?—120?A.D.）。他世居希臘比奧細亞（Boeotia）的一個小城，名字叫做凱洛尼亞（Chaeronea）。在一篇討論作家居住大城市之利益的文章裏面，他曾經說過這樣的話：「至於我自己，我是住在一個小城裏面，而且我願意住在那裏，因爲我一搬走，那個城市豈不將變得更小了。」他在雅典受教於一個名叫亞蒙尼亞斯（Ammonius）的哲學家。他去過埃及。在公元九十年之前，他爲了執行公務而在意大利停留相當的時期，並在那裏講學，很受注意。他曾擔任本城的執政官，和阿波羅神殿的祭司。他至少有五個子女，其中有兩個兒子長大成人；那兩個兒子之中的一個，名叫藍普里亞斯（Lamprias），後來也成爲一個哲學家，曾爲他的作品（包括現存的和已經散失的）編製一個目錄。

作爲一個哲學家，普魯塔克可以說是一個折衷派。他的思想線索，來自許多不同的淵源。他從柏拉圖的學院派習得了謙遜，從亞理斯多德的消遙學派（Peripatetics）習得了自然科學和邏輯，從斯多亞學派（Stoics）習得了堅忍，從伊匹鳩魯（Epicurus）學派習得了一種合理的享樂，從畢達格拉斯

（Pythogoras）學派習得了對於一切生物都持着親善態度。換句話說，他似乎是一個獨立的思想家，並不依附某一門派。

普魯塔克的名聲，主要是建立在「希臘羅馬名人傳」之上。除了這部傳記之外，他的其餘作品的總名爲Opera Moralia，其中包括六十篇論文。我現在擧出其中幾篇論文的題目爲例，就可以窺知作者興趣的範圍是如何的廣泛：「論子女的教育」，「論機會」，「論迷信」，「論命運」，「論女人的美德」，「如何區別奉承者和朋友」，「論蘇格拉底的天才」，「論傾聽的正當方式」，「論月輪之面」（On the Face of the Moon's Disk），「陸上動物與海上動物何者更爲聰明」，「水與火何者更爲有用」，「論羅馬人的命運」，「雅典人所賴以馳名者，是戰爭？還是智慧？」

從歷史的觀點看來，普魯塔克所寫的傳記在某些方面是不够確實的，因爲他對於數字有些馬忽，他所根據的資料未必盡屬可信，他的叙述有時也不免有些錯誤或前後矛盾之處。但是他對於傳記的寫作，却懷有另外一種目的。他對於那些偉大人物的主要興趣，是去發現他們的道德性質。關於這一點，克拉夫（Arthur Hugh Clough）的下面這段話②做了一個很好的說明：「在閱讀普魯塔克的時候，我們必須記住下列各點。他是一個道德家，而不是一個歷史家。他的興趣比較少在於政治和帝國的更迭，而更多在於人的品性、個人事蹟、和行爲的動機；被完成並且受到酬報的職責；受到懲戒的倨傲，獲得矯正的輕率的憤怒；在現實世界（the visible world）獲得成功、或者在靈冥世界（the invisible world）尋求憑藉的仁愛、公正、和慷慨。在寫作傳記的時候，他一直都在念念不忘亞理斯多德的道德學和柏拉圖的學說，那些東西構成了他那個時代的有教養的人們的宗教。」

在亞歷山大傳的第一段裏，普魯塔克曾就他爲亞歷山大和凱撒的傳記選取材料的原則加以說明：「大家不要忘記，我現在所撰著的並非歷史，而是傳記。從那些最輝煌的事蹟之中，我們並不一定能夠極其清晰地看出人們的美德或惡德；有時候，一件不太重要的事情，一句笑話，或者片言短語，會比最著名的圍城，最偉大的軍備，和最慘烈的戰爭更能使我們瞭解人們的性格和意向。因此，肖像畫家在作畫的時候，特別用心描繪最能表現性格的面部輪廓和眼神，而對於身體的其他部分則不必多加注意，同樣地，請讀者們也容許我對於人們的靈魂的跡象和徵兆多加注意，藉着這些來描寫他們的生平，而把他們的偉大事功和戰蹟留待其他作家們去敘述。」這是寫作傳記的一個正確的原則，也是必須具有大匠的技巧才能實行的原則。因爲「描繪人們的靈魂的跡象和徵兆」，實在比逐一敘述一個人生平的事蹟，更爲困難得多。普魯塔克所提示的這種原則，一直被後世的傳記作家奉爲圭臬。

「希臘羅馬名人傳」原名「對比的傳記」（希臘文爲 Bioi Paralleloi；英文爲 Parallel Lives），分爲若干「卷」（Books），每卷包含一個希臘人物和一個羅馬人物的傳記，後面附有一篇「比較」，把兩個人的顯著特點加以對比。普魯塔克所採取的步驟，顯然是先來評斷人物們的道德本質，再來衡量他們所發生的影響，最後把他們的長處和短處，成功和失敗，分別加以比較。可惜的是，這些傳記後來佚失了若干部分；而作者原來的計劃也有若干遺略，顯然是由於他並沒有全部完成這部傳記的寫作工作。現在所留下來的共有五十篇傳記，其中有四十六篇是排比成對的，四篇是單人的。在排比成對的四十六篇之中，有八篇是沒有「比較」的。不過，就這部作品的現有的形貌來說，它迄今仍被認爲是一部只能做爲模倣對象，而不能侈望加以改善的完美傳記作品。這部作品不僅是西洋文學的寶貴資料之一，而且由於其中所包含的豐富的學問、優美的文學性質、和嚴正的人生哲學，也一直被列爲愛好文學者的必讀之書。

「希臘羅馬名人傳」的英文譯本很多，其中比較重要的幾種如下：

(一) Sir Thomas North 譯本，刋於一五七五年。

(二) John Dryden 譯本，刋於一六八三年。

(三) John and William Langhorne 譯本，刋於一七七〇年。

(四) Bernadotte Perrin 譯本，爲希臘文與英文對照本，刋於一九一六年。

在這幾種譯本之中，最著名的當推諾斯（North）③和朱艾敦（Dryden）④的兩種譯本。諾斯的譯本，也就是莎士比亞所使用的譯本，並非自希臘文直接譯出，而是從亞繆（Jacques Amyot）的法文譯本（一五五九年）譯出的。不過，如桑普孫（George Sampson）所說的⑥，「這個譯本〔指諾斯的譯本〕已經不是普魯塔克，而是利用普魯塔克的題材寫成的一部新的傑作。諾斯的普魯塔克距離亞繆法文譯本之遙遠，正像亞繆的法文譯本遠非普魯塔克希臘文原著的本來面目一樣。」但是，諾斯的伊利莎白式的散文，瑰麗奇特，本身成爲上好的文章。

譯者所採用的，是朱艾敦的譯本。採用這個譯本的原因，不僅因爲它是譯者在臺北所能找到的一種最佳的譯本（對於本書的譯述工作，有關方面規定的期限不長，所以來不及向國外選購書籍），也因爲這個譯本的文字和句法比較現代化，而又保持着原著的濃厚的學術的和文學的氣息。這個譯本雖然名爲朱艾敦譯本，實際上却是出自好幾個人的手筆，所以文筆並不十分一致。譯者所根據的，是克拉夫的一八六四年的修訂本。Everyman's Library 和 Modern Library 裏面，都用這個版本。朱艾敦是十七世紀的英國詩人、批評家、和戲劇家，英文裏面的 biography（傳記）一字，就是由他在「希臘羅馬名人傳」的「緒言」裏面首先創用的。英譯本原文的句法有時很冗長而繁複，譯者盡力保存其文體上的風格。在翻譯的時候，譯者並且參考一部殘缺的 Perrin 譯本，和 Langhorne 譯本的一個選本，這是我目前所能得到的僅有的兩種其他譯本。有少數費解的地方，我採用了 Perrin 的說法，因爲 Perrin 譯本是希臘文和英文對照的，應該比較切合原文；這類情形中的比較重要之處，譯者都在註解中說明。

朱艾敦英譯本原書共載傳記五十篇（如全部譯成中文，約有一百四十萬字），本書只選譯了五篇（約二十萬字），每篇都是完整的翻譯。原書有克拉夫的長序一篇（近二萬字），在一個比較大規模的譯本裏面，那篇序當然是必不可缺的，但是在目前這個小型的譯本裏面，譯者只把那篇長序做爲這篇「譯序」的主要參考資料之一。

因爲參考書的缺乏，和時間的限制，譯文的註解做得不夠周詳，這是譯者引爲歉憾的事情。其他方面的疏誤，當亦不免，希望讀者不吝指正，我想將來在適當的時機，再做一些增補工作。

本書是由譯者受國立編譯館的委託而譯出的。王館長鳳喈很重視這部書，在這五篇譯稿完成付梓之後，王館長又設法克服一些物質條件上的困難，計劃繼續出版一冊。現在譯者已經接受王館長的囑託，即行着手將這部「希臘羅馬名人傳」再選譯二十萬字左右，作爲本書的下冊出版。

本書譯稿承梁實秋先生在他本身的著述工作非常繁忙之中，惠予校訂，譯者深爲感謝。

五十二年十月吳奚眞序於臺北

註解：

①(1880–) 祖籍法國之美國作家。

②見克拉夫修訂的朱艾敦譯本「希臘羅馬名人傳」（卽本書所根據之英譯本）的「緒言」。

③(1535?–1601?)英國翻譯家。

④(1631–1700)英國詩人，批評家，戲劇家，翻譯家。

⑤(1513–1593)法國學者與奧薩城(Auxerre)主教。

⑥見 George Sampson: The Concise Cambridge History of English Literature, PP. 175–176.

目錄

賴喀葛士

歷史家們所遺留給我們的關於斯巴達立法者賴喀葛士（Lycurgus）的記述，極不確鑿，差不多每一位歷史家所斷言的任何事情，都受到其他歷史家們的異議或駁斥。關於他出身的家族，他所從事的航行，他死亡的地方和情形，歷史家各有不同的意見，尤其是，當他們講到他所制訂的法律和他所建立的國家的時候，大家的意見更爲紛歧。對於他所生存的時代，他們的意見也無法一致；因爲有些歷史家說他飛黃騰達於伊斐塔斯（Iphitus）的時代，這兩個人曾經在奧林匹克競技會的莊嚴儀式中共同創制停止使用武力的法令。持這種意見的有亞理斯多德；爲了證明這種說法的正確，他指出在奧林匹克競技會所使用的一個銅圈上面的刻文當中，就有賴喀葛士的名字，直到他的時代尚未磨滅。但是艾拉托塞尼（Eratosthenes）①、阿坡羅多拉斯（Apollodorus）②、和其他一些年代學者，却按照斯巴達歷代帝王的遞嬗來推算時間，設法證明賴喀葛士的時代遠比奧林匹克競技會的創立爲早。泰密亞斯（Timaeus）②則猜測叫賴喀葛士這個名字的有兩個人，生於不同的時代，不過其中之一比另外一個的名氣大得多，所以人們便把二者的豐功偉蹟的榮耀都歸諸他一人之身了；據他說，這兩個人當中的年長者生於荷馬之後不久的時代；有些人甚至明確地說他曾見過荷馬。但是從翟諾芬（Xenophon）④的一段記載中，我們可以推斷他是很古時候的人，在那段記載當中，翟諾芬把他列爲和赫拉克萊狄王室

(Heraclidae) 同時代的人。從家世說來，斯巴達的最末幾代帝王固然也都屬於赫拉克萊狄王室；但是翟諾芬在那段話中所說的，似乎是指着赫庫里斯(Hercules)的最初的或更爲直接的幾位繼承者而言。但是雖然有這種混淆難解的情形，我們還是要盡力撰寫他的生活的歷史，所持的原則是根據那些矛盾性最小的記述，並且遵循那些最值得信賴的作家的說法。

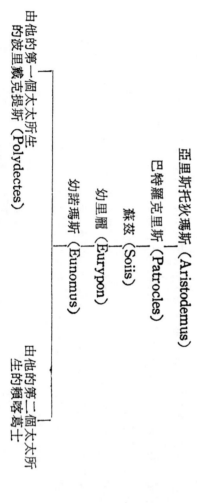

詩人塞蒙尼狄 (Simonides)⑤ 認爲賴喀葛士是普里坦尼斯 (Prytanis) 的兒子，而不是幼諾瑪斯 (Eunomus) 的兒子；但是持這種意見的只有他一個人，所有其餘的人們都對於這兩個人的宗譜做如下的推斷：

亞里斯托狄瑪斯 (Aristodemus)
|
巴特羅克里斯 (Patrocles)
|
蘇玆 (Soiis)
|
幼里龐 (Eurypon)
|
幼諾瑪斯 (Eunomus)
|
由他的第一個太太所生的波里戴克提斯 (Polydectes)　　由他的第二個太太所生的賴喀葛士

杜柴達斯(Dieuchidas)說他是巴特羅克里斯的第六代孫子，赫庫里斯的第十一代孫子。即使事實眞是如此，蘇茲也無疑地是他所有祖先中的最著名的人物，在這個人物的領導之下，斯巴達人使赫洛人(Helots)⑥成爲他們的奴隸，並且藉着征服而從亞伽狄亞(Arcadia)取得大片的土地。關於這位蘇茲王，有這樣一個故事：有一次，他被克萊托里亞(Clitoria)人圍困在一個乾涸多石的地方，得不到水喝，最後他終於被迫同克萊托里亞人達成協議——只要他和他的全體部下都能在最近的泉水喝水，他便把他所略取的全部土地歸還他們。經過例行的宣誓和認可之後，他把他的士兵們召集在一起，向他們宣稱，如果有任何人能忍住渴不喝水，他便把自己的王國奉送給他，以爲酬報；但是，其中沒有一個人能够不喝水；當他們全體都盡量大喝一場之後，蘇茲王本人最後走到泉水之旁，他只往自己的臉上撒些水，一滴也沒有喝，然後便在敵人衆目睽睽之下揚長而去，拒絕交出他所略取的土地，因爲他本人和他的全體部下並沒有像條款所規定的那樣全都喝了他們的水。

雖然他爲了這件事情而受人欽仰，但是他的家族並未以他的名字爲姓，而以他的兒子幼里龐的名字爲姓(他們由幼里龐而自稱爲幼里龐狄德族)；其理由是，幼里龐放寬了君主政體的嚴苛，竭力爭取多數人的好感和愛戴。經過這樣一寬縱之後，人民便愈來愈肆無忌憚了；以後的幾位帝王，有的爲了使用暴力而惹起人民的仇恨，有的爲了懦弱和討好人民，也都一再退讓；於是，無政府和混亂狀態長期出現於斯巴達國內，終於引致賴喀葛士之父幼諾瑪斯王的死亡。正當幼諾瑪斯設法鎭壓一場暴動的時候，他被人用屠刀刺殺，把他的國王的頭銜遺留給他的長子波里戴克提斯。

波里戴克提斯不久也死了，繼承的權利(如每一個人所認爲的)便落在賴喀葛士的頭上；他也眞的作了一個時期的國王，直至曉得他的嫂嫂——先王之后——懷孕的時候爲止。他一發現這件事情，馬上宣佈這個王國屬於王后的孩子，只要它是男的，他自己則將僅以監護人的地位來行使王權；斯巴達語對於這項職位的名稱是 prodicus。不久之後，王后向他提出一項建議：如果他在作了斯巴達王之後娶她爲后，她將親自設法把孩子毀掉。他雖然對於這個女人的邪惡深感痛恨，但是並未拒絕她的建議，反而假裝贊同，派遣使者向她表達感謝和欣幸之意，不過他很懇切地勸她不要墮胎，因爲那將損傷她的健康，甚或危害她的性命；他並且告訴她說，等嬰兒一出世，他將親自照料馬上把它弄死。他用這種巧計誘使那個女人拖到臨盆的時候；他一聽說她分娩了，馬上派人前往，監視一切情形，並且下了一道命令：如果生下的是一個女孩，便交付給那個女人，如果是一個男孩，便馬上送到他的身邊，不論他正在何處，也不論他正在做什麼事情。結果，正當他同一些主要官員共進晚餐的時候，王后生下了一個男孩，派去的人不久就把那個男孩送交給晚餐桌上的他；他把他抱在懷裏，向左右的人們說：「斯巴達的人們，這是我們的新降生的國王」；說完了這句話，他把他放在王位上面，替他命名爲「查理勞斯」(Charilaus)，那個意思就是「人民之歡欣」；因爲大家對於他這種崇高而正直的精神都感到非常的歡喜和驚奇。他的統治僅僅繼續了八個月，但是他爲了其他原因而受到公民們的尊敬；爲了他的崇高的美德而服從他的人，多於那些爲了他是攝政並且握有王權而服從他的人。可是，有些人嫉妒他，認爲他少年得志，設法阻礙他的與日俱增的勢力；這班人主要是母后的親戚朋友，而母后本人也假裝受到輕蔑的待遇。她的兄弟里昂尼達斯(Leonidas)，在同賴咯葛士的一場激烈爭論之中，甚至當面告訴他說，他確信他不久就將作國王；里昂尼達斯這樣做的目的，是要製造他的嫌疑，並為未來的指控鋪路，一旦他的侄兒遭遇不測，即使是自然的死亡，他也難逃謀害之咎。母后和她的黨羽們故意把這一類的話向外傳播。

他很為這件事情煩惱，而且不曉得將來會演變到怎樣的結局，他認為最明智的辦法是自動流亡，藉以避免他們的猜忌，他決定到國外各地旅行，直至他的侄兒到達結婚年齡，娶妻生子，王位繼承確保無虞的時候為止；於是他懷着這樣的決心，揚帆起程，首先到達克里特島（Crete），在那裏，他考察了他們的幾種政體，並且結識一些重要人物，他對他們的若干法律非常讚許，決定在自己的國家採用；對於許多其他的法律，他則加以拒斥。在克里特的最以學問和政治事務方面的智慧著稱的人士之中，有一位叫做塞里斯(Thales)的人，賴喀葛士對他非常心折，因而藉着堅持的要求和友誼的保證，勸促他前往拉西第蒙（Lacedaemon）⑦；在那裏，雖然從他的外表和職業看起來，他似乎不過是一位抒情詩人，實際上他却扮演了世界上最能幹的立法者之一的角色。因為他所做的那些詩歌，都是勸誡大家服從和一致，而詩中的韻律和節奏，則傳達着秩序和寧靜的印象，對於聽者的心靈具有極大的影響力量，使他們不知不覺地受了潛移默化，以致都放棄了私人的夙怨和仇恨，重新結合起來，共同讚賞美德。我們很可以說，塞里士已為賴喀葛士後來所倡導的紀律預先做好了準備工作。

離開克里特之後，他駛往亞洲，據說他打算把克里特人的頗為適度而有節制的生活方式與規則，同奢侈成性一味講究的愛奧尼亞（Ionia）人的生活方式與規則加以比較，藉以做出一個判斷；正像醫生把健康人的身體同病人的身體加以比較一樣。在這裏，他第一次看到了荷馬的作品，那些作品大概都是保存在克里歐斐拉斯（Creophylus）的後代的手中；他發現荷馬詩篇當中固然有少數放浪的辭句和不良行爲的惡例，其中却洋溢着更重要的嚴肅的政治教訓和道德規則，於是他熱切地做了一番編纂和整理的工作，因爲他認爲那些詩篇對於他自己的國家會有很大用處。荷馬的詩篇固然已在希臘享有微名，零散的部份也曾隨着偶然的機緣而落入個人的手中；但是賴喀葛士是第一個使那些作品家喻戶曉的人。

據埃及人說，賴喀葛士也到了埃及，而且他對於他們的把軍人同其他人民加以劃分的辦法大爲讚賞，所以也在斯巴達採行這種辦法，並且藉着使軍人同微賤的工匠職業不相關聯，而使政治體制更爲高雅而優美。關於這件事情，若干希臘作家也有記載。至於他的前往西班牙、非洲、和東印度羣島（Indies）的旅行，以及他同裸體哲學家（Gymnosophist）⑧們的晤談，就我所看到的，其全部記述僅見於西帕卡斯（Hipparchus）之子斯巴達人亞里斯多克拉底（Aristocrates）的作品。

斯巴達人民很懷念賴喀葛士，時常派遣使者請他回國，他們說，「我們固然有國王，但是他們徒然戴着王的標誌，擁有王的頭銜，至於他們的心智的本質，實在毫無異於一般庶民之處」；並且說，只有在他的身上，才可以看到帝王的眞正本質，適於統治萬民的性情，以及博得大家服從的天才。那些國王本身也不反對他回去，因爲他們認爲他的返國可以構成一個屏藩，使他們不再受到人民的輕侮。

在他返國的時候，情勢大致如此，然後他馬上致力從事一場徹底的改革，決定改變這個國家的整個面目；單單幾項新法律和局部的改變，有什麼用呢？他必須像良醫在治療一個諸症併發的病人的時候一樣，先用藥力使他困頓疲竭，改變了他整個的氣質，然後使他開始實行一種嶄新的攝生之道。做了這樣的打算之後，他前往德爾非（Delphi）⑨，向阿波羅神請示，並且奉獻了祭品，然後携着那道著名的神諭回來；在那道神諭裏面，他被女祭司稱爲神的鍾愛者，並且甚至被稱爲神，而非人；阿波羅曉諭他說，他的禱告已蒙垂聽，他的法律將爲最優良的法律，遵守那些法律的國家將爲世界上最著名的國家。受到了這樣的鼓勵，他便去拉攏斯巴達的一些領導人物，請求他們對於他的偉大事業助一臂之力；他首先同他的好友們商談此事，然後逐漸爭取旁人的支持，激勵他們大家合力實行他的計劃。到事態成熟可以採取行動的時候，他命令斯巴達的三十名主要人物於黎明前武裝整齊地在市場⑩出現，爲的是使反對派的份子們感覺恐怖。赫米帕斯（Hermippus）曾經把其中二十個最顯赫的份子的的名字告訴我們，但是最爲賴喀葛士所信賴、並且在法律的制訂和實行方面對他幫助最大的人，乃是阿斯邁亞達（Arthmiadas）。當事態發展成爲一場騷動的時候，查理勞斯王擔心這是一項想加害於他的密謀，所以隱匿在銅廈的敏諾華（Minerva）⑪的神殿裏面；不久之後，他弄清眞相，並且接納了他們的無意反對國王的誓言，便離開了避難所，並且參加他們的革新工作；他的性情非常溫和柔順，他的共位王⑫阿契勞斯（Archelaus）在聽到旁人頌揚他的善良的時候，曾經說過這樣的話：「誰能說他不善良呢？他對於壞人也是以好心腸對待。」

在賴喀葛士所做的許多改革和變更之中；最初的而且最重要的一項是元老院的設立，這個機構對於極其重大的問題擁有和國王同等的權力，並且如柏拉圖所說的，由於減削並限制了國王的職權的專橫，而爲國家帶來了穩定和安全。以前國家的政治並沒有一個穩固的基礎；當國王佔上風的時候，就傾向於專制的君主政治，當人民居優勢的時候，就傾向於純粹的民主政治，現在元老院的設立却成爲一股中心的重力，像船上的壓艙物一樣，總能使國家政治處於一種適當的均衡狀態；這二十八名元老院議員，一方面擁護國王去抵制人民的過份越權，一方面支持人民來對付國王的趨於專制。至於元老院議員人數之所以定爲二十八名，據亞理斯多德說，是因爲在賴喀葛士的最初的三十名同志之中，有兩個人爲了缺少勇氣而退出這項工作；但是史斐拉斯（Sphaerus）則說最初參與其事的只有二十八人；這個數字是由四乘七而成，並且是六以後的第一個各部份都相等的完全數字，其中也許含有什麼神秘意義。但是我認爲賴喀葛士把元老院的人數定爲二十八名，爲的是加上兩名國王之後，共爲三十名。賴喀葛士非常想成立這個機構，所以不辭辛勞地從德爾菲爲它取得一道神諭，叫做「諭法」(Rhetra)，其中寫道：「當你爲邱比特（Jupiter Helianius）和敏諾華（Minerva Hellania）造好神殿，把人民們劃分爲若干部族，再把每個部族分爲若干氏族之後，你要成立一個由三十名元老——包括兩位國王在內——構成的議會，並且要時常在巴比卡（Babyca）和納祥（Cnacion）之間召集人民開會，向他們提出問題，讓他們表決。平民們有最後的發言權和決定權。巴比卡和納祥現在被稱爲伊納斯(Oenus)；亞理斯多德說納祥是一條河，巴比卡是一座橋。在這二者之間，他們舉行集會，因爲他們沒有會議廳或開會的房屋。賴喀葛士認爲裝飾對於他們的會議絕無好處，反而是一種妨礙，因爲裝飾會把他們的注意力從正在商議的問題轉移到那些雕像、圖畫、以及用格子花紋裝璜得很精緻的屋頂——這些正是其他希臘人對於這類場所所做的通常的裝飾。於是人民們便在戶外開會，他們這一階層的人沒有權利提供任何意見，而只能對於國王或元老院所提出的意見加以認可或拒絕。但是到了後來，人民們有時藉着增減一些文字，而歪曲了原案的意義，波里多拉斯（Polydorus）和底歐龐帕斯（Theopompus）二王便在「諭法」（或稱「大盟約」）裏面添加如下的條款：「如果人民們做出不正當的決定，元老院議員和國王們可以宣佈解散大會」；也就是說，他們可以拒絕認可，並把人民們視爲敗壞或曲解他們的意見的人而加以解散。他們設法使人民們相信，這一點也像「諭法」其他部分同樣是阿波羅的旨意，確鑿可信，如特提亞斯（Tyrtaeus）⑬的詩句所表現的：

「他們由阿波羅那裏聽取這些神諭，
按照原來的字句從德爾菲帶了囘去：
天神委派的國王們，他們深愛着這個國家，
將在議會中居於最重要的地位；
其次是元老院的議員；平民居於最後；
讓這項正直的諭法爲全國上下所接受。」

雖然賴喀葛士曾經像這樣地在斯巴達的政體之中儘量使用一切的調節和限制的辦法，但是繼他之後的國王們却仍然發現寡頭政治的成份過於强大，漸佔上風，他們爲了阻遏寡頭政治的肆無忌憚和暴亂行爲，便像柏拉圖所說的，在它的嘴裏放置一個「馬嚼子」，那就是設置於賴喀葛士死後一百三十年的民選長官（ephori）⑭的權力。伊雷塔斯（Elatus）和他的同事們是在底歐龐帕斯王朝首先被賜給這項尊榮的；有一天，底歐龐帕斯的王后責備他說，他將來遺留給兒子們的王權將比他得自祖先者爲小，他回答說，「不會，將比我得自祖先者更大；因爲它可以延續得更爲久遠。」的確不假，斯巴達國王的特權既經被減削到適度的範圍之內，他們馬上便避免了一切的猜忌以及由猜忌而引致的後患，並且從未遭受到像他們的兩個鄰邦——麥西尼（Messene）和阿戈斯（Argos）——的帝王們所遭逢的那樣的不幸，那兩個帝王因爲過於嚴格地維持自己的特權，不肯對人民稍做讓步，而終於把國王的特權完全喪失。

麥西尼與阿戈斯這兩個國家，和斯巴達不但疆界毗鄰，而且具有很近的血統關係，任何人如果看看那兩個國家的人民叛亂和政治不良的情形，便會發現一個最好的理由，來欽佩賴喀葛士的智慧和遠見。因爲這三個國家，當最初興起的時候，在各方面都是同等的，如果彼此間有什麼差別，那種差別也是有利於麥西尼人和阿戈斯人的，因爲在最初分配的時候，他們被認爲是比斯巴達人更幸運的；可是他們的幸福只繼續了一個很短的時期，一部分由於國王們暴虐成性，一部分由於人民們的難於管束，很快便爲他們帶來了這樣的紊亂局面，所有的現存制度全被推翻，而斯巴達人却得到了那位明智的立法者，對於他們的政治做了適當的均衡和節制，相形之下，他們眞是叨天之福。但是這件事情我將留待以後再談。

在產生了三十名元老院議員之後，他的下一項工作，也是他所曾經從事的一項最冒險的工作，就是土地的重新分配。因爲斯巴達人的貧富情形極爲不均，大量的人們生活貧困，而國家的全部財富集中於少數人之手。於是，他爲了根絕國民中間的傲慢、羨妬、奢侈、罪惡，尤其是那些更爲根深蒂固的貧困與豪奢的弊病，乃設法說服人民，要他們放棄自己的產業，同意重新分配土地，然後大家以同等地位一起生活；從此以後，如果想出人頭地，唯一的路徑是憑藉自己的美德和功績，而衡量人與人間之不同的尺度，只有卑劣行爲的恥辱和高尚行爲的美譽。

在人民同意這些建議之後，賴喀葛士馬上開始實施，他把拉考尼亞（Laconia）⑮的一般土地劃分爲三萬個相等的份，把屬於斯巴達城的土地劃分爲九千個相等的份；他把這九千份土地分配給斯巴達的公民，把另外的三萬份分配給拉考尼亞其餘各地的居民。有些作家說他只爲斯巴達的公民們分配了六千份土地，國王波里多拉斯另外添加了三千份。其他的作家們則說，賴喀葛士只分配了四千五百份，波里多拉斯把這個數字加了一倍。一份土地平均每年爲一家的主人生產穀物約七十蒲式耳⑯，爲他的太太生產十二蒲式耳，還有適當比例的油和酒。他認爲這些東西足可維持他們的良好健康和充足體力；其他一切多餘的東西，他們最好沒有。據說，在土地剛剛劃分不久之後，正值收穫時期，賴喀葛士有一次在歸途中經過剛剛收割過的田野，看到許許多多大小相同毫無二致的穀堆擺在那裏，他微笑着對左右的人們說：「整個拉考尼亞看起來就像是一片剛剛分給衆多兄弟的家產。」

對於這項改革，賴喀葛士還不以為足，他決定把人民的動產也加以分配，以求消除一切差別和不均的現象；但是他發覺如果公然進行這件事情，將是一項危險的嘗試，於是他採取另外一種辦法，使用這種計謀來打破人們的貪慾：他下令把所有的金幣和銀幣全都收回，大家只能使用一種鐵製的錢幣，他為這種錢幣所定的價值很低，要很大的重量和數額才具有微小的價值；因此，如果想儲藏二、三十鎊錢，就要佔用一個相當大的小房間，如果想搬運那筆錢，至少要一對牡牛。這種金錢一經流通，許多惡行馬上便在拉西第蒙絕跡；誰還肯向旁人去盜取這種錢幣呢？這種錢幣既不易隱藏，有了它也不能增加光榮，切成碎塊也毫無用處（因為這種鐵在燒得熾熱的時候，曾被浸在醋裏驟冷，因而遭受損害，幾乎不能再加鍛冶），誰還肯巧取豪奪或接受賄賂呢？

下一步，他又宣佈一切不必要的多餘的技術都不受法律保障；但是他這項宣佈實在是大可不必的；即使他不做這項宣佈，那些技術也將自然地隨着金幣銀幣而消滅，因為現行的錢幣對於精細製品不是一種適當的償付工具；那種錢幣是鐵製的，幾乎無法運送，即使他們設法運送出口，也不能在希臘的其他地區流通，且將受到那些地區的人民的嘲笑。所以，他們沒有錢財去購買外國貨品和小器物；商人們也不再把貨物運送到拉考尼亞的港口；雄辯家，走方的算命者，開妓院的人，金匠，銀匠，珠寶匠都不再踏足在一個沒有金錢的國土上面；這樣一來，奢侈漸漸喪失了它的孕育和助長的憑藉，便慢慢地自消自滅了。富人並不比窮人佔便宜，因為他們的財富沒有方法拿到外面來，只有藏在家中，不能發生任何作用。在這種情形之下，人們的卓越技能都表現在普通的常用物品上面了；床架，椅子，桌子，和家庭中的主要器皿都被製造得很精良；尤其是他們的杯子，如克里夏斯（Critias）所叙述的，極能投合大家的喜好，尤其被軍人們所爭購；因爲水是非喝不可的東西，但是混濁的水看起來很不悅目，而這種杯子的顏色却可以使水不被喝的人看見；它的形狀，則可以使泥土附着在斜坡狀的邊際，只有比較清純的水才能到達飲者的嘴邊。爲了這種改進，人民也應該感謝他們的立法者，因爲他使工匠們不必花費時間和勞力去製做那些無用的東西，他們才可以在日常應用的物品上面施展其卓異的技巧。

這位偉大立法者的第三項同時也是最巧妙的安排，對於奢侈和財富的欲望給與一種更爲有效的打擊，那就是，他制訂一項法令，要大家在一起吃飯，吃同樣的麵包，同樣的食物，其種類都由法律加以明確的規定；他們不能再在自己的家裏，躺在昂貴的長椅上面，前邊擺着華麗的餐桌，一切都由商人和厨子們服侍着，像貪婪的畜牲一般地躲在家裏慢慢長肥，不僅敗壞了自己的心智，也損毁了自己的身體，由於恣縱無度，他們的身體已經孱弱，需要長時間的睡眠，洗熱水浴，不能工作，總而言之，像是不斷在生病一般地經常需要旁人的照應和服侍。完成這樣的一項改革，當然是一件了不起的事情，但是他還有一項更爲偉大的附帶的成就，那就是，如提歐夫拉塔斯（Theophratus）[17]所說的，不僅使財富失去其受人羨慕和爭取的特性，而且抹消了財富之所以爲財富的本質。因爲富人既然必須和窮人同桌進餐，他們便不能享用自己的財富，甚至連藉着觀賞或顯示財富來滿足自己的虛榮心，都做不到。有一句俗話說，財神普路塔斯（Plutus）[18]是盲目的；在全世界各地最能確切證實這個說法的，只有斯巴達一國了。在那裏，他不僅是盲目的，而且像一幅肖像一樣，既沒有生命，又不能行動。如果想先在家裏吃了飯，再到公共餐廳做做樣子，這也是不被容許的，因爲衆目睽睽，大家都在注意發現那種不像旁人一樣儘情吃喝的人，而責罵他們過於講究和嬌貴。

這最後的一項法令，特別激怒了那些比較富有的人們。他們全體聯合起來，一致反對賴喀葛士，最初是以惡言相加，後來竟向他投擲石塊，使他不得不逃離市場，到一所神殿裏面避難；他很幸運地比所有的人們跑得都快，除掉一個名叫艾爾坎德（Alcander）的青年人之外；這個青年人的教養本來不壞，只是太輕率暴燥，他追到賴喀葛斯的身後，距離他非常之近，當他回過頭來想看看什麼人這樣迫近他的時候，那個青年竟用所持的木棍打他的臉，把他的一隻眼睛打得冒出來了。賴喀葛士完全沒有被這個意外事件所嚇倒，而沮喪起來，他突然停住，讓他的同胞們看看他的破形的臉和被打出來的眼睛；他們看到這種情形，都很驚慌而羞愧，便把艾爾坎德交付給他，聽候處罰，然後護送他回家，大家都爲了他所受到的殘酷對待而表現出極其關懷的神情。賴喀葛士對於他們的照應表示謝意，讓他們都回去，只把艾爾坎德留下；他把他帶進自己的家中，在言語和行動方面對他都沒有什麼嚴苛的表示，只是遣去他平日的僕人和侍從，吩咐艾爾坎德伺候他進餐。這個青年人性情很老實，毫無怨言地按照賴喀葛士的吩咐做去；於是他便這樣地同賴喀葛士生活在一起，使他有機會發現，賴喀葛士不但性情溫和沉靜，而且非常謹嚴而有節度，勤勉不倦，所以他竟由一個敵人，一變而爲他的最熱誠的敬仰者之一，並且向他的親友們宣揚，賴喀葛士並不像他們過去所認爲的那樣是一個陰沉乖張的人，而是一個極其和善溫柔的人。因此，賴喀葛士對於這個人的錯誤所施的責罰，竟把他從一個狂妄任性的青年變爲斯巴達的最謹愼小心的公民之一。

爲了記念這次不幸事件，賴喀葛士爲敏諾華修築了一座神殿，並且加給她一個稱號，叫做「奧普蒂雷提斯」（Optiletis）；「奧普蒂拉斯」（optilus）在道里斯（Doris）⑲語中就是「眼睛」的意思。可是，有些作家們——戴奧斯考里底（Dioscorides，曾經撰寫一篇關於斯巴達的政體的論文）是其中之一——說他受傷固然是事實，但是並未因那一擊而失去他的眼睛；他建築那座神殿就是爲了他的眼睛痊愈表示感激之忱。不過，無論如何，這件事情是確實的：自從那次事情之後，拉西第蒙人在公衆集會之中便永遠沒有人再帶着木棍出席。

現在我們再繼續講述他們的共餐；關於這種共餐，希臘文中有好幾個名稱；克里特人稱之爲andra⑳，因爲只有男人參加。拉西第蒙人稱之爲phiditia㉑，這是philitia的變體，把l改成了d，就是「友愛之宴」的意思，因爲大家一起吃喝，可以藉機結交朋友。也許是由phido變來，phido是「極度儉省」的意思，因爲這些共餐之所都是訓練人們節制的地方；也許第一個字母是後加的，那個字本來是editia，由elode變來，就是「吃」的意思。他們大約十五個人一桌，每人每月要交一蒲式耳粗麵粉，八加崙酒，五磅奶酪，兩磅半無花果，和少數的錢，用以購買肉或魚。除此而外，當其中任何一個人祭神的時候，他要把祭品爲本桌送來一部份；同樣地，如果有人出去打獵，他也要把獵獲的鹿肉送來一部份；只有在這兩種情形之下，他才可以不去參加共餐。這種共餐的辦法，曾被嚴格遵守一個很長的時期；有一次，國王艾吉斯（Agis）戰敗雅典人之後回到本國的時候，派人去取公共餐廳的食品，因爲他想在家裏同王后一起進餐，但是那些軍隊司令官們拒絕了他的要求；這項拒絕使他大爲憤恨，以致他在第二天取消了在戰爭圓滿結束之後應該舉行的祭神，結果他們迫使他繳納一筆罰金。

他們讓自己的兒童也去參加共餐，藉以使他們受到節制的訓練；在那裏，他們可以聽到有經驗的政治家們的談論，而獲得政治方面的教益；在那裏，他們學習同旁人做詼諧的談話，開一些不流於粗野的玩笑，當別人反唇相譏的時候，也沒有不悅的表示。在這一方面的良好教養，拉西第蒙人特別具有卓異的成就，但是如果任何人覺得別人的玩笑有些過火時，只要他稍做暗示，大家馬上便會停止。當他們第一次走進公共餐廳的時候，在場的最年長的人總要指着門說：「在這裏所說的話，不能有一個字從這裏走漏出去。」任何人如果想參加其中的某一個小社團，他必須經過如下的考驗：全桌的每一個人拿着一個很小的軟麵包團，這個小軟團是要投擲到由侍者頂在頭上的一個深盤子裏面去的，喜歡那個人加入這一桌的人們要把那個軟麵包團投進盤子裏面，而不把它的形狀做任何的改變；不喜歡他的人便把麵包團用手指壓扁，然後再投進去，這就等於表示拒絕的意思。只要盤子裏面有一塊扁麵包，那位申請者便不能獲准加入，因爲他們非常希望同桌所有的人都能彼此合意。那個盤子叫做caddichus，被拒絕的候補人便由它而獲得一個名稱。他們的最著名的菜肴是黑色的肉湯，極受珍視，年長的人們只吃這種東西，而把肉留給年青的人們吃。據說麗塔斯(Pontus)㉒的某一位國王，因為久聞黑肉湯之美味，特別不遠千里地僱去了一名拉西第蒙廚子，爲他做些黑肉湯，但是他剛一品嚐，就發覺味道十分惡劣，厨子看到這種情形，便對他說：「先生，如果想使這種黑肉湯味美，你必須先在歐羅塔斯河（Eurotas）㉓沐浴一番。」

在喝過少量的酒之後，大家便在黑暗中走回家去，因爲點燈籠是被禁止的，目的是使大家養成一種習慣，可以大胆地在黑暗中行進。這就是他們共餐時的風氣。

賴喀葛士永遠不肯把他的法律形諸文字；不但如此，而且還在一項諭法中明白規定不許如此做。因爲他以爲，法律的最重要之點，以及那些最直接有助於公衆福利之點，都已經藉着一種良好的訓練而深印在青年們的心靈之中，所以一定會長久存在、並且會比使用任何强迫辦法更爲穩固不移地存在於青年的行爲原則之中，而那些行爲原則乃是由他們的最好的立法者——教育——在他們的心靈當中所形成的。至於次要的事情，如錢財契約之類，其形式必須隨着時機而改變，所以他認爲最好不要定下成文的法律或不能違背的辦法，而任憑其方法和形式隨着時勢和具有正確判斷力的人們的決斷而改變。他的計劃是要整個立法工作溶解在對於青年的教育之中，而由教育來完成法律的一切目的。

他之所以制定一項法令，不許有成文法律，就是因爲這個緣故；另外的一項法令，是特別針對着奢侈和浪費而制定的，其中規定房屋的天花板只能用斧頭製造，而不許使用其他工具，大門和屋門則只能用鋸弄得平整。後來的伊巴敏諾達斯（Epaminondas）㉔曾經講過一句有關他自己的伙食的名言：「背信叛國和這樣的飯食不能並存」，賴喀葛士實在可以說是已經先他而有這種想法。在這樣的一所房屋之中，是不會有奢侈出現的。因爲一個人除非荒唐，便不會在這樣簡陋的房間裏面佈置着銀脚的臥榻，華貴的被單，和金銀器皿。無疑地，他有充份理由相信大家會使自己的床同房屋稱合，使床單同床稱合，並且使其他的物品和傢具同這些相稱合。據說，斯巴達王大里歐特柴狄（Leotychides the elder）對於其他種類的木工完全沒有見過，有一次，他到哥林斯（Corinth）㉕作客，在一個堂皇的房間裏接受款待，看到橫梁和天花板雕刻得那麼精緻，並且裝飾着那麼華美的嵌板，他當時非常驚奇，並且詢問主人是否哥林斯的樹木都長成那個樣子。

諭法之中的第三條法令是，斯巴達人不可和同一敵人時常作戰，或長久作戰，以免使他們漸漸慣於自衛，而被訓練和教導成爲優秀的戰士。在很久之後，亞傑西勞斯（Agesilaus）㉖就曾爲此而大受責難；因爲大家認爲，由於他的不斷侵犯比奧細亞（Boeotia）㉗，他已把底布斯人訓練成爲拉西第蒙人的對手；所以，有一天，當安塔爾塞達（Antalcidas）看到他受傷的時候，曾經對他說過這樣的話：「你辛辛苦苦地把底布斯人訓練成爲優秀的戰士，現在算是得到適當的報酬了。」賴喀葛士稱這些法令爲「神諭」，就是暗示它們都是神的啓示或諭令。

爲了使青年們得到良好的教育（如我在前文已經講過的，他認爲這是一位立法者的最重要而崇高的工作）起見，他竟溯本追源，藉着管制婚姻而注意到他們的懷孕和出生。據亞理斯多德說，雖然賴喀葛士曾經盡一切努力，促使婦女們謙遜而有節度，但是他最後終於放棄這種努力，聽其自然，因爲她們的丈夫們長年出征，不在家中，她們自然地成爲一家之主，享有很大自由，居於優越地位；並且受到過份的尊敬，被加給了「夫人」或「女王」的頭銜；這些話是不正確的。實際上，賴喀葛士曾經盡一切可能地對她們加以照管；他命令處女們鍛鍊身體，練習角力，賽跑，投鐵圈，擲標槍，爲的是她們所孕育的子女能夠在強壯健康的母體之中根基強固，獲得較佳的發育；而且，她們的體力既經如此增強之後，對於分娩的痛苦也更易於承受。爲了消除婦女們的過度的嬌弱、惟恐風吹日曬的心理、以及一切後天習得的女性氣質，賴喀葛士命令青年女子像青年男子們一樣地裸體參加遊行行列，並且在某些莊嚴的節日，裸體跳舞唱歌，青年男子們則站在四周，看他們跳舞，聽他們唱歌。在那些場合之中，她們有時以玩笑口吻對那些在戰陣上行爲不佳的人們略做適當的非難；並且對於那些曾有英勇表現的人們歌頌讚揚，以這種方式激勵青年男子們彼此競爭，追求榮譽。受到讚美的人們在離去的時候很驕傲而得意，對於自己在少女們中間獲得的榮譽深感高興；受到挖苦的人們則像受到正式譴責一樣地覺得難過；因爲國王們和元老們像城中其他的人們一樣，也都在場，目睹耳聞一切經過情形，所以尤其使他們覺得難堪。至於少女們的裸體出現，也毫無可恥之處；因爲整個節目都在莊重的氣氛之中進行，絕無任何放肆的言行。裸體可以養成她們的簡單樸實的習慣，使她們注意良好的健康，並且體驗「些崇高的情操，因爲她們也藉此邁入了高尚行爲和榮譽的境界。因此，她們自然而然地具有里昂尼達斯（Leonidas）[28]之妻郭果（Gorgo）那樣的思想和言論；當一位外國女士告訴郭果說，拉西第蒙的女子是全世界唯一的能夠支配男子的女子，她曾這樣回答說：「這是有充份理由的；因爲我們是惟一的生育男子的女子。」

處女們的這種公開遊行，和裸體跳舞運動，也是婚姻的刺激物；如柏拉圖所說的，那些活動必然會以愛的磁力吸引住青年男子，其確然無疑的情形，甚至有如幾何學上的結論，必然隨其前提之後而出現。除了這些之外，爲了更進一步鼓勵結婚起見，對於那些一直不結婚的男子們，法律還要褫奪他們的若干權利；少男少女們裸體跳舞的行列，是不許他們去看的；在冬天，官員迫使他們裸體在市場遊行，一邊走，一邊唱着羞辱自己的歌曲，那種歌曲的內容是說，他們爲了違背法律而受到這種懲罰，是十分公正的事。而且，青年人對於長輩的尊敬，他們也無權享受；例如，有一天，當德西里達(Dercyllidas)來臨的時候，一個青年不但沒有起身讓座，反而坐在那裏說出這樣的話：「將來到我老的時候，不會有你的孩子來爲我讓座」；雖然德西里達是一位顯赫的司令官，却也沒有人認爲那個青年有什麼不對。

在結婚的時候，丈夫用暴力把新娘搶走；被搶走的新娘絕不會是幼小的女孩，而是已經壯盛成熟的少女。新娘既被搶來之後，一位主持婚事的女子便前來把她的頭髮完全剪光，給她穿上男人的衣服，把她留置在黑暗中的一個草墊上面；然後新郎來了，他身穿平常的衣服，態度很清醒而安詳，因爲他是像平日一樣地在公共餐廳吃的晚飯；他偷偷地走進新娘躺臥的房間，解開了她的處女帶，把她抱到另外一張床上；在這裏停留一些時候之後，他又很安詳地回到自己的房間，像往常一樣地和其他青年男子們同宿。他一直這樣繼續下去，白天以及夜間都同那些人生活在一起，只有在他以爲不會被人發現的時候，才懷着恐懼的心情很小心謹慎地去看望他的新娘，至於新娘呢，也在竭盡心智幫助他尋找有利時機，從事秘密聚會。就在這種情形之下，他們度過很長的時期，有時候，太太已經生了孩子，他們還不曾在白天見過面。他們的聚會既然如此困難而稀罕，不僅可以使他們不斷地自行克制，而且可以使他們在相聚的時候，都能身體健康，元氣充沛，而且感情都很新鮮而旺盛，不像那種容易相聚長相廝守的夫妻們會有饜足和痲木之感；他們每次相聚的時候，也都是急早分手，使雙方的渴望之火和相悅之情都尚未熄滅，繼續存在。賴喀葛士既經以這種謙抑和節制的精神來維護婚姻，他也同樣用心去消除那種空虛而女人氣的嫉妬心理。爲了達到這個目的，他一方面排除一切淫佚放縱，一方面却規定男人可以選擇他們認爲適當的人們，來利用自己的太太，爲的是可以得到由他們而生出的孩子；賴喀葛士使大家覺得這是一種光榮的事情，他並且嘲笑那些認爲極其不應參與此種情愛、並爲之打架、流血、甚至作戰的人們。賴喀葛士容許一個年紀很老而太太年青的男子爲自己的太太介紹一位有品德而受讚許的青年男子，由她同他生一個孩子，可以繼承那位父親的優良本質，却仍然是他自己的兒子。在另一方面，一個有品格的男子如果爲了某一個已婚女子的嫻雅儀態和所生子女都很漂亮而愛上了她，他可以不受拘束地請求她的丈夫允許他們二人在一起，這樣他便可以利用這片良田，爲自己培育出父母俱佳的優秀子女。因爲，賴喀葛士認爲，子女們與其說是父母的所有物，不如說是整個國家的所有物，所以他不容許他的公民們由那些凡庸的先到者們傳種產生，而要由最優秀的人們傳種產生；他認爲，其他國家的法律似乎很荒謬而矛盾，因爲在那些國家裏面，人民對於自己的狗馬非常關切，不惜花費精力和金錢，爲牠們選種交配，以求生育優良的後代，但是他們却把自己的太太閉關自守，只能由自己傳種生育子女，儘管他們本身也許是愚笨、孱弱或有病的；好像他們並沒有認淸這項顯而易見的事實：劣種子女首先向養育他們的父母顯示他們的惡劣性質，而優生的子女也同樣地首先向父母顯示他們的優秀性質。這些建立在自然的和社會的基礎之上的法令，絕未鼓勵那種後來使斯巴達婦女遭受非難的可恥的放蕩，當時他們絕無通姦之事。例如，據說古時候有一個名叫傑拉達斯(Geradas)的斯巴達人，當一個外國人問他斯巴達法律對於通姦做怎樣的處罰時，他回答說：「我們國裏沒有通姦的人。」那個外國人又問道，「但是，假如有呢？」他回答說，「那麼，那個犯通姦罪者必須賠給原告一頭很大的牡牛，那頭牛的頸子之長，要能從台格托斯山（Taygetus）的頂巔喝到下面的歐羅塔斯河（Eurotas）裏的水。」那個人聽了很感驚訝，又說，「呃，這樣的牡牛是不可能找到的。」傑拉達斯微笑着回答說，「在斯巴達找到一個通姦者的機會，是和找到這樣一頭牡牛的機會相等的。」關於斯巴達人的婚姻，我就講到此處爲止。

做父親的人，也沒有權力按照自己的意思來處置孩子；他必須把孩子帶到一個叫做「公會堂」(Lesche) 的地方，由一些試驗者加以考驗；擔任試驗者的是幾位本族中的長輩；他們的任務是對嬰兒做仔細的察看；如果他們認爲它很健壯，長得也很勻稱，他們就下令養育它，並且分配給它前文講過的九千份土地之中的一份，做爲它的養育費；但是，如果發覺它很弱小而形狀不佳，他們就下令把它丟到臺格托斯山下的一個叫做阿坡底泰（Apothetae）的洞窟裏面；因爲他們認爲，一個嬰孩既然在最初看起來就不會長得健康而茁壯，如果養育起來，不僅對於孩子自身無益，對於公衆也沒有好處。爲了同樣的原因，斯巴達婦女不像所有其他國家的習俗一樣地用水爲新生的嬰兒洗浴，她們所用的是酒，藉以考驗嬰兒身體的性質和情形；因爲他們有一種想法，認爲患癲癇病和虛弱的兒童一經用酒洗浴，就會昏厥而漸漸死去，相反地，那些健壯的兒童在用酒洗浴之後，却好像經過淬勵的鋼一般，會變得更爲堅强。褓姆們對於嬰兒的照料也極爲用心，並且使用很大的技巧；她們不用襁褓把嬰兒裹纏起來；孩子們的四肢和形狀可以很自由而不受拘束地發育起來，對於食物不加挑剔，在黑暗中或一人獨處時都不害怕；也沒有脾氣乖張或哭叫的情形。因爲這個緣故，其他國家的人們都爭相購買或僱用斯巴達的褓姆；據記載，撫育阿爾西柏亞底（Alcibiades）㉙的褓姆就是一個斯巴達人；不過，他在褓姆方面雖很幸運，在教師方面却並不如此；據柏拉圖告訴我們，他的監護人柏立克理斯（Pericles）爲他選擇一個叫做左匹拉斯（Zopyrus）的奴隸擔任那個職位，那個人並不優於任何普通的奴隸。

賴喀葛士却持着一種不同的意見；他不准斯巴達人在市場上爲自己的子女購買教師，僱用也不可以；而且，如果做父親的人想按照自己的意思來教育子女，法律也不准許；孩子一到七歲的時候，都必須參加某一些團體或班級，大家生活在同一的規則和訓練之下，在一起從事運動和遊戲。在這些人之中，表現出最大的領導能力和勇氣的人便被推舉爲隊長；大家時時都在注意他的一舉一動，遵從他的命令，並且忍受他所加給他們的任何懲罰；因此他們所受的全部教育就是一場甘心情願的完全服從的訓練。對於他們的表演，老年人也在場旁觀，他們對於這些孩子將來身臨更爲危險的戰陣的時候，哪一個會是勇者，哪一個會是懦夫，常有不同的看法，互相爭執，藉以確切發現他們的不同性格。讀書和寫字他們也教給孩子們一些，但是只到夠用的程度為止；他們的主要目的是把他們訓練成為良好的國民，教他們忍受痛苦，並且在戰爭之中獲勝。為了達到這個目的，當他們年紀更大些的時候，他們的訓練也隨之增加；他們的頭髮都被剪光，要赤腳走路，並且大抵都裸體從事遊戲。

到十二歲以後，他們便不許再穿內衣；他們一年只有一件衣服可穿；他們的身體很堅硬而乾澀，很少有洗澡和塗軟膏的機會，只有在一年中的幾個特殊日子，他們才可以有這種享受。他們分成小組，一起睡在用蘆葦梢做成的床上，那些蘆葦本來生長在歐羅托斯河之濱，都是由他們赤手（不許用刀）折來的；在冬天，他們在蘆葦裏面攙進一些蘆花，因為這種東西被認為具有生暖的作用。到達這個年齡的時候，每一個比較有希望的男孩子大概都已經有一個愛顧者和他作伴。老年的人們也在注意他們的一切，時常盜運動場去聽並且看他們在心智或體力方面的各種競賽；那些老年人做這件事情，並不是馬馬忽忽，而是好像他們就是那些青年的父親、教師、或長官一樣地認真和關懷；這樣一來，幾乎隨時隨地都有人在場，提醒他們的責任，如果他們忽略了自己的責任，還要對他們加以懲罰。

除此而外，還有城中的一位最優秀最正直的人，奉派擔任他們的監督；他也把他們分為幾個小隊，並且從那些叫做 Irens 的人們當中選拔一些最有節制最大胆的人擔任各隊隊長，那些 **Irens**，通常都是二十歲，已經離開那些男孩子的團體兩年的人；那些男孩子中之最年長者，叫做 **Mell-Irens**，意思就是說，他們不久即將變為成年人。這個 **Iren**，在他們打仗的時候做他們的隊長，在家裏做他們的主人，指使他們做各種雜務；他派他們之中年紀最大的人去拾取木柴，比較弱比較不能幹的人去採摘蔬菜；所有這些東西，他們都須去偷，否則就得不到；所以他們總是偷偷地爬進菜園，或者鬼鬼祟祟地溜進公共餐廳，去完成這種任務；如果當場被捉到，他們將為了偷竊技巧之笨拙而遭受無情的鞭笞。所有其他的食物，他們也儘可能地偷，時時都在留意機會，趁著人們睡覺或比較不當心的時候隨時下手。如果被捉到，他們所受的懲罰不僅是鞭笞，而且要挨餓，在食物方面只能享用普通的分配量，而普通的分配量都規定得極為微少，不足以果腹，其用意就是要使他們謀求自給之道，並且被迫去運用自己的力量和技巧。這是他們把伏食弄得很菲薄的主要目的；另外還有一個並非不重要的目的，那就是可以使他們長得更高些；因為，過量的營養必然會使孩子長得粗胖起來，如果他的元氣受不到過量營養的重壓，自然會輕飄地向上昇去，而孩子的身體都是柔韌隨和的，所以便會隨之長高。這種菲食的辦法，還可以助長體形的美；因為細瘦的體質比較順乎自然，更能發展成美好的形狀，而肥胖和過度飽食的人因為重量太大，便不能得到這種完美的發展。正好像，女人在懷孕期間吃了瀉藥，所生的孩子便會比較瘦小，但是長的樣子則比較好，比較漂亮；因為他的體質更柔韌而富於可塑性。不過，這些想法究竟對不對，我留待旁人去斷定。現在我們書歸正傳。那拉西第蒙兒童們在從事偷竊的時候，是非常慎重而認真的；有一次，一個青年偷了一隻小狐狸，藏在自己的衣服裏邊，竟任憑那隻狐狸用牙齒和爪把他的腸子都扯出來了，以致當場死去，他寧願如此，也不肯讓人發現他偷狐狸。拉西第蒙青年們今日的情形，足以證明這個故事之不虛，因為我自己就曾親眼看見好幾個拉西第蒙青年在戴安娜·奧底亞（Diana Orthia）㉚的神壇之下忍受鞭笞至死。

隊長在吃過晚飯之後，還總是和他們在一起停留一些時候，他會叫這個唱一首歌，向那個詢問一個需要深思熟慮的答覆的問題；例如，誰是全城最優秀的人？他對於某人某項行為的意見如何？這樣可以使他們在早年就養成一種習慣，對於人和事做正確的判斷，並且曉得他們的同胞們的能力或缺點。當一個人被問到「誰是一個聲譽良好的人？誰是一個聲名狼藉的人？」的時候，如果他不能脫口而出地加以回答，他便被認為是一個愚鈍而疏忽的孩子，很少或完全沒有美德與榮譽之感；此外，他們還要為自己所說的話提供充份的理由，在講述理由的時候必須儘量言簡而意賅；如果他未能做到這一點，或者回答得不中肯，隊長就要咬他的姆指，以為懲罰。有時候，老年人和長官們也在場旁觀，看隊長對於孩子們的懲罰是否公正，分寸是否適度，如果他做得不合適，他們並不當着孩子們的面斥責他；如果他對於孩子們的處置失之太寬，或失之太嚴，等到孩子們走後，他將受到責備，並接受矯正。

孩子們的愛顧者也要分享他們的榮辱；據說，有一位愛顧者曾經因為他所愛顧的孩子在打仗的時候像女人似地大叫起來，而被長官罰款。這種愛顧之風，極受讚許，所以有品德的婦女們也在少女之中選擇她們的愛顧者；但是彼此間並沒有猜忌和敵對的情形，如果好幾個人的喜愛集於一人之身，這反而成為他們的密切友誼的開端，因為他們大家將同心協力，儘量使他們共同的愛顧對象極有教養而富於才藝。

他們還教他們在言談之中，要詞鋒犀利，帶着一種自然而優雅的諷刺，並且以寥寥數語，包含多量的思想內容。因爲，賴喀葛士雖然如我們已經講過的，爲犬額鐵幣規定很小的價格，在另一方面他却規定，一切的言談必須以少量語句包含大量有用而奇妙的含義；斯巴達的兒童們，由於養成沉默的習慣，所以在囘答問話時，便能精確而簡鍊；因爲正如放蕩縱慾的人不容易有很多子女一樣，口舌沒有節制的人也很少能講出許多明智的言語。有一次，一個雅典人嘲笑拉西第蒙人的劍太短了，他說舞臺上變戲法的人會很輕易地把它吞進肚子裏面去，愛吉斯王（Agis）囘答他說，「我們覺得它們的長度已經足以置敵人於死地」；在我看來，拉西第蒙人的言辭正像他們的劍一樣，雖然簡短，却鋒利無比。他們所說的話，都深中肯綮，並且最能抓住聽者的注意力。賴喀葛士本人的言談似乎也是簡潔而精鍊的，如果關於他的一些軼事可以置信的話；有一次，一個人力勸他在拉西第蒙建立民主政體，他囘答說，「馬上開始罷，朋友，先在你自己的家庭裏把它建立起來。」另一個人詢問他爲什麼他只准用那麼微薄的祭品祭神，他囘答說，「爲的是我們可以源源不斷地永遠有東西祭神。」當某人問到他贊成哪一種軍事的體操或戰鬬的時候，他囘答說，「除掉像你伸展兩手所做的那種體操之外。」在據說是由他寫給他的同胞們的信件之中，也有類似的答語；當有人向他請教怎樣才能對敵人的侵犯做最佳的防禦的時候，他在信中囘答說，「大家都保持貧窮，誰也不要希望比別人更優裕。」當有人問他斯巴達是否需要修築城牆的時候，他囘答說，「使一個城市防務鞏固的，是用人築成的城牆，而非用磚築成的城牆。」但是那些信是否確實出自他的手筆，則不易斷定。

關於斯巴達人的不喜喋喋多言，下面的一些雋語可爲佐證。有一次，有一個人向里昂尼達斯王談到一件很有意義的事情，但是時間和場所都不相宜，這位國王便對他說，「你這番話，先生，在任何其他場合說都非常適宜。」當賴喀葛士的侄子查理勞斯被問到他的叔父何以制訂那麼少的法律的時候，他回答說，「沉默寡言的人們只需要很少的法律。」一個叫做海卡蒂亞斯（Hecataeus）的詭辯家，被邀請參加公共食堂的晚餐，終席未發一語，有人便很不以爲然，亞契達邁達斯（Archidamidas）却爲他辯護說，「會說話的人，也曉得在什麼時候說話。」

我所說的那種尖刻而不失文雅的反唇相譏，可以舉例如下。一個纏擾不休的人以一種很討厭的方式屢次向笛瑪拉塔斯（Demaratus）詢問這個問題：「誰是拉西第蒙最好的人？」他不勝其煩，回答說，「先生，就是那個最不像你的人。」在愛吉斯王也在座的一個場合，有人爲了伊里亞（Elea）㉛人把奧林匹克競技會辦理得很公正得體而對他們大加讚揚；愛吉斯說，「如果伊里亞人每五年能做一次公正的事情，的確應該大受稱讚。」有一次，一個外國人向底歐龐帕斯王大談他對拉西第蒙人的好感，並且說他的同胞們稱他爲 Philolacon（「一個熱愛拉西第蒙人的人」），底奧龐帕斯王回答他說，如果他們稱他爲 Philopolites（「愛自己的國家的人」），將更加光榮。當雅典的一位演說家說拉西第蒙人沒有學問的時候，鮑舍尼亞斯（Pausanias）之子普里斯托安納（Plisteanax）告訴他說，「你說得對，先生；在所有的希臘人之中只有我們沒有學到你們的不良性質。」有人向亞契達邁達斯詢問斯巴達有多少人口，他回答說，「先生，其數目足以防阻壞人入侵。」

從他們的詼諧言語之中，也可以看出他們的性格。因爲他們的戲謔之詞，並不是胡亂出口的，其中的機智都建立在某種值得思索的內容上面。例如，當某人被要求去聽聽一個能把夜鶯的聲音模倣得維妙維肖的人的表演的時候，他回答說，「先生，我已經聽過夜鶯本身的聲音。」另一個人，在讀到一塊墓碑上面的如下的兩行刻文之後——

「爲了撲滅一個殘酷的暴政，
他們戰死於塞里納斯（Selinus）。」

他說道，這些人活該死，因爲他們不該把它撲滅，而應讓它燒完。有人送給一個少年幾隻鬪鷄，並且告訴他說，那些鬪鷄都會力戰至死爲止，這位少年却說他所想要的不是能夠戰死的鬪鷄，而是能把旁的鷄戰死的鬪鷄。另一個少年，看到有些人舒舒服服地坐在肩輿上面被旁人抬着走，他說道，「但願我不要坐在不能站起來向長輩們敬禮的位子上。」總而言之，他們的答語都極其簡鍊而中肯，所以有人做了這樣一個很恰當的評語：斯巴達人的特質與其說在於他們的身體的操練，不如說在於他們的心智的訓練。

他們對於音樂和詩歌的教導，也像對於培養高雅而有教養的談吐同樣地加以注意。他們的詩歌具有一種生氣和精神，能夠激動並且控制人們的心靈，促發他們的行動的熱情；那些詩歌的體裁和語言都很樸實無華；主題總是嚴肅而具有教訓意義；通常都是讚揚爲保衞國家而戰死之類的英雄，或嘲笑那些懦夫；他們把前一種人表現成爲快樂而光榮；把後一種人的生活形容成爲極其悲慘而可憐。他們也誇揚他們要做的事情，炫耀他們已有的成就，這些誇耀隨着年齡而有別，例如，在莊嚴的節日，他們有三個合唱隊，一個是老年人的，一個是青年人的，一個是兒童的；老年人開始唱道：

「我們曾經年青、勇敢、而强壯；」

青年們應和着：

「我們現在就是如此，來試試看；」

兒童們最後唱道：

「我們不久卽將成爲最强壯的人們。」

的確，如果我們把流傳到現在的一些斯巴達人的作品，和他們赴戰時用笛子吹奏的曲調仔細衡量一番，我們便會發現泰潘德（Terpander）㉜和平達（Pindar）㉝所說的勇武和音樂詩歌具有密切關聯，實在含有至理。泰潘德曾經這樣地歌詠拉西第蒙：

「這個國家旣尙武，又崇文，
公道與正義伸張在里巷之間。」

平達則有這樣的句子：

「這裏有明智的元老會議，
青年荷着殺敵的長槍，

跳舞，唱歌，喜氣洋洋。」

在這兩位詩人的筆下，斯巴達人對於音樂的擅長，並不遜於他們的尚武精神；另一位斯巴達詩人有這樣的句子：

「伴着嚴酷而鋒利的刀劍，
是優美的豎琴的彈奏。」

因爲，在他們作戰之前，國王先要祭祀繆司神（Muses）[34]，大概是爲了使他們想到自已以前所受的教育，以及旁人對於他們的行爲所將做出的判斷，藉以激勵他們完成一些豐功偉蹟，名垂靑史。在那些場合之中，他們把嚴苛的紀律略事放寬，准許靑年們把頭髮鬈曲並且裝飾起來，拿着貴重的武器，穿着漂亮的衣服；大家都很高興地看着他們像一些傲岸的駿馬，在那裏嘶鳴着，急於要參加競賽。他們一到長大成人的時候，便特別注意自己的頭髮，把它分開，梳理得很整齊，尤其爲了作戰的日子預做準備，因爲他們要遵行他們的立法者賴喀葛士所說過的一句話：滿頭的頭髮會使漂亮的人更加俊美，使醜陋的人更加可怖。

到了戰場之後，他們的操練比較少了，伙食也不像從前那麼壞，軍官對待他們也不像從前那麼嚴厲，所以他們是世界上唯一的能從戰爭得到休息的人們。當他們的軍隊擺成戰陣、敵人已經接近的時候，國王獻祭一隻山羊，命令士兵們把花環戴在頭上，笛手吹奏卡斯特（Castor）[35]的讚美歌，他自己則開始吹奏阿波羅的讚美歌，作爲前進的信號。他們踏着笛聲的節拍前進，陣容井然有序，心情一絲不亂，面容安詳如常，很愉快而鎮靜地隨着樂聲向前行進，那個景象眞是旣莊嚴，又可怕。在這種心情之下的人們，不會有恐懼，也不會有强烈的憤怒，主宰他們的是一種充滿希望和自信的從容不迫的勇氣，好像神靈在陪伴並且指導着他們。在國王前進迎敵的時候，他的身旁總有一個曾在奧林匹克競技會中獲得榮譽的人；據說，曾經有人想送給一個拉西第蒙人一筆可觀的報酬，交換條件是要他不參加奧林匹克的競賽，但是爲他所拒絕了；當他很費力地把對手打倒之後，觀客中有人問他說，「現在，拉西第蒙人先生，你得到這場勝利又有什麽好處？」他微笑着回答說，「我將來可以在國王的身旁作戰。」他們把敵人打敗之後，將繼續追逐，直至勝利已有確實把握的時候，便發出退後的訊號，因爲他們認爲，把已經完全停止抵抗的人們加以斬殺，是一種卑鄙而且有虧於希臘人之高尚品格的行爲。這種對待敵人的方式，不但表現出他們的寬宏大度，而且有助於他們的目標的達成；因爲對方旣然曉得他們只殺死那些從事抵抗的人，對於其餘的人們則加以寬免，所以在臨陣之時，都認爲最好的辦法是逃走，以策安全。

詭辯家西匹亞斯（Hippius）㊱告訴我們說，賴喀葛士本人是一位偉大的軍人和有經驗的指揮官。費勒斯提芬納（Philestephanus）認爲第一個把騎兵分成五十名一隊列成方陣的人，就是賴喀葛士；但是費勒瑞亞（Phaleria）人第米特里亞斯（Demetrius）㊲的說法却剛好相反，他說賴喀葛士完全在太平盛世之中制訂了他的一切法律。由於他的安排而獲致的奧林匹克競技會中的神聖休戰，使我以爲他是天性善良，愛好安靜與和平的人。可是赫米帕斯却告訴我們說，那項法令是由伊斐塔斯制訂的，賴喀葛士並未參與其事，他只是藉着偶然的機緣以一個旁觀者的身份前往的。到了那裏之後，他聽到彷彿有一個人的語聲從身後傳來，爲了他不曾鼓勵他的國人前來參加那個偉大的集會而表示驚奇和責難之意，他回轉身子，却看不見有人在那裏，因此他斷定那是天神的聲音，於是他馬上去找伊斐達斯，幫助他規定那個祝典的儀式，由於他的大力，使得那些儀式比從前更爲確定而馳名。

現在我們再接着講拉西第蒙人的事情。約束他們的那種紀律，在他們長大成人之後仍然繼續下去。誰也不許按照自己所喜愛的方式任意生活；整個城市好像是一所軍營，每個人有他的定量的食物，和定量的任務，每個人都認爲自己的生存，不是爲了達到自己的目的，而是爲了國家的利益。因此，他們在沒有奉到其他命令的時候，便去察看那些少年們的訓練工作，教他們學習一些有用的事情，自己也向更有經驗的人們學習一些東西。賴喀葛士爲他的同胞們所做的最大的好事之一，就是由於禁止他們從事任何無價值的工匠的行業，而使他們享有大量餘暇。至於靠着各處奔波、看人、做生意而賺錢，在一個財富不能爲人帶來榮譽或敬重的國家裏面，完全無此需要。最下等的奴隸替他們耕田，每年向他們繳納一定數額的出產，完全不必他們自己操心費力。據說，有一個拉西第蒙人到雅典去，剛好趕上法院開庭，他聽說一個雅典公民因爲閒着不做事情而被法院罰款，慰問的朋友們正在護送那個垂頭喪氣的人回家；這個拉西第蒙人對於這件事情很感驚奇，並且要求他的朋友領他看看那個因爲過自由人的生活而被判罪的人。他們認爲把時間和精力用於匠人之事和賺錢上面，是非常有損品格的事。

不消說，金銀錢幣一被禁止，訴訟馬上隨之消滅，現在他們之間既沒有貪婪，也沒有貧窮，有的只是平等和獨立自恃，因爲每個人的需要都得到供應，而那些需要的數量又是很微小的。因此，除了作戰時期之外，他們的全部時間都用於合唱的跳舞，宴樂，打獵，或前往訓練場和公衆會談之所。未滿三十歲的人不許到市場去，他們家裏的一切必需品都由親戚和愛顧者代爲備辦；年長的人們如果太常在市場出現，也是有損聲譽的事；因爲大家認爲，他們的更適當的行徑是常常前往訓練場和會談之所，在那裏把他們的餘暇很正當地用於談話，所談的並不是如何賺錢和市場價格，而多半是對於某項值得衡量的行爲加以批判；對於好人，他們加以讚揚，對於不好的人，他們加以責難，在責難的時候，他們出之以一種輕鬆玩笑的口吻，以不太嚴肅的態度表達他們的忠告和糾正意見。賴喀葛士自己也不是過份嚴肅的人；據梭士比亞斯（Sosibius）說，在每個廳堂裏把笑神的雕像供奉起來的，就是他。在晚餐席上，或者公共娛樂場所，適時的詼諧笑謔，對於他們那種嚴格而刻苦的生活正好是一種調劑。總結起來說，他對於公民們的訓練，是要使他們不願也不能離羣獨居；他們的一切行爲都以共同的福利爲惟一目標，像一羣蜜蜂似的團集在他們的領袖的身旁，熱情和公德心幾乎已經使他們達到忘我的境界，而把整個身心奉獻給他們的國家。他們所說的一些雋語，最能表現他們的這種情操。當皮戴雷塔斯（Paedaretus）在一項有三百人當選的選舉當中落選之後，帶着快樂的面容回家，他說他很高興斯巴達城有三百個人比他更好。坡理克雷提達（Polycratidas）和另外幾個人被派到波斯王的官員們那裏擔任大使，當被問到他們是以公的身份還是以私的身份前來的時候，他回答說，「如果我們成功，就是以公的身份；如果不成功，就是以私的身份。」布拉西達斯（Brasidas）㊳的母親阿吉里歐尼（Argileonis）向在家裏侍候她的幾個艾姆斐坡里斯（Amphipolis）人詢問，她的兒子是否死得很勇敢，不愧爲一個斯巴達人，那幾個艾姆斐坡里斯人便開始對她的兒子大加頌揚，說斯巴達沒有旁人能像他那樣勇敢，這個作母親的人却回答說，「不要這樣說；布拉西達斯的確是一個很優秀而勇敢的人，但是斯巴達有許多比他更優秀的人。」

斯巴達的元老院，如我在前面已經講過的，最初是由那些協助賴喀葛士創業的人們所組成的。後來，他命令遇有出缺的時候，要遴選六十歲以上的最優秀最有品德的人遞補；大家紛紛努力競爭這個職位，乃是不足爲奇的事；這項競爭，不是在快速的人們之中選拔最快速的人，也不是在强壯的人們之中選拔最强壯的人，而是在許多明智而優秀的人們之中選拔出最明智最優秀的人，最適於把國家的最高權柄以及掌管全國人民生命、權利、和最高利益的大權永遠托付給他的人，做爲對於他的優點和功績的酬報；人類之間有什麽競爭會比這項競爭更光榮呢？他們的選舉的方式如下：當人民們集合起來的時候，幾個指定人員便被關閉在選舉場所附近的一個房間裏面，他們看不見旁人，也不能被旁人看見，只能聽見在外面集會的人們的喧嘩之聲；因爲對於選舉結果的決定，像對於當時的大多數其他事務一樣，他們要根據會衆的喊叫聲音來做判斷。然後，競選的人們並非一起出現在會衆之前，而是根據抽籤結果，一個接連一個，按照順序一言不發地從會衆之中經過。被關鎖在房間裏面的人們每人有一張寫字檯，在那上面記載並且標明每次喊叫聲音的高度，他們並不曉得哪次喊叫是爲哪個候選人而發的，僅僅知道第一、第二、第三、等等的順序而已。得到最多和最大聲音歡呼的人，就被宣佈爲當選的元老院議員。這位議員當選之後，人們爲他戴上一頂花冠，然後列隊到所有各神殿去謝神；大批青年們隨在後面，對他歡呼頌揚，婦女們也唱詩讚譽他，並且稱頌他的德行和完美生活。在他這樣周遊全城的時候，他的每一位親戚朋友都要擺出酒宴，並且對他說，「斯巴達用這個酒宴向你表示敬意」；但是他並不接受款待，而去到他往常每天就食的公共餐廳，像從前一樣地在那裏吃飯，只是他現在另外增加了一份配額，他把那額外的一份擺起來。到晚飯吃完的時候，一些和他有親屬關係的婦女已經在門口等候着；他向其中他所最尊敬的一位婦女招招手，讓她過來，把他保留下來的那份食物送給她，並且說，「這份食物是被當做尊敬的標誌而送給我的，現在我把它也當做尊敬的標誌送給你」；然後她便被其他婦女們簇擁着回家去了。

關於喪葬，賴喀葛士也定下了很明智的規則；第一，爲了消除一切迷信，他准許他們把死者埋葬在城內，甚至埋葬在各神殿的四周，其目的，就是爲了使青年們從小時候就看慣這些景象，不會怕看死屍，或以爲接觸死屍或脚踩墳墓就會玷污自己。第二，他下令不許把任何東西隨着屍體埋葬，除了一些橄欖葉和裹屍體用的深紅布之外。除了死在戰場的男子和死於神聖職務的婦女之外，任何人的名字都不許刻在墓碑上面。居喪的期間也規定得很短——十一天；到第十二天，他們在向農業女神(Ceres)獻祭之後，居喪便告結束；由此我們可以看出，他一方面摒除一切多餘的事物，而另一方面，在必需的事物上，任何微末細節都表現出對於美德的崇敬或對於惡行的輕蔑。他使拉西第蒙到處都充滿良好行爲的證據與榜樣，人們從幼小時期就耳濡目染，必然會逐漸養成並且增進美德。

爲了同樣的理由，他禁止人民出國旅行，免得他們曉得外國的道德規則，那些教育不良的民族的習慣，不同的政體觀念，因而受到沾染。到拉西第蒙來的外國人，如果對於他們的前來不能提供很充份的理由，都將被驅逐出境；他之所以這樣做，並不是恐怕他們會明瞭並且模倣他的政治制度（如修昔狄底斯 Thucydides ㊴ 所說的）或學習任何其他的優點；而是恐怕他們傳入有背良好習俗的風氣，使他的人民學壞。隨着外國人的前來，自然會出現一些新奇的言談；那些新奇的言談會產生新奇的想法；而在新奇的想法之後，必然會隨着出現一些不調諧的見解和情緒，破壞了政治的和諧。因此他竭力使斯巴達不受外國的惡劣習慣的感染，其處心積慮的情形，正像人們防止瘟疫的侵入一樣。

到現在爲止，據我看來，賴喀葛士所定的各種法律還沒有什麽不公之處，雖然有人認爲那些法律在造就優秀的軍人方面，固然堪稱完善，但是在公正方面，却有缺陷。使亞理斯多德和柏拉圖對於賴喀葛士和他的法律具有這種不良印象的，也許是他的那項「伏擊法令」（Cryptia）（如果這項法律，確如亞理斯多德所說，是由賴喀葛士制訂的）。按照這項法令，行政官員時常秘密派遣一些最能幹的青年，前往鄉間，他們只携帶着短劍和少量的必需食物；在白天，他們嚴密地躲藏在偏僻地方，到夜裏，他們便出來，到大路上，殺死他們所能遇到的一切赫洛奴隸；有時候，他們在白天也去攻擊他們，正當他們在田裏工作時，把他們殺害。據修昔狄底斯在他的伯羅奔尼撒戰史裏告訴我們，斯巴達人曾使挑選一大批勇敢的奴隸，爲數約有兩千名，爲他們戴上花環，給與他們自由，並且領他們參拜各神殿，以示榮譽；但是不久之後，這兩千左右的人突然全部失蹤了；在那時和那時以後，沒有一個能說出那些人是怎樣死的。亞理斯多德特別補充說，在五長官（ephori）就職之後，馬上對奴隸們宣戰，以便可以對他們加以屠殺，而不被認爲是違背宗教。大家都承認，斯巴達人對待奴隸很殘酷；他們常强迫他們喝得酩酊大醉，把他們帶到公共會堂，讓兒童們明白喝醉酒的人是什麽樣子；他們讓他們跳卑鄙的舞，唱可笑的歌，而故意禁止他們參與任何比較高尙的事情。據說當底布斯人入侵拉考尼亞，俘獲大批赫洛奴隸的時候，他們命令那些奴隸唱泰潘德（Terpander）、阿爾克曼（Alcman）、或史本當(Spendon)的詩歌，他們都不能應命，「因爲主人們不喜歡我們唱歌。」有人說，斯巴達的自由人是世界上最自由的自由人，斯巴達的奴隸是世界上最受壓制的奴隸，這句話的確不錯。我個人的意見則認爲，這些迫害和殘酷行爲是後來才在斯巴達出現的，尤其是在大地震之後，當時赫洛奴隸們從事叛亂，並且和麥西尼亞（Messenia）人聯合起來，禍害全國，爲斯巴達帶來最大的危機。我絕不相信賴喀葛士會下令做出像伏擊那種邪惡而野蠻的行爲，因爲在所有其他的事情上，他所表現的都是溫和和公正；神諭也可以證明這一點。

當他覺得自己的比較重要的法律都已經在國人的心靈之中生了根，習慣成自然地施行無阻，他的國家已經長成而可以自立的時候，他便也像世界的創造者——柏拉圖曾在他的著作中講到，創造世界的神第一次看到世界存在並且開始活動的時候，覺得很高興——一樣，很快樂而滿足地看着他的政治機構的優美和偉大，現在那個政治機構已在順利地運轉操作；於是他便設法使它永生不朽，並且就人類預謀之所能達到的，把它毫無改變地傳給後世。爲了這個目的，他特別把全體人民召集起來，告訴他們說，他認爲他所制訂的法規，對於美德和幸福的促成，已經足可達成目的，但是有一件頂重要的事情尚待完成，那件事情是什麽，要到請示神諭歸來的時候才能向他們宣佈；同時，他希望他們遵守他所制訂的法律，不做一絲一毫的改變，直到他囘來的時候爲止，囘來之後，他將按照神所指示的做去。他們全體欣然同意，並且囑咐他趕快啓程；但是，在他動身之前，他使兩位國王、元老院議員、和全體平民宣誓，遵守並且保持現有的政治制度，直至賴喀葛士囘來的時候。做完了這件事情之後，他便動身前往德爾菲。到了德爾菲，向阿波羅神獻祭之後，他便向這位神靈請示，他所制訂的法律究竟好不好，是否足以促進人民的幸福和美德。神諭囘答他說，他所制訂的法律極好，人民們如果遵行那些法律，必享盛譽。賴喀葛士把神諭筆錄下來，派人送囘斯巴達去；然後他再度向阿波羅神獻祭，並且向他的朋友們和兒子訣別，他決定永不解除斯巴達人的誓言，而自動地在那裏結束自己的生命。他當時的年歲還不算老，但是仍然可以無憾地死去。而且，他當時整個境況又是十分順利而昌隆的。於是，他絕食自盡，因爲他認爲，在可能範圍之內使自己的死亡對國家有所貢獻，並且甚至在生命終結的時候還留下美德的榜樣，完成一種有益的目的，乃是政治家的職責。一方面，他想藉着這樣一種和他的光榮一生相稱合的死亡來達到他的幸福的極致，另一方面，他想藉此使他的同胞們永遠享受他窮畢生之力爲他們取得的利益，因爲他們已經莊重地發誓保持他的法令，直至他歸去的時候爲止。他的期望並沒有落空，因爲拉西第蒙城在嚴格遵行賴喀葛士的法律的情形之下，繼續爲全希臘的主要城市，達五百年之久；在那全部期間，經歷了十四位帝王的統治，完全沒有對於他的法律做過任何的更改，直至亞契達瑪斯（Archidamus）的兒子愛吉斯爲止。至於五長官的設置，雖然被認爲是有利於人民的，却絕未減削貴族政治的性質，反而把它大爲加强了。

在愛吉斯的時代，金銀幣開始流入斯巴達，於是所有那些同無節制的財富欲望不可分的禍害也都隨之而來。這種紊亂情形是由賴山德（Lysander）㊾促成的；他在數次戰爭之後把大量戰利品携回國內，雖然他自己很淸廉正直，不會被財富所敗壞，却因而使國內充滿了貪婪與奢侈，並且破壞了賴喀葛士的法律，只要那些法律在實施着，斯巴達的情形就好像是一個明智而有節度的人在奉行着一套生活規則，而不像是一個國家在實行一套政治制度。在詩人們的想像之中，赫庫力斯（Hercules）㊶蒙着獅皮，執着巨大的木杖，走遍世界各處，懲罰那些目無法紀的惡棍和殘酷的暴君，拉西第蒙人的情形也正是如此，他們手持一根普通的木杖，身穿一件粗布外衣，竟能博得全希臘的心悅誠服的服從，在整個希臘的各處，他們壓制不公正的篡奪和暴政，仲裁戰爭，並且調停內部的紛爭；他們做出這些事情，常是不需一矛一盾，而只須派出一位使者，大家便馬上聽從他的指示，正像蜂王一出現，衆蜂馬上平息紛爭，團結一致擁集在他的四週。斯巴達所擁有的秩序和公正極爲豐富，足以使其他國家共享而有餘。

因此，當我聽到有人說斯巴達人善於服從而拙於治理的時候，我不能不感覺驚奇；說那種話的人並引用底歐龐帕斯的語，以爲證明；當有人對他說，斯巴達之所以能持續這樣長久，乃是因爲國王治理得好的時候，底歐龐帕斯回答說，「不，那乃是因爲人民們非常曉得怎樣服從」。除非統治者曉得如何指揮，人民不會服從；服從是指揮者傳授給人民的一個教訓。一位眞正的領袖親自創造他的羣衆的服從；正如騎術的最高造詣是使馬變爲溫馴而易於駕馭一樣，統治技術的最高成就是使人發生一種情願服從的意願。拉西第蒙人不僅使人們發生一種服從的意願，而且發生一種想作他們的臣民的絕對願望。因爲人們向拉西第蒙人所要求的不是船艦、金錢、或軍隊，而是一位斯巴達將軍；既經獲得一位斯巴達將軍之後，他們便對他尊崇備至，西西里人之對待吉里帕斯（Gylippus）㊷，凱爾西斯（Chalcis）人之對待布拉西達斯，所有在亞洲的希臘人之對待賴山德、考里克雷提達（Callicratidas）和亞傑西勞斯，都是如此；他們稱這些將軍爲各該民族或帝王的調節者和訓練者，他們的目光總在注視着斯巴達城，奉之爲良好行爲和明智政治制度的完美模範。其他的人們似乎都是學生，拉西第蒙人則似乎是全希臘的老師；斯特拉頓尼卡（Stratonicus）曾經說過這樣詼諧的話：他要下令規定由雅典人指導宗教儀式和禮拜行列，由伊里亞人主持奧林匹克競技會，如果他們有什麼差錯，拉西第蒙人應該挨打。這是說笑話，不過，蘇格拉底的一個學生安提塞尼斯（Antisthenes）㊸，當他看到底布斯人爲了他們在路克特拉（Leuctra）㊹的勝利而高興的時候，他曾經很認眞地說，底布斯人的神情好像剛剛把老師揍了一頓的一羣學童一般。

可是，賴喀葛士的原意，並不是要使他的城市統治許多其他城市；他的想法是，國家像個人一樣，它的幸福的獲致主要在於美德的實行，以及居民的和諧；所以他的一切措施的目標，就是使人民們無憂無慮，倚仗自己，並且有節制。所以那些討論政治的優秀作家，如柏拉圖、戴奧幾尼斯（Diogenes）㊺，和翟諾（Zeno）㊻，都曾以賴喀葛士爲他們的模範，雖然他們所遺留下來的不過是些計劃和言語；但是賴喀葛士所創造的政治制度不但見之於思想和文字，而且見之於事實，而那種政治制度又是旁人所完全無從模倣的；一般人都認爲，個人的嚴格的恬靜曠達的生活態度是無法付諸實施的，但是賴喀葛士却能使他全國同胞都變爲恬靜曠達的人，因而使他在所有的希臘的立法者之中，有鶴立鷄羣之概。所以亞里斯多德認爲，拉西第蒙人在賴喀葛士死後對他所表示的崇敬，尚未達到他應受崇敬的程度，雖然他們爲他建造了一座神殿，並且像對神一般地每年向他獻祭。

據說，當他的遺體運回斯巴達的時候，他的墳墓爲閃電所襲擊㊼，任何傑出人物都不曾遭遇過這種事情，只有他和死後埋葬在馬其頓亞里修薩（Arethusa）的幼里披底斯（Euripides）㊽；那位詩人的仰慕者們很可以利用這件事情來做一項有利於他的證明，那就是，他在這一方面是和那位神聖人物與諸神之寵愛者具有相同的命運。有些人說賴喀葛士死於舍拉（Cirrha）；阿波羅底密斯（Apollothemis）說他被送到伊里斯（Elis）㊾，死在那裏；泰密亞斯和亞理斯多克森納（Aristoxenus）㊿則說他在克里特結束生命；亞理斯多克塞納並且補充說，克里特人指出他的墳墓就在波加瑪斯（Pergamus）區，靠近大路之處。他留下一個獨子，名字叫做安泰歐拉斯（Antiorus）；安泰歐拉斯沒有子嗣，他死之後，這個家族便告滅絕。但是他的親屬和朋友們每年總是紀念他，繼續了很長的一個時期；聚會紀念他的日子叫做賴喀葛士節。西帕卡斯之子亞里斯多克拉底說賴喀葛士死於克里特，他的克里特朋友們遵照他的要求，火化了他的屍體，然後把骨灰撒入海中；因爲他惟恐如果他的遺骸被運回拉西第蒙，人民們可能藉口他已回國，解除他們的誓言，而對他的政治制度加以改革。我們對於賴喀葛士的生活和事蹟，講到此處爲止。

註解：

①(276?–195? B.C.) 希臘地理學家與天文學家。

②在公元前五世紀至二世紀之間，至少有兩位希臘名人叫這個名字，所指者究爲何人，不易斷定，據譯者推測，大概是指生於 144 B.C. 前後之雅典文法學家阿玻羅多拉斯。

③(345?–250 B.C.) 希臘歷史家。

④(434?–355? B.C.) 希臘歷史家與將軍。

⑤公元前六世紀至五世紀間之希臘抒情詩人。

⑥Helot 係自 Helos 變來，Helos 爲賴考尼亞 (Laconia) 之一鎭市。

⑦即斯巴達。

⑧Gymnosophist 爲古代印度哲學家之一派，全身裸露或半裸露，過苦修生活，並從事瞑想。

⑨阿波羅 (Apollo) 神殿所在地。

⑩市場亦稱「公會所」(forum)，係一方形廣場，周圍爲商店，爲司法與公務之中心，亦爲人民大會開會之所。

⑪羅馬神話中司智慧、技藝、及發明之女神。

⑫當時斯巴達的政治制度，是由兩位國王共同執政。

⑬公元前七世紀之希臘詩人，以輓歌著稱。

⑭此種民選長官，爲數五名，每年選舉一次。

⑮拉孝尼亞爲希臘伯羅奔尼撒（Peloponnesus）半島東南部之一古國，斯巴達爲其首都。

⑯一蒲式耳（bushel）合八加侖。

⑰希臘哲學家與博物學家，死亡的年代約爲公元前二八七年。

⑱普路塔斯爲希臘神話中之財神，據傳宙斯神（Zeus）使他瞎眼，爲的是他可以無區別地把財富賜給人們。

⑲道里斯爲古希臘之一地區。

⑳希臘文中之 aner，andros，爲「男人」、「男性的」之義。

㉑希臘文中 philitia 爲「友愛」之義。

㉒爲小亞細亞之一古國。

㉓爲希臘伯羅奔尼撒南部之一條河。

㉔（418?-362 B.C.）希臘底布斯（Thebes）之政治家與將軍。

㉕爲希臘南部之一城市，以奢侈、商業、與藝術著稱。

㉖（440?-360 B.C.）於 397-360 B.C. 間爲斯巴達王國。

㉗爲希臘東部之一古國，其首府爲底布斯。

㉘生存於公元前五世紀，爲斯巴達之英勇國王。

㉙（450-404 B.C.）雅典政治家與將軍。

㉚戴安娜爲羅馬神話中之月亮、狩獵、與守護處女性之女神。

㉛在意大利南部的一個古代希臘人的城市。

㉜希臘音樂家與詩人，其生存時代約爲公元前七世紀。

㉝（522–448? B.C.）希臘抒情詩人。

㉞繆斯神爲希臘神話中司文藝、美術等的九女神。

㉟爲宙斯神的雙生子之一。

㊱爲公元前五世紀之希臘詭辯家。

㊲（345?–283 B.C.）爲雅典演說家。

㊳希臘將軍，死於 422 B.C.

㊴（471?–400? B.C.）雅典歷史家。

㊵斯巴達政治家與將軍，死於 395 B.C.

㊶古典神話中之力大無比的英雄，爲宙斯（邱比特）神之子，曾完成十二艱鉅任務。在文學和藝術作品中，他被表現成爲身上蒙着獅皮（有時是裸體的），手中執着一根巨大的木杖。

㊷公元前五世紀之斯巴達將軍。

㊸（444?–371 B.C.）爲希臘犬儒派哲學家。

㊹爲底布斯城西南之一村莊，公元前三七一年，底布斯人於此處擊敗斯巴達人。

㊺（412?–323? B.C.）希臘犬儒派哲學家。

㊻（336?–264? B.C.）希臘堅忍哲學派之創始者。
㊼墳墓爲閃電所擊，被認爲是一種神靈的表徵。
㊽（480–406 B.C.）希臘悲劇詩人。
㊾希臘伯羅奔尼撒西北部之一城市。
㊿公元前四世紀之希臘哲學家。

紐瑪・龐坡利亞斯

雖然羅馬各貴族家庭的宗譜可以很確切地遠溯到紐瑪・龐坡利亞斯（Numa Pompilius），可是史家對於他在位時期的說法，却極爲紛歧；一位叫做克勞廸亞斯（Clodius）的作家，在他的一部名爲「年代記考證」的著作裏面，斷言在高盧人（Gauls）刼掠羅馬的時候，這個城市的古代的記載都已散失，而現存的記載，都是由後人假造的，其目的無非是爲了取悅並且迎合若干希望躋登某一高貴家族之世系的人們的意願，雖然那些人實際上並無權做此要求。雖然一般的記載都說紐瑪是畢達格拉斯（Pythagoras）①的學生，同他很熟識，可是另一些人却又加以駁斥，那些人很肯定地說，他對希臘的語言和學問全不通曉，他具有極大的天賦的才智和能力，能够自行獲致美德，不然也許是他認爲一位野蠻民族的教師會更優於畢達格拉斯。有些人並且宣稱，畢達格拉斯並不和紐瑪處於同一時代，他生存的時期至少比紐瑪晚五代，另外有一個人，也叫做畢達格拉斯，是斯巴達人，曾於紐瑪即位後的第三年在第十六屆奧林匹克競技會中獲得一項獎品，這個人在旅行途中經過意大利的時候，可能與紐瑪相識，並且幫助他制訂憲法；許多拉考尼亞的法律和慣例之所以出現於羅馬法令之中，其故卽在於此。可是，無論如何，紐瑪是塞賓族（Sabine）②的後裔，而塞賓族自稱是拉西第蒙人的一個殖民團。大致說來，年代記是不準確的；那種按照奧林匹克競技會優勝者名單（這項名單是由伊里亞人西匹亞斯在後來發表的，沒有什麼確實的根據）排定的年代記，尤其不準確。我們現在將從比較方便的一點開始，進而敍述紐瑪一生當中被記載下來的一些最引人注意的事蹟。

在羅馬建國後的第三十七年，當時正在統治羅馬的羅繆拉斯（Romulus）③在七月五日，即 Caprotine Nones，當着羅馬元老院議員和人民們的面在山羊沼（Goat's Marsh）公開獻祭。突然天色陰沉，暴風雨大作；平民們在驚恐之中紛紛逃散；羅繆拉斯在這陣旋風之中失踪，他的身體一直未再被世人看到，生死不明。在羅馬人民中間，馬上對於貴族們發生一種不好的猜疑，謠傳他們對於王權政治感覺厭倦，羅繆拉斯對他們的專橫態度近來又很使他們憤慨，所以他們便從事一項密謀，把他殺死，以便使政權落入他們自己的手中。他們爲了轉移人民的這種猜疑，便假藉天命，加給羅繆拉斯一些神聖的榮譽，說他並沒有死，而是移昇到一個更高的境界去了。很有名望的普勞庫拉斯（Proculus）發誓說他親眼看見羅繆拉斯武裝整齊身穿祭服被狂風捲到天上，並且聽見他一邊上昇一邊喊說他們以後應該稱他爲奎里納斯（Quirinus）④。

這項紛擾平復之後，隨着又發生另外一項糾紛，就是關於推選新王的問題；因爲原來的羅馬人和新居民的意向還不能完全和諧一致，而平民百姓之間，派系紛歧，元老院的議員們也互相猜忌爭勝；雖然大家都同意需要有一位國王，可是由哪一個人或哪一個民族的人來做國王，却成爲紛爭之點。因爲那些曾經和羅繆拉斯共同建立羅馬城、並且已把自己的土地和房屋分讓一部份給塞賓族的人們，對於後者的任何的喧賓奪主、想統治自己的恩人的要求，都極感憤慨。在另一方面，塞賓人也振振有辭地宣稱，在他們的君王泰夏思（Tatius）死後，他們就平平和和地聽從羅繆拉斯的唯一的領導；所以現在應該輪到由他們的民族當中選出一位國王；他們不認爲自己是以低劣者的身份同羅馬人聯合起來的，也不認爲他們對於羅馬之增長所做的貢獻較羅馬人爲小，因爲如果沒有衆多的塞賓人參與其中，羅馬也許還不配享有城市之名。

雙方就是這樣地各執一辭，互相爭論；但是他們同時也擔心，在完全無人主政的情形之下，這種爭執勢將引起全局的混亂，所以大家同意由一百五十名元老院議員替換行使最高行政長官的職務，一個接連一個地佩帶着國王的標識，奉獻供神的祭品，並且處理公務，期限是白天六小時，夜間六小時；這種變換和權力的分配可以防止元老院議員之間的敵對，和人民們的羨妒，因爲他們可以看到一個升至與王位相齊的人，在一天之內又降爲普通公民的身份。這種政體被羅馬人稱爲「諒闇」（inter-reg 'm）。可是，這種似乎很合情理的謙遜的統治方式，並未能使他們免除平民們的猜疑和喧鬧，在平民們的心目中，總覺得他們似乎在把政體改變爲寡頭政治，企圖把至高的權力置於他們自身的監護之下，而不再去推選出一位國王。他們雙方最後得到一個結論，認爲應該先由雙方各從對方的民族之中選出一位國王；由羅馬人選出一位塞賓人，由塞賓人提出一位羅馬人；這個辦法被認爲是一個最好的權宜之計，可以消除一切民族隔閡，和黨同伐異的心理；被選出的帝王將和雙方具有同樣的感情，因爲一方是把他選舉出來的人，一方是他的同族的人。於是塞賓人把最後選定的權力托付給原來的羅馬人；至於羅馬人，他們比較願意接受一位由他們選出的塞賓人爲王，而不願見一位由塞賓人選拔的羅馬人爲王。經過磋商之後，羅馬人提名塞賓族的紐瑪·龐坡利亞斯，這個人因爲品德卓越而極負盛名，雖然他並不住在羅馬，可是他一經提名，馬上便爲塞賓人所接受，其熱烈喝采的情形，更甚於選舉者們本身所表現的。

他們把這項選擇向人民宣佈之後，雙方的主要人員便奉派去訪晤紐瑪·龐坡利亞斯，請求他接受這項領導政府的職務。紐瑪住在塞賓人的一個著名城市，叫做庫里斯（Cures），羅馬人和塞賓人的共同名稱 Quirites（爲「羅馬公民」之意），就是由此得名的。他的父親龐普尼亞斯（Pomponius）是一個很顯赫的人物，他是他的四個兒子中之最小的，誕生（按照神的安排）於四月二十一日，就是羅馬創立的一天。他天賦氣質不凡，秉性高潔，又受到戒律和嚴苛生活的陶冶，並且研習哲學；不僅各種卑劣的情欲已被排除，就是那些容易爲野蠻人所尊重的强暴和貪婪的氣質，在他身上也完全找不出來；依他判斷，眞正的勇敢乃是在於用理性征服我們的情欲。

在自己的家庭生活之中，他摒除了一切奢侈和安適，所有公民和外國人都認爲他是一位正直的判斷者和顧問，他私下並不把時間精力用於娛樂和財富的獲得，而專心致力於崇拜不朽的神祇，並且沉緬在一種理性的瞑想之中，默思着諸神的神聖力量和性質。他非常著名，所以羅繆拉斯的同事泰夏思選他爲婿，把自己的獨生女兒嫁給他；可是，這件事情並沒有刺激起他的虛榮心，使他願意同他的岳父一起住在羅馬；他還是和他的塞賓族人住在一起，奉養他的老父；而泰西亞（Tatia）也比較喜歡她丈夫的這種隱遁生活，而寧願放棄和她父親在一起所可能享受的榮華。據說她在結婚十三年之後死去，然後紐瑪便脫離城市的交遊，去過鄉村生活，常常獨自前往那些奉獻給神祇的樹林和田野，在荒蕪的地方過活。這種情形特別引起了關於那位女神的故事，就是：紐瑪之所以遠離塵寰，並不是由於憂鬱或心緒不寧，而是因爲他嚐受到一種更高的交接的快樂，並且由於同女神伊吉莉亞（Egeria）相愛相交而締結天上姻緣，已經獲得永恒的幸福和神聖的智慧。

這個故事和若干極爲古老的神話很相似，就像弗里吉亞（Phrygia）⑤人所傳述的阿提斯（Attis）⑥的故事，比斯尼亞（Bithynia）人⑦所傳述的希羅多塔斯（Herodotus）⑧的故事，亞伽狄亞人所傳述的安狄芒（Endymion）⑨的故事，以及其他一些被認爲受神祇所垂惠和寵愛的人們的故事；而且，如果以人（而不是以馬和鳥）爲垂愛對象的神祇，並不認爲和有品德的人同住，與明智而有節制的人相交接是一種屈尊紆貴的事，這種情形似乎也不足爲奇，雖然說任何神靈或守護神（daemon）能夠對人類的形體或美發洩一種感官或肉體上的愛和情欲，乃是完全令人難於置信的事。不過，明智的埃及人所做的區別，却也似乎可信，他們認爲神靈可能和女人交接，因而使她孕育出一個宗族的最早的祖先，但是他們却認爲男人同任何神靈做肉體的交接或混淆，乃是不可能的事，因爲他們並不以爲在一方面所發生的事，在另一方面也必定發生；交混乃是一種相互的行爲。認爲神祇會對於人們發生情愛，內心懷着深切的感情，對於人們的美德和良好性情表示關懷，這也是一種很適當的想法。所以，那些編造故事，說佛巴斯（Phorbas）、海阿信剎斯（Hyacinthus）⑩和艾德密塔斯（Admetus）被阿波羅所愛的人們，並沒有錯誤，編造西叙昂（Sicyon）⑪人希包里塔斯（Hippolytus）⑫的這個故事的人，也沒有錯誤：他極爲阿波羅所垂愛，所以每當他從西敍昂航海前往舍拉的時候，德爾非的女預言者總是唱出這樣的英雄格⑬的詩句，藉以表達阿波羅神的關愛和快樂：

「現在希包里塔斯又已歸來，

在汪洋大洋上冒着他的寶貴生命的危險。」

據記述，牧羊神(Pan)曾經爲了平達的詩篇而迷戀他；在希西阿（Hesiod）⑭和亞基羅卡斯（Archilochus)⑮死後，神力曾經爲了繆司神的緣故而加給他們榮譽；在索福克里斯（Sophocles)⑯生前，艾斯鳩雷匹亞斯（Aesculapius）⑰曾經和他一起居住過一個時期，關於這件事情，許多證據現仍存在；在他死亡之後，另一位神祇曾經照料他的葬禮。如果這些事例還有可以置信之處，我們爲什麼要判斷類似的神靈去訪晤薩魯卡斯（Zaleucus)⑱、邁諾斯（Minos)⑲、索羅亞斯特（Zoroaster)⑳、賴喀葛士、紐瑪等等王國的統治者、和國家的立法者們，就是不經之談呢？而且，我們很可以相信，那些天神們懷着嚴肅的目的，在這些人舉行會議或從事議論的時候，對他們加以協助，給與他們一些靈感和指導；並且去訪晤詩人和音樂家們，雖然有時是以一種嬉戲心情做出的。但是，另外一些不同的說法，也不可加以抹煞，因爲如巴基里底斯（Bacchylides）㉑所說的，「道路是廣濶的。」因此，某些人對於賴喀葛士和紐瑪以及其他著名立法者們所做的如下的敍述，也並無荒謬之處：他們要克服那些剛愎固執的民衆，從事偉大的革新，便自稱是秉承神的意旨；這種情形如果不是眞實的，也一定是爲了那些執法的對象們的利益而做出的權宜之計。

當使者們前往請他出任國王的時候，他年方四十左右；派來的代表是普勞庫拉斯和維理薩斯（Velesus）；本來大家以為人民是要從這兩個人之中選出一位做新王的；原來的羅馬人擁護普勞庫拉斯，塞賓人則擁護維理薩斯。他們所講的話很簡短，因為他們以為自己此行是奉獻一個王國的統治權，不須說多少勸服的話，就可使對方欣然接受；但是，和他們所預料的正相反，他們發覺他們必須使用許多理由和懇求，來勸使一個生活於和平安靜之中的人，來接受一個可以說是在戰爭之中建立並增長起來的城市的治理權。當着他的父親和他的親屬馬夏思（Marcius）的面，紐瑪回答說，「一個人的生活上的每一項改變，對於他自己都是危險的；只有瘋狂才會促使一個毫無需求、對於一切都感覺滿足的人放棄一種他已經習慣的生活；那種生活，不論它有什麼缺陷，同另外的全然在未可知之天的生活比較起來，至少有一個好處，那就是，自己已經對它確知而有把握。而且，這個政權的困難甚至不能被稱為是不可知的；首任皇帝羅繆拉斯就未能避免密謀殺害他的同事泰夏思的嫌疑；元老院也未能避免叛逆地謀殺羅繆拉斯的指控。可是羅繆拉斯還佔有一項優勢，他被認為是天神之嗣，受過神奇地撫育和教養。我生為凡人，而且是由你們都認識的人們撫養和教育起來的。我的性格上的一些最受稱讚之點，表明我是不適於做皇帝的——我所喜愛的是隱退，是同實際事務格格不入的學問；根深蒂固地存在於我的心靈中的是對於和平的熱望；我所熱望從事的是那些沒有戰爭氣味的工作，我所熱望與之交往的是那一類人，他們的聚會只是為了崇拜天神和親切的交際，他們的生命大致都消磨在自己的農場和牧場上面。我以為，像我這樣一個本應在各處走動，諄諄勸告大家崇拜天神，教誨他們愛好公理與正義，厭惡暴力與戰爭的人，對於一個與其說是需要一位國王不如說是需要一位隊長的城市，只能是一個笑柄而已。」

那兩個羅馬人從他的言語之間曉得他要拒絕接受這個王位，便更加迫切地要求他不要在那種情形之中捨棄他們，讓他們回復到——他們必將如此——從前的暴亂和內部傾軋之中，因爲除他而外，沒有一個能爲雙方都同意接受的人。最後，他的父親和馬夏思把他拉到一邊，勸他接受這項奉獻的權利，因爲這項贈與的權利與其說是來自人間，不如說是來自天上。他們說：「雖然你既不希冀財富，因爲你對自己所有的已感滿足，也不追求權柄的名譽，因爲你享有更可貴的美德的名譽，可是你要把那項統治本身視爲對上帝的一種服務，他現在要你把你的公正和智慧的性質化爲行動，而那些性質本來是不該廢置不用的。對於一個明智的人，這個職位實在是一個施展抱負的園地，可以做出一些偉大而可敬的行爲，可以對於諸神做莊嚴隆重的崇拜，可以創制一些虔敬的習俗，而這些事情，只有憑着權柄才能在人民中間完成的；所以，你對於這個職位不要再逃避和拒絕了。泰夏思雖然是個外國人，也爲人民所愛戴，羅繆拉斯的英靈則受到神聖的榮譽，說不定這個民族，既經獲得了勝利，也許會厭倦戰爭，滿足於已經得到的戰利品，而特別希望有一位愛好和平與公理的帝王，領導他們達到良好的秩序與安寧，也未可知。退一步說，假如他們的願望仍然是無法控制而瘋狂地傾向戰爭，那麼，由這樣一位有節制的君王來掌握着控制權，還可以把人民們的憤激轉移到另外一個方向，而且你的本城和整個塞賓族可以因爲你的關係，而同這個年青而日益增長的强大力量保有一個善意和友情的連繫，豈不更好？」

在他們提出這些理由對紐瑪加以勸說的同時，據說還出現了好幾個吉兆，他的本族的公民們也表現出很大的熱情，當他們曉得那些羅馬使者爲何而來的時候，都請求他同他們一起前去，接受這個王位，藉以達成兩個民族之間的一致與和諧。

紐瑪聽從了這些勸說，他祭神之後，便動身前往羅馬，在路上和羅馬的元老院議員與人民們相遇，原來他們都已急不可耐，出來迎接他了，婦女們也以快樂的喝采來歡迎他，所有的神殿都向神獻祭，他們那種普天同慶的情形，好像不是在接受一位新的國王，而是在接受一個新的王國。在這種情形之下，他走進了公會所，當時正在輪值攝政的維特夏思（Spurius Vettius）便當塲提付投票表決；全體擁他爲王。然後有人把寶器和王袍拿給他；但是他在未向神請示並得到神的認可之前，不肯穿戴那些東西；於是他在祭司和占兆官們的陪同之下，走上了凱匹托爾（Capitol）——邱比特（Jupiter）的神殿，當時羅馬人稱之爲塔匹安山（Tarpeian Hill）。占卜長蒙起了紐瑪的頭，把他的臉轉對着南方，然後站在他的身後，把自己的右手放在他的頭上，從事禱告，同時用眼睛四下張望，預期着神會降下一些吉兆。同時，還有一場令人驚奇的情景：民衆們非常寂靜而虔誠地聚集在公會所，懷着同樣的期待和懸慮，直到那些表示吉兆的鳥出現並在右方通過的時候爲止。於是紐瑪穿上了王袍，從山上下來，走到人民中間，人民們則以歡迎的喊聲與喝采，把他當作一位神聖的國王和諸神的鍾愛者來加以接受與祝賀。

紐瑪執政後所做的第一件事情，是解散了從前保護羅繆拉斯並被他稱爲「快差隊」(Celeres）的三百名衛隊，他說人民既然信任他，他就不能不信任人民；如果人民不信任他，他就不必做皇帝。他所做的第二件事情，是在邱比特和瑪斯(Mars)的兩名祭司之外，爲羅繆拉斯增設一名祭司，這名祭司，他稱之爲奎里納祭司（Flamen Quirinalis)。羅馬人古時稱祭司爲 Flamines，這個字是由 Pilamines 一字轉訛而成，而 Pilamines 則是由祭司們所戴的一種稱爲 Pileus 的帽子而得名。在那個時代，希臘字和拉丁字混雜的情形比現在更甚；因此，被稱爲 Laena 的王袍——如朱巴（Juba）所說的——就等於希臘語中的 Chlaena；被加給那個父母俱存、在邱比特神殿服務的男孩子的名字 Camillus，乃是取自某些希臘人加給莫庫利(Mercury)、藉以表示他爲諸神之使神的一個名字。

當紐瑪藉着這些措施博得了人民的愛戴之後，他馬上着手一項任務，設法使羅馬人的嚴酷而堅強的性情變得更溫和而公正一些。柏拉圖所說的一個處於狂熱狀態中的城市，最適用於那個時期的羅馬；在淵源上，羅馬是由一些勇敢好戰的人物構成的，而那些人物乃是由大胆與不顧一切的冒險帶到那裏去的，因此羅馬發現對於鄰國的連續不斷的戰爭與侵略，乃是它後來維持生存和增長的手段，與危險相衝突乃是它的新力量的泉源；像木樁一樣，用錘子往下打可以使之牢固地豎立着。因此，紐瑪認爲把這個民族中的倔强而胆大妄爲的份子們加以軟化，使之傾向和平，並不是輕而易舉的事，他乃開始運用宗敎的力量來影響他們。他時常獻祭，並且舉行遊行和宗敎舞蹈，這些事情大都由他親自主持；企圖藉着這種莊嚴儀式與高雅而具有感化作用的娛樂的結合，把他們拉攏過來，並且緩和他們那種暴烈而好戰的脾氣。他有時也使他們的想像之中充滿宗教上的恐怖，宣稱奇異的幽靈曾被人看見過，可怕的聲音曾被人聽到過；這樣地藉着一種超自然的恐懼之感，來克服和挫折他們的心靈。

紐瑪所使用的這種方法，使人們相信他和畢達格拉斯相熟識；因爲在後者的哲學之中，像在前者的政策之中一樣，人同神的關係佔着一個很重要的地位。據說，他之所以在儀表、服飾和姿態方面很莊重嚴肅，就是由於和畢達格拉斯具有同感所致。據說，畢達格拉斯曾經教會一隻鷹聽從他的召喚，可以在飛行途中猝然下降，來到他的面前；當他在奧林匹克競技會從聚集着的人們中間走過的時候，他會把他的美好的大腿顯示給他們看；此外還有許多其他怪異而神奇的行徑，法雷西亞（Philasia）人泰芒(Timon)曾經寫出這個雙行體的詩句，來記述其事：

「這個人具有變戲法者的本領，
却板着面孔對民衆發表莊重的演說。」

紐瑪還講到有一位女神或山仙，曾經愛上了他，並且和他幽會，如我們在前文已經提到過的；他並且宣稱，他曾同繆斯女神做過親切的交談，他所得到的大部份啓示都歸功於繆斯神的教訓；在那些女神之中，他特別勸請羅馬人尊敬一位他稱爲「沉默者」（Tacita）的女神；他之所以如此做，也許是爲了效法並且尊敬畢達格拉斯的沉默。他對於偶像的意見和畢達格拉斯的學說也很相符；畢達格拉斯認爲生存的首要原則是超越感覺和情緒的，是不可見而且永不敗壞的，只有藉着抽象的智慧才能理解。因此紐瑪禁止羅馬人用人或獸的形狀來代表神，也不許他們中間有任何繪畫的或雕刻的神像，這種情形維持一百七十年之久，在那個期間，羅馬人的神殿和祠堂裏面完全沒有神像；他們認爲，用這種卑陋的東西來比擬至高的神，乃是一種褻瀆神聖的行爲；除了憑着智慧的純潔的行爲，一切接近天神的努力都是白費。他的獻祭，也和畢達格拉斯的儀式極爲相似，因爲他在獻祭的時候，不用犧牲，而用麵粉、酒、和最不貴重的祭品。其他的外表的證據也可以表明紐瑪同畢達格拉斯的關係。屬於畢達格拉斯一派的古代喜劇作家伊匹卡瑪斯（Epicharmus）的一部題獻給安提諾（Antenor）的作品裏面，記述畢達格拉斯被變成了羅馬的一個自由民。紐瑪並且把他的四個兒子之中的一個命名爲瑪墨卡斯（Mamercus），都就是畢達格拉斯的一個兒子的名字；古代的高貴家族伊米利（Aemili）的名稱，據說就是由此而來，因爲紐瑪曾經爲了那個兒子的言談優雅動人而加給他伊米利亞斯（Aemilius）這個綽號。我還記得，從前我在羅馬的時候，曾聽到許多人說，當神諭指示建立兩座雕像——一座是希臘最有智慧的人，一座是希臘最勇敢的人——的時候，他所建立的兩座銅像，一座是阿爾西柏亞底，另一座就是畢達格拉斯。

這些事情的確實性很成問題，而且也無關重要，不值得我們花費時間加以探索，所以我們對之不必多加注意。那些被稱爲 Pontifices[22] 的祭司們的最初的憲法，被認爲是由紐瑪所制訂的，據說他本人是最高祭司團中的第一位；他們的名稱 Pontifices 這個字據說是由 potens（有權力的）一字而來，因爲他們照料祭神的事情，而諸神是具有主宰一切之權力的。其他的人們認爲這個字意指「除掉不可能的事情」；祭司們只執行他們可能做到的一切任務；如果有任何事情超越他們的能力，他們不必爲這種例外的情形而受指責。一種最普通的說法最爲荒謬，這種說法認爲這個字由pons（橋）變來，並且把「造橋者」的頭銜加給那些祭司們。在橋上舉行的獻祭，是一種最神聖最古老的獻祭方式，而保養與修補道路的工作，像任何其他的公共的神聖職務一樣，也歸祭司負責。破壞橋樑的行爲，被認爲不僅非法，而且褻瀆神聖；據說爲了遵行一項神諭，橋樑都用木材做成，由木釘釘牢，而不用任何鐵釘或鐵箍。石橋是在伊米利亞斯作度支官的時代很久之後才建造的，據說木橋在紐瑪的時代還沒有修建起來，而是由紐瑪的外孫安卡斯·瑪夏思（Ancus Marcius）作國王的時候完成的。

祭司長的職務，是宣佈並解釋祭神的法則，或者可以說是主持祭神的儀式；他不僅規定公共儀式的規則，也管制私人的祭祀，不許他們背離固定的慣例，並且就崇拜或祈禱方面所必需的事物，向每個人提供指示。他並且是服事女竈神之處女們（vestal virgins）㉓的監護人，那些女祭司和她們所照料的永恒聖火，據說就是由紐瑪設置的，他大概認爲那些純潔清淨的火焰應該由一些貞潔無瑕的人來照管，不然也許以爲那種燃燒淨盡而不能產生任何果實的火，和處女的身份很相像。在希臘，凡是設置永恒聖火的地方，如德爾菲和雅典，其照料之責都不是托付給處女，而是托付給過了結婚時期的孀婦。如果由於任何偶然的事故而致聖火熄滅了——如亞理斯頓（Ariston）暴政下的雅典聖燈，德爾菲神殿被米底亞（Media）人焚毀的時候，以及在密司里退提（Mithridates）㉔的時代和羅馬內戰期間的德爾菲聖火，當時不僅聖火熄滅，聖壇也遭毀壞——在後來重新點燃聖火的時候，不能用普通的火花或火焰點燃，因爲那樣做被認爲是一種褻瀆神聖的行爲，只能用純潔而未受玷污的太陽光線點燃；他們通常總是用凹面的鏡子，其形狀是由一個二等邊的直角三角形的廻旋所形成的，來自圓周的所有的線都聚集在一個中心，他們把這面鏡子對着陽光舉着，就可以把光線聚合在那個輻合點上；在那裏，空氣將變爲稀薄，那些光線已經獲得火的實質和效力，所以任何輕的、乾燥的、可燃燒的物質一經與之接觸，就會燃燒起來。有些人認爲，那些服事竈神的處女們的任務只是保持聖火，但是其餘的人們則認爲她們是另外一些神聖秘密的保守者，除了她們自己之外，任何人都不得看到那些秘密；關於那些秘密，凡是可以詢問或講述的，我們都已在凱米拉斯（Camillus）㉕的傳記中講述了。據記述，蓋甘尼亞（Gegania）和維里尼亞（Verenia）是紐瑪所委派的最初兩名處女的名字；坎紐蕾亞（Canuleia）和塔匹亞（Tarpeia）是繼任的兩個人；塞維亞斯（Servius）㉖後來又添加了兩名，這四個名額一直繼續到現在。

紐瑪爲這些竈神女祭司們所規定的法令是這些：她們要宣誓保持童貞三十年，在第一個十年之中，她們要學習她們的職務，在第二個十年之中，她們要執行她們的職務，在其餘的十年之中，她們要傳授別人。在全部時期結束之後，她們可以結婚，並且脫離聖職，選擇自己所高興過的任何生活；但是據說她們之中很少有人利用這種許可；在做這種改變的少數事例之中，她們後來的生活也不美滿，而是充滿了悔憾和悲哀；所以，她們大多數人都由於宗教上的恐懼和顧慮而克制自己，終生過着嚴格的獨身生活。

紐瑪給與她們一些很大的特權，藉以彌補她們的獨身生活；例如，她們有權力在她們的父親活着的時候立下遺囑；她們可以沒有監護而自由處理自己的事務——這是作三個子女之母親的婦女們的特權；當她們外出時，她們可以有人持着權標（fasces）㉗走在前面，做爲儀仗；在她們走路的時候，如果碰巧遇見一個被送往刑場執行死刑的罪犯，那個罪犯就可以獲赦，不過一定要發誓宣稱那場相遇完全是出於偶然，而非由於同謀，或故意造成的。任何人如果擠撞她們所乘的肩輿，就要被處死。如果這些竈神女祭司犯了任何輕微的錯誤，只有大祭司可以懲罰她們，懲罰的方式是在一個黑暗的地方加以鞭笞，中間拉起一道簾幕，有時在鞭笞的時候要她把衣服脫掉；但是違背誓言的女祭司，要被活埋，活埋的地方是在一座叫做科林納（Collina）的城門附近，那裏有一座小土丘，在城裏，延伸到一片很小的地方，在拉丁文中叫做 agger；在那座土丘的下邊，修築了一個小屋，有樓梯可以向下通達；他們在小屋裏面備置一張床，點起一盞燈，並且留置少量的食物，如麵包、水、一桶牛奶、和一些油；爲的是使得那個曾經奉獻於宗教的最神職務的人的屍體不會被人說是由於饑餓而死。罪犯本人被放置在一張畀床上面，他們把她的全身整個覆蓋起來，用繩索把她綁在畀床上面，使她所發出的聲音完全不會被人聽到。然後他們把她抬到公會所；當她經過的時候，所有的人都默默地躲開，跟隨着的人都帶着一種嚴肅而無言的悲哀神情陪伴着那個屍架；的確，沒有任何其他的景象比那個景象更爲駭人，也沒有任何的節日，會使羅馬人表現出更大的憂愁與悲哀的神情。當他走到執行死刑的地方時，官員們鬆開繩索，然後大祭司把兩手舉向上天，在執行之前先自己低聲講一些禱告的話；然後把犯人取下來——她的全身仍被覆蓋着——把她放在通往小屋的階梯上面，同其餘的祭師們一起轉過臉去；在犯人走下去之後，他們就把樓梯拉起，用大量泥土推塞在小屋的入口，使人們無從把它和土丘的其餘部份加以辨別。這就是對於違背誓言的竈神女祭司們的懲罰辦法。

據說，紐瑪建造竈神廟，是要把它用做儲存聖火之所，他把這座廟造成圓形，並不是代表着地球的形狀，好像那是和竈神一體似的，而是代表着整個宇宙的形狀，畢達格拉斯派的哲學家們認爲火的元素是宇宙的中心，並且把竈神廟的名稱加給它；他們不認爲地球是固定不動的，也不認爲它是位於宇宙的中央，而認爲它在火的位置的周圍做環形的移動，並且不是主要原素㉘之一；在這一點上，他們和柏拉圖的意見一致，據說柏拉圖在晚年認爲地球佔有一個旁側的地位，中央的最高的位置應該留給一個更高貴的天體。

祭司們還有另一種功用，就是在葬禮的習俗方面對人民加以指示。紐瑪教他們不要把那些事情視爲對於下界諸神的一種褻瀆，而要視爲對於他們所表示的一種尊敬，因爲我們當中的一大半人都被轉入那些神祇的手中；他們尤其要崇拜主持一切喪葬儀式的利比蒂娜女神（Libitina)㉙；他們所指的也許是普羅舍賓娜(Proserpina)㉚，也許如最有學問的羅馬人所認爲的，乃是指着維納斯（Venus)㉛；把人的生命的開始與終結歸於同一位神的功能，不能不算是一種很適當的想法。紐瑪並且把服喪的日期加以規定，按照時間和年齡而有別。例如，對於三歲的兒童，完全不必服喪；對於較大的兒童，在十歲以下者，有幾歲就服幾個月的喪；對於任何人的最長的服喪期間，都不能超過十個月；那個最長的時期，是爲死去丈夫而繼續守寡的婦女們規定的。如果寡婦在服喪期未滿之前再嫁，按照紐瑪的法律，她要用一隻懷孕小犢的母牛獻祭。

另外還有好幾種祭司團體，也是由紐瑪創設的，現在我只講述其中的兩種，就是戰神祭司團(Salii)㉜和維護和平祭司團（Fecials）㉝，這兩個祭司團最能證明他的性格的虔誠和神聖。維護和平祭司團似乎由他們的職務而得名，他們的職務是用談判和言語來平息紛爭；除非經他們宣佈一切調解的希望都已消滅，是不許從事戰爭的，而在希臘文裏面，也是當紛爭是藉着言語而非藉着武力獲得解決的時候，我們才稱之爲和平。羅馬人在遭受其他民族的損害的時候，通常總是派遣維護和平祭司們前往要求補償；如果對方拒絕，那些祭司們便請神做見證，並且賭咒，如果他們有不公正的行爲，任憑天神降禍於他們自己和他們的國家，然後他們便宣佈戰爭；如果違反他們的意志，或未得到他們的同意，軍人或國王都不能從事戰爭；戰爭由他們開始，當他們最初把戰爭當作一項公平的釁隙移交給司令官之後，他們的任務便是熟籌繼續戰爭的方式與方法。人們認爲，高盧人之所以對羅馬做出那樣的屠殺和毀壞，就是因爲他們判斷羅馬忽略了這項宗教的程序；當那些野蠻人圍攻克拉辛尼亞(Clusinia)人的時候，費比亞斯·安巴斯塔（Fabius Ambustus）被派到他們的軍營，替被圍者談判和平；當高盧人很粗魯地加以拒絕的時候，費比亞斯便以爲他的使者的任務已經告終，很輕率地參加克拉辛尼亞的一邊，向敵方的最勇敢的人挑戰，要與他做一人對一人的戰鬪。費比亞斯把他的對手打死了，並且取得他的戰利品，這是他的幸運；但是當高盧人發現這件事情的時候，他們便派遣一位信使到羅馬去指控費比亞斯；因爲他在未經宣佈戰爭之前，就一反國際的法律，破壞了和平。羅馬元老院的議員們就這件事情加以辯論，維護和平祭司們認爲應該把費比亞斯交付高盧人之手；但是費比亞斯預先得到消息，便逃往人民中間，由於人民的祖護，他得以逃避這項判決。於是，高盧人便進軍羅馬，在佔領了邱比特神殿之後，刼掠全城。這件事情的全部詳情，將在凱米拉斯的傳記中細述。

戰神祭司團的起源是這樣的：在紐瑪卽位後的第八年，一場可怕的瘟疫蔓延整個意大利，羅馬城也同樣地受到摧殘；當時羅馬公民們都深感痛苦而沮喪，據說有一個黃銅小圓楯從天上落到紐瑪的手中，關於這件事情，紐瑪向公民們做了神奇的敍述，他說：伊吉莉亞和繆斯神確實地告訴他說，那個小圓楯乃是由天神賜下，用以治療羅馬人民，並維護他們的安全，爲了確保那個小圓楯的無虞，他奉他們的命令要另外製造十一個小圓楯，其大小和形狀與原物完全一樣，使盜賊無法辨別眞僞。他並且宣佈，他受到命令要把繆斯神時常與他會晤的地方，和那片地方周圍的田地，都奉獻給繆斯神，化爲神聖的地方，灌漑那片田地的泉水也應該化爲神聖，專供竈神的女祭司們之用，她們要用那些聖水來洗滌她們的聖堂的內部。這些話的眞實性，很快便由於瘟疫的停止而得到證實了。紐瑪把那個小圓楯拿給工匠們看，吩咐他們發揮自己的技巧，加以倣製；所有的工匠都因爲沒有滿意的成績而放棄希望，直到最後，一個名叫瑪穆里亞斯·維特里亞斯（Mamurius Veturius）的優秀工人忽然福至心靈，所製造出來的小圓楯，與原物極其相像，就連紐瑪本人也不辨眞假。這些小圓楯的保管，便由一些叫做 Salii（戰神祭司）的祭司們負責，他們的名稱，並不是如某些人所說的得自一個生於撒摩德拉斯（Samothrace）或曼蒂尼亞（Mantinea）、教授武裝跳舞的教師賽利亞斯（Salius）；而是得自戰神祭司們自己在三月持着那些神楯巡行全城時所跳的一種跳躍的舞蹈；在那個遊行的行列中，他們穿着紫色的短袍，繫着一條用銅釘裝飾着的寬帶，頭上戴着一頂銅盔，手裏持着短劍，他們在行進途中不時用短劍撞擊圓楯。但是重要的事情還是跳舞本身。他們以極其優雅的步態跳動着，以快速的節拍和密集的隊形跳出各種複雜的舞步，處處都表現出他們的力量和敏捷。那些小圓楯由於它們的形狀而被稱爲 Ancilia，因爲它們不是被製成圓形，也不像正常的圓楯那樣地構成一個完善的圓周，而是被造成一條波紋線，那條波紋線的兩端被弄成圓形，在最厚的部份相對着向內彎曲；它們的形狀是曲線的，或者用希臘文說，是 ancylon；這個名稱也許是由 ancon（肘）變來，因爲它們是由臂肘持着的。這是朱巴的說法，因爲他很想把它說成希臘的東西。不過，這個名稱也可能因爲它是從 anecathen（從上面）降下；或者因爲它能 akesis（治愈疾病）；或者是從 anchmon lysis 變來，因爲它終止了一場乾旱；或者是由於它能 anaschesis（解救災難）——這個字就是雅典人加給卡斯脫（Castor）和波拉克斯（Pollux）的名字 Anaces㉞的字源，如果我們一定要把它化歸希臘文的話。瑪穆里亞斯爲自己的技藝而得到的報酬，是那些戰神祭司在他們巡行全城武裝跳舞時所唱的詩歌之中，提到他的名字，並且加以表揚；雖然有些人認爲他們不說 Veturium Mamuium，而說 Veterem Memoriam（古老的記憶）。

紐瑪在創立了這些個祭司團之後，便在竈神廟附近建築那所迄今一直被稱爲「王舍」的房屋，他的大部份時間都消磨在那所王舍裏面，從事對於神的禮拜，教導祭師們，或與他們談論神聖的問題。

他在奎里納里斯山（Mount Quirinalis）還有一所房屋，直到現在，人們還可指出那所房屋的所在地。在舉行一切遊行和莊嚴的祈禱的時候，都要先行派出傳令員，通知人民們停止工作，休息。據說，畢達格拉斯派哲學家不許人民順便地禮拜神或向神祈禱，而要他們馬上走出自己的房屋，把心思集中在對於神的崇敬上面，紐瑪也同樣地希望他的公民們不要以一種敷衍塞責馬馬忽忽的態度去看或聽任何禮拜的儀式，而要放下其他一切的工作，把宗教禮儀當做一種極其嚴肅的工作去專心實行；街道應該沒有任何由手工勞動所發出的喧囂或喊叫之聲，而且要爲了神聖的莊嚴儀式而廓淸。在羅馬，這種習俗的痕跡一直繼續存在到今天，當執政官開始卜吉凶或獻祭的時候，便有人大聲向人民喊道，Hoc age（來做這個），然後他們便勸告當時在場的人們要態度鎮定，頭腦冷靜。紐瑪的許多其他的教訓也和畢達格拉斯派哲學家的教訓相似。例如，畢達格拉斯派哲學家說，「你不可使你所坐的座位成爲配克量器（peck-measure）㉟。你不可用劍撥火。當你出外旅行的時候，你不可往後看。當你向天上的神獻祭的時候，祭品要是奇數的，向地上的死者獻祭的時候，祭品要是偶數的。」這些教訓的每一句話的含義，他們通常都不肯洩露。紐瑪的一些口頭戒條，也沒有明白的意義。「你不可用由未經修剪的葡萄樹上的葡萄製成的酒向神獻祭。任何的獻祭都不能沒有麵粉。旋轉身體向神禮拜；在禮拜之後坐下。」頭兩項指示似乎把土地的耕耘和克服當做宗教的一部份而加以表明；至於崇拜者要在禮拜神的時候旋轉身體，據說那是代表世界的旋轉的動作。但是我認爲，它的含義是：因爲神殿都朝東，崇拜者在進入神殿時是背對着朝陽的；進入神殿之後，他轉過身來，面對着東方，然後再轉回去面對着神殿裏面的神，這個圓周的動作就是表示實行對於兩位神的祈禱。除非這個姿勢的改變會像埃及的車輪㊱一樣地具有一種神秘的意義，並且向我們表示人類命運的變遷無常，而且，不論神以何種方式改換我們的命運和情況，我們都應該始終感覺滿足，並且把它當做適宜的命運來接受。據說，在禮拜之後坐下來乃是一種徵兆，表示他們的請求已經獲准，他們所要求的幸福，神已經答應賜給他們。此外，因爲一段一段的休息時間把不同的禮拜動作劃分開了，他們可以在完成一套動作之後坐下來，求神惠允他們再開始另外一套新的動作。這種情形和我們以前所講的很相符合；這位立法者要我們養成一種習慣，在我們對神提出祈求的時候，不要馬馬忽忽的，或者在有其他事情要做的時候匆促爲之，而要有充分的時間和餘暇專心去做。由於這種宗教方面的戒律和訓練，羅馬人民不知不覺地養成一種謙遜恭謹的性情，對於紐瑪的美德極爲敬畏尊崇，以致他們對於他所說的任何話，不論如何荒誕無稽，都毫無疑義地加以接受，並且認爲凡是出自他口中的任何事情，沒有不可置信或不可能的。

有一個故事說，紐瑪有一次宴請許多公民，席上所用的器皿都很粗陋，食物本身也很非薄平常；客人們就座之後，他告訴他們說，同他會談的那位女神已經到那裏來了；這時候，房間裏面突然擺設着各種貴重的酒杯，桌子上擺滿了甘美的食物，成了一場最豪華的宴會。但是，傳聞中的紐瑪與邱比特之間的會談，超越了前此所有的一切荒誕不經的稗史。據說，在艾文坦山（Mount Aventine）㊲尚未有人居住和圍入城牆以內之前，皮卡斯（Picus）和伏奧納斯（Faunus）這兩位半神㊳時常前往那個地方的泉水和濃蔭之處；這兩位半神可能是半人半山羊之神，或半人半山羊的牧神（Pan），他們走遍意大利各處，憑着他們在藥材和魔法方面的技巧玩弄同樣的把戲，就好像希臘人傳說中的愛達山（Mount Ida）的達克蒂（Dactyle）㊴們的情形一樣。有一天，紐瑪想出一個主意，把酒和蜜混在那兩位半神通常飲用的泉水裏面，藉以使他們驚奇一番。兩位半神發現自己已經落入陷穽之中，便化爲種種形狀，他們放棄了原形，而裝出各種不平常的可怖的形態；但是當他們看出自己已被牢牢困住，不可能逃脫的時候，他們便向他洩露許多秘訣和未來的事情；他們特別告訴他一種用洋葱、頭髮、和鯡魚發出雷和閃電的符咒，那些符咒現在仍被使用着。有些人說他們並沒有把那個符咒告訴他，而用他們的魔法使邱比特從天上下來；邱比特來了之後，以一種惱怒的態度囘答各種詢問，他告訴紐瑪說，如果他想很靈驗地呼雷喚電，他必須用頭來做那件事情。紐瑪說，「怎麼樣，用洋葱的頭嗎？」邱比特囘答說，「不，用人的頭。」但是紐瑪想規避這個方法的殘酷不仁，便節外生枝地說，「你的意思是說，用人的頭上的頭髮？」邱比特囘答說；「不，是用活着的——」紐瑪不等他說完，便用下面兩個字打斷他的話：「鯡魚。」這些答案，是他從伊吉莉亞那裏聽來的。邱比特又返囘天上，當時他的心情很慰藉而慈祥。爲了記念他，那個地方便由希臘文中的 ileos（爲「慈祥」之意）而稱爲伊爾夏姆(Ilicium)；這道符咒便這樣地產生了。

這些故事雖然很可笑，却可以使我們看出人們當時藉着習慣的力量而對於天神懷藏着的感情。據說，紐瑪自己的思想也是非常專注於神聖的事物，以致有一次，當有人向他報告消息說，「敵人正在逼近，」他帶着笑容囘答說，「而我則正在獻祭。」信仰之神和疆界之神的神殿，都是由他建造的，他並且告訴羅馬人說，信仰之神的名字是他們所能發出的最莊嚴的誓語。他們現在仍然用那個名字作誓語；對於疆界之神，他們直到今天仍然在國土的邊界和石標上對他做公衆的和私人的獻祭；現在都用活的犧牲了，雖然古時候舉行獻祭無須殺生；因爲紐瑪認爲，疆界之神的任務是看守邊界，爲公正的交往作證，應該是和流血無關的。顯然地，第一位爲羅馬規定疆界的人，就是這位國王；因爲，如果羅繆拉斯爲自己的國土劃定邊界，其結果只有使他公然顯示他所侵略的鄰邦領土是如何地多；對於遵守疆界的人們，疆界是一種防禦物；對於突破疆界的人們，疆界却只有證明他們的欺詐。事實上，羅馬人最初所擁有一份土地很狹小，後來羅繆拉斯藉着戰爭來把那些土地擴大了；紐瑪現在把所有那些後來獲得的土地都分給貧苦的平民，希望消除迫使人們從事欺詐行爲的極度的貧困，並且藉着使他們轉入農業，而把他們和他們的田地引入更佳的情況。任何其他種職業，都不能像農業和鄉村生活能够引起人們對於和平的那麼强烈的愛好；農業和鄉村生活使人們養成一種勇氣，那種勇氣一方面消滅了可以爆發成爲不義和掠奪行爲的放肆，另一方面却使他們願意爲了保衞自己的一切而作戰。紐瑪希望農業可以成爲一種具有魔力的東西，促使他的人民對於和平發生强烈的愛好，同時他把農業視爲獲取道德利益、而非經濟利益的手段，所以他把全部土地劃分成爲幾片，每片稱爲一個「區」(pagus)，他對每區委派一名監督長；他有時親身去視察他的那些殖民區，根據成績來做出他對於每個人的習慣的判斷；因爲那些成績都是他親見目睹的，他對於表現良好的人們給與獎譽和職務，對於怠惰馬忽的人們則加以譴責，藉以促使他們改進。但是，他的最受稱讚的措施是把人民按照行業劃分成若干同業公會（guild）；因爲這個城市是由兩個不同的部族組成的——或者更正確一點說，並不是由兩個不同的部族組成，而是被劃分成兩個不同的部族，二者之間的不同不但無法抹消，而且還防阻團結一致的實現，引起不斷的騷亂和仇恨；因爲他想到，一些堅硬的物質在成爲塊狀的時候，很不容易混合起來，如果把它們打成粉末，化爲微小的形狀，便極易化合起來，所以他決定把全體人民劃分成一些小的單位，希望藉着一些新的區分，來抹消原來的大的區分，那些大的區分必將消失在較小的新的區分之中。於是，他按照幾種技藝和行業把全體人民加以劃分，分別組成了樂師、金匠、木匠、染匠、鞋匠、剝皮匠、銅匠、和陶工的行會；所有其餘的工匠們，組成一個行會；他爲每個行會分別指派專用的法庭、評議會、和宗教禮儀。這樣一來，一切黨派性的區分都漸漸地被廢棄了，大家都不再以塞賓人或羅馬人、羅繆拉斯派或泰夏思派的想法來想到或講到任何一個人了；這種新的區分變成融洽與混合的泉源。

他對於賦給父親售賣子女之權力的法律的廢止——或者更正確一點說是修正，也應該大受讚揚；他使已經結婚的人們獲得自由，附帶條件是要取得他們的父母的同意；因爲一個女人嫁給一個她認爲是自由的男人，到後來却發現她所仰望而終身的人是一個奴隸，這實在是一件很難堪的事。

他並且嘗試制訂一種曆法，雖然並非絕對地正確，却也不是沒有一些科學知識作根據。當羅繆拉斯在位的時期，他們的月份的演移並沒有確定的或同等的期限；有些月份是二十天，有些月份是三十五天，還有些月份包含更多的日子；他們對於太陽和月球的運行的均差，毫無所知；他們只堅守一項規則——全年有三百六十天。紐瑪算出太陰年（lunar year）和太陽年（solar year）相差十一天，因爲月球完成它一年的繞行要用三百五十四天，而太陽則要用三百六十五天，爲了補救這種不調諧的情形，他把十一天的數字加倍，每隔一年添加一個閏月，包含二十二天，放在二月之後，羅馬人稱之爲Mercedinus。可是，過些時候之後，又需要對於這項修正本身再做其他的修正。他並且更改了月份的順序：March 原爲一月，被他改爲三月；January 原爲十一月，被他改爲一月；February 原爲十二月，也就是最末一個月，被他改爲二月。許多人認爲 January 和 February 兩個月份是由紐瑪添加進去的；因爲在最初，他們的全年包含十個月；有些野蠻人的曆法，一年只有三個月；希臘阿伽狄亞人的一年只有四個月；阿克內尼亞（Acarnania）人一年只有六個月。據說埃及人的年最初只有一個月，後來改爲四個月；因此，雖然他們生活在一個最新的國家裏面，他們却有最古老的民族之譽，在他們的宗譜裏面所列的年數至爲衆多，因爲他們把月當做年計算。羅馬人的全年最初包含十個月，而不是十二個月，這個事實可由最末一個月份的名稱 December 明白看出，因爲 December 就是「第十月」的意思；March 原爲第一月，這也是同樣明顯的，因爲在它之後的五月被稱爲 Quintilis，六月爲Sextilis，等等；然而，如果在 March 之前有 January 和 February，則 Quintilis 在名稱上爲第五月，而在計算上爲第七月。這也是很自然的事：由 Mars（戰神）得名的 March 應該是羅繆拉斯的一月，由 Venus 或 Aphrodite（愛與美的女神）得名的 April 應該是他的二月；在這個月份裏，他們向 Venus 獻祭，婦女們則在初一那天頭上戴着桃金孃（myrtle）花環沐浴。但是另外一些人，則因爲 April 中是 p，而不是 ph，不認爲這個字是由 Aphrodite 變來，而認爲它是由 aperio 變來，aperio 在拉丁文中是「開」的意思，因爲這個月份正值盛春，百花開放。其次的月份稱爲 May，被奉獻給 Mercury（使者或商神之神）的母親 Maia；然後是 June，由 Juno（Jupiter 之妻）得名；不過，有些人認爲這兩個月份是由年青和年長兩種年齡而得名的，Majores 是他們加給年長者的名稱，Juniores 是加給年青者的名稱。對於其他的月份，他們則按照順序加以命名；第五月被稱爲 Quintilis，第六月被稱爲 Sextilis，其餘的依次爲 September，October，November，和 December。後來，Quintilis 改以擊敗龐培（Pompey）的凱撒（Caesar）的名字中的 Julius 爲名；Sextilis 改以第二個凱撒奧古斯都（Augustus）的名字爲名。杜密善（Domitian）[40] 起而效尤，把以下的兩個月份以他自己的名字爲名，分別稱之爲 Germanicus 和 Domitianus；但是在他被弒之後，人們又把那兩個月恢復從前的名稱 September 和 October。只有最後兩個月，一直保持其原有的名稱，而未經過任何的改變。至於那些由紐瑪增添或改變順序的月份，February 是由 februa（爲羅馬之潔淨節，在二月十五日）變來；這個月份可以說是一個潔淨月；在這個月份裏面，他們向死者獻祭，並且過路坡卡斯節（Lupercalia）[41]，這個節的儀式，很像是一場潔淨式。January 是由 Janus（守護門戶之雙面神）變來的，紐瑪把它置於奉獻給戰神的 March 之前；因爲，據我想，他願意利用一切機會向人們提示；大家對於和平的技藝與學問的喜愛，應該超過對於戰爭的技藝與學問的喜愛。因爲這位詹納斯（Janus），不論他在遠古的時候究竟是一位半神還是一位國王，他必然是極其熱心於公民團結和社會統一的人，並且曾經矯正人們的野蠻的生活；因爲這個緣故，他們使他的肖像有兩個臉，來代表兩種不同的狀態，一種是他把人們從其中拯救出來的狀態，另一種是他引導人們進入的狀態。羅馬的詹納斯神殿有兩座大門，人們稱之爲戰爭之門，因爲那兩座門在戰爭時期一直開着，在和平時期一直關着；不過後一種情形極爲少見，因爲在羅馬帝國日益擴充版圖的時候，它始終被那些野蠻民族和須加抵抗的敵人所包圍着，所以很少有、或者可以說永遠不曾有過和平時期。只有在奧古斯都・凱撒的時代，當他打敗了安東尼(Antony)之後，這個神殿的大門被關閉起來了；這樣的情形在以前還有過一次，就是在瑪卡斯・阿蒂里亞斯(Marcus Atilius)和曼里亞斯（Titus Manlius）作執政的時候；但是不久之後，戰爭又爆發了，那兩座大門再度打開。但是，在紐瑪主政的期間，那兩座門不曾開過一天，而一連關閉了四十三年之久；在那個期間，竟出現了這樣一個完全而普遍的停止戰爭的局面。一位愛好和平的帝王的公正而溫和的統治，不僅使羅馬本國的人民受到感化，養成和平的性情，就是那些鄰近的城邦，也好像有一股溫和而裨益健康的微風從羅馬吹來，公民們的心情都開始發生改變，一樣地渴望着和平與秩序的快樂，希求過着那種太太平平的耕種田地、撫養子女、和崇拜天神的生活。在全意大利各處，人民們歡度節日，從事戶外遊戲，無憂無慮而和和平平地互做友好的訪問和款待，完全是一片歌舞昇平之象。對於美德和公理的愛好，從紐瑪的智慧流出，像是從一個無盡的泉源流出來的一般，他的精神的沉靜像個模型一般地向四面八方傳播它的風範；因此，在描寫當時所存在的情形時，詩人們的誇張比喻也顯得平淡無奇了；例如：

「在鐵盾之上，蜘蛛結成絲網，」

又如：

「尖矛和雙鋒劍都被銹壞。

軍號的響亮聲音不再聽見，

我們的眼睛再度享受甜美的睡眠。」

因爲在紐瑪主政的全部期間，旣沒有戰爭，也沒有叛亂，沒有政務方面的改革，沒有任何對他本人的嫉妬或惡意，也沒有出自野心觀點的陰謀或反叛企圖。也許由於人民對於那些被認爲保護着他的天神們存着畏懼心理，也許由於人民對於他的美德衷心尊敬，也許由於一種神聖的幸運在他那個時代保持了人性的純眞，他的統治——不論他所使用的是什麼方法——竟成爲柏拉圖在很久以後所大胆講出的一句話的活生生的實例：解救或矯治人類罪惡的唯一無二的希望，在於天緣湊巧，使帝王的權力與哲學家的智慧集於一人之身，這樣美德才能躋昇到一個高的地位，可以控制並克服罪惡。智慧的人本身是幸福的；那些能够聆聽並且領受出自他的口中的言語的人們也是幸福的；想影響羣衆，也許並不需要强迫或威嚇，因爲只要看見表現在他們君王的生活之中的美德的輝煌而顯著的實例，就可使他們自然地養成美德，並且遵行那種由節制和公理所支持的、充滿善意與和諧的毫無瑕疵的幸福生活，那種生活是人力所能給與最高的惠益；而他就是最能把那種生活引入子民們的心靈和實踐之中的最眞實的統治者。這一番話，可以說是對於紐瑪的最透闢的讚美之詞。

關於他的子女和太太，幾位作家的說法很紛歧；有些作家認爲除了泰西亞之外，他從來沒有任何其他的太太，除了一個叫作龐貝莉亞（(Pompilia）的女兒之外，沒有其他的子女；其他的作家則認爲他還有四個兒子，就是：龐普（Pompo）、帕納斯（Pinus）、卡爾帕斯（Calpus）、和瑪墨卡斯（Mamercus），這四兄弟每人都有子嗣，龐普尼(Pomponii)、品納里(Pinarii)、卡爾坡尼（Calpurnii）和瑪墨齊（Mamerci）四個高貴而顯赫的家族，就是由他們衍傳而來的，爲了這個緣故，那些家族並且以Rex（王）爲姓。但是還有第三派作家們，他們說這些宗譜不過是某些作家的阿諛之作，那些作家爲了向那幾個偉大的家族討好，而虛構出那些紐瑪的後代的宗譜；他們並且說，龐貝莉亞並非泰西亞所生，而是由他作國王後所娶的另一個太太路克里夏（Lucretia）所生；不過，關於這一點大家的意見是完全一致的：龐貝莉亞嫁給那個曾經勸服紐瑪接受王位，並且陪他前來羅馬的馬夏思的兒子，馬夏思到了羅馬之後，曾被選爲元老院議員，作爲一個榮譽的標誌，在紐瑪死後，曾與塔拉斯・郝士蒂里亞斯(Tullus Hostilius）競爭王位，在選舉中失敗之後，乃在不滿的心情之中自殺身死；可是，已經娶龐貝莉亞爲妻，仍然留在羅馬的他的兒子馬夏思就是安卡斯・馬夏思（Ancus Marcius）的父親，安卡斯・馬夏思後來繼郝士蒂里亞斯爲王，在紐瑪死的時候才五歲。

紐瑪活了八十多歲，如皮索（Piso）的著作中所說的，他並不是被突然而劇烈的疾病從這個世界上帶走，而是由於年紀老邁，體力逐漸衰竭而死。在舉行葬禮的時候，他畢生的光榮到了登峯造極之境，所有與羅馬友好聯盟的鄰邦都派代表祭弔，送贈花圈和公共禮物，爲他的葬禮增光不少；元老院議員們抬着他的棺架，祭司們隨行在那個莊嚴的行列之後；再後面就是一般民衆，婦女和兒童也參與其中，大家一邊走一邊哭號，那種悲傷的情形，好像是在哀悼一個盛年夭亡的親人，而不是在哀悼一個年老體衰而死的國王。據說由於他的特別的命令，他的遺體並沒有焚化，人們遵照他的指示，做了兩具石棺，都埋在詹尼庫拉姆山（Janiculum）下，其中一具放置着他的屍體，另一具放置着他的聖書；像希臘立法者們的法典一樣，他那些聖書也都是爲自己而寫出的，不過他在生前曾把那些書籍的內容不斷地向祭司們諄諄教誨，他們已經充份瞭解那些書籍的整個精神和目的；所以他吩咐把那些書籍和他的遺體一起埋葬，好像如果任憑那些神聖的教訓以無生命的著作的形式流傳人間，便會構成大不敬的行爲一般。據說，爲了同一的理由，畢達格拉斯派哲學家們也吩咐不要把他們的教訓印在紙上，而要保存在配接受那些教訓的人們的記憶之中；當他們的一些生僻而深奧的幾何方法被洩露給一個不配曉得的人的時候，他們說天神聲言要用一種信號和廣佈的災禍來懲罰這種邪惡和褻瀆的行爲。因爲這些事例都表明紐瑪與畢達格拉斯二人生活中的相似之處，我們不免要原諒那些想證實他們二人確屬相識的人們。

據瓦里瑞亞斯·安夏斯（Valerius Antias）在他的著作中寫道，埋在上述石櫃或石棺中的書籍是十二卷聖書，和十二卷希臘哲學；約在四百年之後，在考內留斯（P. Cornelius）和貝畢亞斯（M. Baebius）擔任執政的時候，在一次大雨期間，一陣狂流冲走泥土，把石櫃冲離了原來的位置；因爲石櫃的蓋子脫落了，人們發現其中一個完全是空的，毫無任何屍體的遺跡；另一個石櫃裏面裝着上述的書籍，行政官（praetor）㊷帕蒂留斯（Petilius）把那些書籍閱讀並研究之後，在元老院發誓宣稱，那些書籍的內容不宜於向人民公開；於是那些卷冊都被帶到人民會場（Comitium）㊸，在那裏加以焚燬。

一切好人的美德，在他們死後總是榮耀大增，壞人對他們的嫉妒，總不能在他們死後還存在很久；有些好人甚至很幸運地於在世時就看到那種嫉妒的消滅；但是就紐瑪的情形來說，繼他之後的一些帝王的遭遇却成了一種襯托，使他的聲譽顯得格外輝耀。因爲在他之後有五位國王被從王位趕下來，其中最後的一位是在放逐生活之中結束他的老年；在其餘的四位國王之中，有三位是被大逆不道地暗殺或謀殺了；另外一位，就是繼紐瑪爲王的郝士蒂留斯，他嘲笑紐瑪的美德，尤其嘲笑他對於宗教崇拜的虔誠，認爲那是一種懦怯而卑鄙的行徑，他把人民的心意轉向戰爭；但是他這些年輕的侮慢的言行受到了阻遏，一場劇烈而痛苦的疾病驅使他發生和紐瑪的虔誠信仰完全不同的迷信，當他被雷殛死的時候，還使旁人繼續分嚐那些恐怖。

註解：

①（582?–500? B.C.）希臘哲學家與數學家。

②塞賓族爲居住於意大利中部亞本寧山脈（Apennines）的古代部族，於公元前三世紀爲羅馬人所征服。

③根據羅馬神話，羅穆拉斯爲戰神瑪斯（Mars）之子，亦即古羅馬之建立者與第一任國王。

④奎里納斯原爲羅馬神話中之古戰神，司武裝和平而非侵略戰爭之神；羅穆拉斯被封爲神後，人們卽以奎里納斯爲

其稱號。

⑤弗里吉亞爲小亞細亞之一古國。

⑥阿提斯是弗里吉亞人的植物與青春之神，爲大神母 Cybele 所愛。

⑦比斯尼亞爲小亞細亞之一古國。

⑧（484?—425 B. C.）希臘歷史家。

⑨安狄芒爲希臘神話中的俊美牧童，爲月神 Selene 所鍾愛，英國詩人濟慈(Keats）有詩詠其事。

⑩海阿信剎斯爲希臘神話中之美少年，被阿波羅所鍾愛。阿波羅於遊戲時失手將其擊斃，然後於悔恨中使 Hyacinth 花（風信子）從他的血液中生長出來。

⑪西敍昂爲古希臘之城市，在 Corinth 附近。

⑫在希臘神話中，希包里塔斯爲狄修斯(Theseus)與希包里提所生之子，他的繼母費德拉(Phaedra)鍾情於他，向他敬愛，被他拒絕，於是反而誣陷他想玷辱自己的繼母。狄修斯命令波賽頓（Poseidon）置希包里塔斯於死地。後來他的冤枉得白，費德拉自縊，他也得以復生。

⑬英雄詩格爲史詩所用之詩格，在希臘羅馬詩中爲六音步句（hexameter），在英國、德國、和意大利詩中爲十音節之抑揚格（iambia）。

⑭希西阿爲公元前八世紀之希臘敍事詩人。

⑮亞基羅卡斯爲公元前七世紀之希臘抒情詩人•

⑯（496?–406 B.C.）希臘悲劇詩人。

⑰艾斯鳩雷匹亞斯爲羅馬神話中司醫藥之神。

⑱公元前七世紀之希臘立法者。

⑲邁諾斯爲宙斯神（Zeus）之子，爲克理特的國王與立法者。

⑳瑣羅亞斯特爲生存於公元前一千年左右之波斯宗教創立者。

㉑公元前五世紀之希臘抒情詩人。

㉒Pontifices，此字之單數式爲 Pontifex，其義爲古羅馬最高祭司團之一員。

㉓羅馬神話中服事女竈神的六名處女，發誓永保童貞，她們的任務是照料女竈神廟中的聖火。

㉔（132?–63 B.C.），爲龐塔斯國王。

㉕羅馬軍人與政治家，其死亡年代約爲公元前三五六年。

㉖（578–534 B.C.）羅馬之第六任國王。

㉗fasces 爲一束棍棒，中間置一斧頭，其鋒刃突出在外，爲古羅馬官吏出行時之前的儀仗。現代意大利法西斯黨所用之標誌，卽爲此物。

㉘古時西方人稱土、水、風、火爲「四行」或「四元素」，他們認爲這些東西是萬物構成的元素。

㉙利比蒂娜爲羅馬神話中司死屍與喪葬之女神。

㉚普羅舍賓娜爲羅馬神話中地獄之女王。

㉛維納斯爲司青春與美之女神。

㉜戰神祭司團，由二十四名祭司組成，分爲兩組，其職能爲博取戰神的垂青。

㉝維護和平祭司團，由二十名祭司組成，其職權爲從事外交談判，於必要時宣佈戰爭，並於戰爭結束時主持和約談判。

㉞Anaces 等於 Dioscuri，即邱比特之雙生子卡斯特(Castor)與波拉克斯(Pollux)。

㉟配克爲凝體的量度單位，等於一蒲式爾的四分之一，即二加侖。

㊱即命運之輪。

㊲艾文坦山爲羅馬城建立於其上的七座山之一。

㊳半神爲小神，或神與人婚配所生之後代。

㊴達克蒂爲女神里亞（Rhea）之侍從。

㊵（51-96）羅馬皇帝。

㊶路坡卡斯爲畜牧之保護神。

㊷praetor 爲較執政官低一級之羅馬官吏。

㊸人民會場在邱比特神殿(Capitol)之下部，爲舉行人民會議之所，法庭亦在此開庭。

紐瑪與賴喀葛士之比較

上面已經講完了賴喀葛士和紐瑪二人的一生事蹟，我們現在要把他們的不同之點擺在我們的眼前，加以分析比較，雖然這項工作是很困難的。他們的相似之點是顯而易見的；他們二人都講求節制，都信仰神，都有統治與訓練的才能，而且他們的法律和憲法都是得自天神的。可是在他們的共同光榮之中，也有相異的情形；第一，紐瑪接受一個王位，而賴喀葛士放棄一個王位；紐瑪不希求王位而獲得王位，賴喀葛士得到王位而把它放棄；前者以一個庶民和異族人而被擁戴爲國王；後者從帝王的身份自願退居林下。藉公理正義而登上王位是光榮的，捨王位而取公理正義，却更加光榮；使前者配掌王權的那種美德，也使後者棄王權如敝屣。最後，正如樂師調整他們的豎琴的音調一樣，前者把羅馬人民的昂揚的意氣降抑到一個較低的格調，後者却在斯巴達人民的意氣因逸樂和放蕩而銷沉的時候，把它提升到一個較高的格調。賴喀葛士的任務是更爲艱難的；因爲他所要做的事情，並不是勸服公民們卸却甲冑，解除寶劍，而是勸服他們丟開金幣銀幣，放棄華貴的傢具和豐美的餐食；他所需要做的，也不是勸請他們在棄置武器之後，應該歡度節日，向天神獻祭，而是勸請他們在放棄飲宴之後，把時間用於辛苦的武藝操練；因此，前者憑着勸服和人民對他的愛戴而完成了一切，後者却在冒險犯難的情形下最後勉强成功。紐瑪的默想是一種溫和而充滿愛心的靈感，使他能對羅馬人民的暴烈急燥的性情加以感化與緩和，使他們轉而愛好和平與公理正義；至於賴喀葛士，如果我們必須承認赫洛奴隸所受的待遇乃是賴喀葛士的立法的一部份——一項最殘酷而不義的手段，我們便必須承認紐瑪是一位遠比賴喀葛士更仁慈更富於希臘精神的立法者，他甚至准許那些實際存在的奴隸們在農神（Saturn）節的祝宴席上和他們的主人們坐在一起共餐，爲的是他們也可嘗受一些自由的樂趣。因爲這種習俗最初也是由紐瑪創立的，大家認爲他的用意是使那些幫助生産農作物的人們，也有機會分享那每年一次的收穫。也有些人認爲他的目的是爲了記念農神的時代，在那個時代裏，並沒有主奴之分，大家都在平等的狀態中像兄弟或同等的人們一般生活着。

就大體而言，兩個人的目的和企圖是一致的，那就是，促使他們的人民們節制和儉約；至於其他的美德，則賴喀葛士最崇尚堅忍剛毅，紐瑪最崇尚公理正義；當然，在分析他們的不同作風的時候，我們也要顧及兩國人民的不同的習慣和氣質，因爲那是他們的法令所要影響的對象；紐瑪之所以愛好和平，並不是由於懦怯和恐懼，而是因爲他不願意背負不講公理正義的罪咎；賴喀葛士在他的人民中間提倡戰鬬精神，也不是想對旁人做出不義行爲，而是爲了保護自己。

爲了使他們在人民中間養成的習慣達成一種適當的中庸之道，在那些習慣過份的時候把它們緩和起來，在它們不足的時候把它們加强起來，紐瑪和賴喀葛士都曾被迫做重大的革新。紐瑪所設立的政治組織是民主到極點的，金匠、吹笛人、和鞋匠構成了他的五花八門形形色色的平民。賴喀葛士是嚴格而專橫的，把一切卑賤的工匠的技藝留給一批僕人和外國人去做，眞正的公民的手中所能拿的器具只有矛和盾，所能從事的行業只有戰爭，和禮拜戰神，他們所能獲得的知識和學問，只是如何服從指揮官，並在對敵的戰爭之中得到勝利。作爲自由民，他們被禁止從事任何賺錢的行爲；爲了使他們徹底地不能賺錢，而且終生不能賺錢，一切可以想到的與金錢有關的事情，連同烹飪和伺候開飯，都被轉給奴隸和赫洛人們。但是紐瑪完全沒有做出這些區分；他只制止軍事的掠奪，對於其他獲得財富的方法則不加干預；在這一方面，他也不曾設法消除不平均的現象，而准許人們無限度地聚積財富，對於貧窮之逐漸而不斷地增加的情形，不加注意；在最初的時候，人們的財產還沒有懸殊現象，他們大致都是以同一的方式生活着，那時他就應該像賴喀葛士一樣，設法避免貧窮，並且採取預防措施，防止貪婪的禍害，那些禍害並非無關重要，而是後來許多重大而廣泛的禍害的眞正根源。在我看來，賴喀葛士把人民的產業重新劃分，不能算錯，紐瑪不把人民的產業重新劃分，也不能算錯；這種產業的平均是斯巴達國家的基礎；但是在羅馬，土地在不久以前才剛剛劃分過，實在不需要把大概仍然存在的第一次的安排重新劃分或有所變革。

關於妻子、兒女、和他們在儘量避免嫉妬的原則下所推行的男女關係方面，這兩個人的手段是不同的。當一個羅馬人認爲他已有足够的兒女的時候，如果他的鄰人沒有兒女而向他提出對於他的太太的要求，他具有合法的權力，可以把自己的太太暫時地或永久地讓給那個希望得到她的男人。而拉西第蒙的丈夫們，則可以允許任何希望自己的太太爲他生孩子的人們使用她，但是仍然把她養在自己的家中，原來的婚姻義務仍然像最初一樣地存在着。而且，如我們在前面已經講到的，許多丈夫還會把那些可以使自己的太太生出優秀而漂亮的子女的男人請到自己的家裏來。那麽，這兩種習俗的不同之處何在呢？我想我們可以這樣說：拉西第蒙人的辦法對於他們的太太是極度而完全地不予介意，並且會爲大多數人帶來夾雜着痛苦與嫉妬的無窮煩擾與不安；羅馬人的辦法則表現出一種比較高雅的默許的神態，把新契約的帷幕覆蓋在那項變化上面，並且僅僅接受了男女關係上的一般的不堪容忍的事情。紐瑪的照應青年女子的命令，也比較更爲適應女性，合乎禮法；賴喀葛士的命令則完全是沒有保留的，不合於女性氣質的，並且留給詩人們一個大把柄，他們稱拉西第蒙婦女們（例如伊貝卡斯 Ibycus①）爲「光大腿的」（phoenomerides）；並且把她們描寫（例如幼里披底斯）成爲隨着丈夫們狂野：

「她們隨着青年男子們從家裏走出，
大腿露在外面，外衣隨風飄拂。」

因爲事實上，未婚少女所穿的長袍的下擺並沒縫連起來，在走路的時候總是隨風飄擺，露出來整個的大腿。索福克里斯（Sophocles）②把這種情形敍述得最清楚：

「——她，也是一樣，這個年青的姑娘，
她的長袍，沒有外衣罩在外邊，
向後飄摺着，使赤裸的大腿無遮無掩，
赫邁歐尼（Herminoe）。」

所以他們的婦女們，據說都是很大胆而富有男子氣概的，對自己的丈夫作威作福，在家庭裏面是專制的主宰者，對公衆事務任意發表意見，甚至公然談論最重要的問題。但是在紐瑪治下的婦女們，仍然從她們的丈夫那裏受到一切的高度尊敬，那種高度的尊敬是羅繆拉斯在位時期爲了補償她們過去所受的粗暴待遇而加給他們的；可是，他們所受的教訓是要她們養成極其謙遜的態度；不許她們多管閒事，一定要端莊嚴肅，養成沉默寡言的習慣。酒她們完全不可以喝；除非是和自己的丈夫在一起的時候，卽使對於最普通的問題也不能加以談論。因此，當一位婦女居然有胆量在法庭上爲自己的訟事辯護的時候，元老院便派人去請示神諭，探問這項驚人之事是表示什麼預兆；的確，那些偶然的相反的記載可以很公正地證明她們平常的良好行爲和柔順態度；希臘的歷史家們把內戰的首先發難者，第一個謀殺兄弟者，或弑父母者的名字都載在他們的史書裏面，同樣地，羅馬作家們也把卡維留斯(Spurious Carvilius)同他太太離婚的事件當做一項空前未有的事例而加以報導，因爲那是自從羅馬建國以來第一次發生的這類的事件；當塔昆尼亞斯·蘇坡巴斯(Tarquinius Superbus)[3]在位期間，品納留斯(Pinarius)之妻泰利亞（Thalaea）同她的婆婆蓋甘尼亞吵架（第一次發生的這類事例），這件事情也被記載在他們的史書裏面；紐瑪在求取婚姻生活的良好秩序與行爲的努力之中，竟能獲得如此美滿的成就。他們兩人對於少女出嫁的規定，是分別依據他們的教育的法令而做出的。賴喀葛士的規定，是要她們在成年之後，並且願意結婚的時候，才去結婚。他認爲，在這樣地不背自然之道的情形下，交媾可以產生愛情和親切之感，而不會產生那種隨着不近人情的強迫行爲以俱來的厭惡與恐懼之感；而她們的身體也更能忍受生育子女的磨難——在他看來，生育子女乃是結婚的一個目的。

而羅馬人呢，在他們的女兒十二歲甚至不到十二歲的時候就把她們嫁出去；他們認爲這樣可以把她們的身體和心靈都在純潔而淸白的狀態中交付給她們未來的丈夫。賴喀葛士的做法似乎更合乎自然，着眼於生兒育女，紐瑪的做法則更合乎道德，注意未來的共同生活。可是，賴喀葛士所制訂的監督和管理子女、把他們編成小隊、對於他們的訓練和交遊的規則，以及對於他們的飮食、操練和運動所定下的嚴格法令，却使紐瑪相形之下，不過是平凡的立法者。紐瑪把這整個事情完全交由作父親的人按照自己的願望和需要去決定；只要他高興，他可以隨便自己的兒子成爲一個農夫或一個木匠，一個銅匠或一個樂師；好像並不需要從最初就對他們加以訓練和指導，使他們朝着同一的目標前進，或者也可以說，好像他們是同船的旅客，每個人爲了自己的目的、憑着自己的選擇而搭乘那隻船，只有在遭遇危險感覺恐懼的時候，他們才聯合起來，爲了共同的福祉而行動，在一般情形之下，則只注意自己的利益。

對於普通的立法者們，我們固然不必求全責備，因爲他們未必具有充份的能力和知識。但是當一位明智如紐瑪那樣的人，在接掌一個新興的溫順的民族的統治權之後，他最應加注意的事情就是如何教育兒童，訓練青年，不要使他們的性格乖張執拗，不能調諧，而要大家一致地以共同的美德的模範爲依歸，並且要從襁褓時期起就開始養成那種美德，還能有什麽其他事情會比這個更重要呢？賴喀葛士的辦法所獲致的許多好處之一，是他所制訂的法律得以長久維持。如果他不曾藉着訓練和教育把那些法律灌輸到兒童的性格裏面，使他們的心靈在全部早年生活之中充滿了對於他的政治制度的喜愛，則人們所做的維持他的法律的誓言，也不會有多大效果。他的立法的要點和基本原則竟能繼續施行五百年以上，像徹底染成的深深的色澤一樣，一直控制着那個民族。但是紐瑪的全部企圖和目的——和平與親善的繼續維持，却隨着他的死亡而消逝；他剛一咽下最後一口氣，詹納斯神殿的大門馬上便敞開了，好像戰爭曾經被囚禁在那些牆垣裏邊，一經衝出樊籠，就使整個意大利充滿了流血與殺伐；因此，那個最良好而公正的制度並未能長久存在，因爲它缺少那種能把一切黏合在一起的水泥——教育。有人也許會說，羅馬不是藉着戰爭而得到了進展和改善嗎？這個問題需要一個很長的答覆，如果要想使那些認爲「改善」是指着財富、奢侈、和版圖，而不是指着安全、溫厚、以及與公理正義同來的獨立的人們能夠得到滿足的話。可是，在羅馬人捨棄了紐瑪的主義和戒律之後，他們的帝國大爲擴展，他們的力量也增長許多，這種情形對賴喀葛士的評價也是大爲有利的；因爲，拉西第蒙人一放棄了賴喀葛士的立法，馬上便一落千丈，把覇權讓給了希臘的其他民族，然後他們自身便陷入亡國滅種的危險。紐瑪是一個異邦人，而能被請求前來接掌王權，雖然他把那個王國的組織完全改變了，可是他是僅僅藉着說服來完成那項改變的，他治理着一個當時尙未統一的城市，沒有藉助於武力或任何的暴力（就像賴喀葛士所曾經使用過的——他曾經藉着貴族公民的幫助去對付平民），而僅憑着智慧和公理正義，在全體人民之間建立了一致與和諧，他的這些情形是非常不平凡的，而且幾乎可以說是超凡入聖的。

註解：

①公元前六世紀之希臘詩人。

②(495-406 B.C.)希臘悲劇詩人。

③羅馬的第七任國王。

柏立克理斯

有一次，凱撒①看到一些在羅馬的有錢的外國人懷裏抱着小狗和猴子，各處走動，對它們擁抱撫弄，非常珍愛，他便很自然地詢問是否他們國家裏面的女人都不生孩子；他這項表現出帝王風範的譴責，對於那些把愛情和親切浪費在牲畜身上的人們嚴加斥責，因爲上天在賦給我們那種感情的時候，原是要我們只能施於同類的。在我們的靈魂之中，上天也賦給我們一種對於探討和觀察的愛好心理，有些人却把這種心理錯用在不值得眼看耳聽的東西上面，忽略了那些美好而對他們有益的事物，爲了上述的同樣理由，我們也應該對於這種人加以責備。

我們的外部的感官，因爲對於所接觸的各種事物的印象只能被動地發生反應，所以對於外界事物向它所提供的任何景象或聲音，不論有用也罷，無用也罷，也許都無法不加以接納或注意；但是，在心智能力的運用之中，每一個人——如果他願意那樣做的話——都具有一種天生的能力，可以隨時避開某些事物，而把自己的心思極其輕易地轉移到他認爲應加注意的東西上面。所以，一個人應該去追求最美好最有價值的事物，對它加以深思熟慮，而且從這種深思熟慮之中獲得進益。一種顏色如果能夠憑着它的鮮麗與悅目來刺激並且加强人的目力，這種顏色對於眼睛是比較適宜的；同樣地，我們的心智能力也應該運用於那些能夠在引起快感之中，對我們的心智能力加以發揚並有適當裨益的事物上面。

這種事物就是美德的行爲；單憑美德行爲的記述，就足引起讀者的一種見賢思齊之感，促使他們加以效法。在其他事例之中，如果一個人對於某種東西讚美和喜愛，並不會隨着就發生一種强烈的效做的願望。而且，有很多情形，剛剛相反地，雖然我們對於某項作品很感滿意，我們對於做出那件作品的工人或具有技藝的人却是看不起的，例如，我們對於香水和紫顏色本身甚爲喜愛，但是在我們的心目中，製造香水的人和染匠只是一些卑不足道的人而已。當人們告訴安提塞尼斯（Antisthenes）②說某一個名叫伊思門尼亞斯（Ismenias）的人是一個優秀的吹笛人的時候，他回答得很妙。「也許是如此的，」他說，「但是他只是一個卑不足道的人而已，否則他也不會成爲一個優秀的吹笛人了。」費力浦王（King Philip）③曾經爲了他的兒子亞歷山大（Alexander）在一次宴樂席上做了一場很精采的音樂演奏，而訓誡他說，「兒子，你不爲了你把音樂演奏得那麼好而覺得可恥嗎？」一個身爲帝王的人，能夠有時利用餘暇聆聽旁人歌唱，已經夠了，如果在旁人表演或比賽的時候，有興致蒞臨觀賞，也就算是對於文學藝術的神表示了足夠的尊敬。

一個人如果整天忙於卑微的事務，他爲那些很少或毫無用處的事情所花費的辛勞就是一個確切的證據，表明他對眞正高尚的事物的疏忽和淡漠。而且，任何一個氣質高潔的青年，絕不會爲了看到在匹薩（Piza）④的邱比特雕像而想作一個斐迪亞斯（Phidias）⑤，爲了看到在阿戈斯（Argos）的朱諾（Juno）⑥雕像而想作一個坡力克利塔（Polycletus）⑦，爲了欣賞那些詩人的作品而想作一個安那克瑞昂（Anacreon）⑧，或費列塔斯（Philetas），或亞基羅卡斯（Archilochus）⑨。因爲如果一項作品爲了它的優美而使我們發生愉悅之感，做出那項作品的人却未必一定值得我們欽佩。因此我們可以做出一個推斷，凡是看了之後不能引起我們模倣的熱情、或觸發我們做出同樣行爲之願望的東西，都不會對於我們有眞實的益處。但是美德的情形却不同了，我們只須聽到對於美德的行爲的陳述，便會對於我們的心靈發生很大影響，使我們不僅讚美那些事蹟，而且希望效法做出那些事蹟的人們。對於財富方面的好東西，我們希望享有，對於美德方面的優長，我們却渴望實踐：我們願意從旁人的手中領受前者，却高興旁人從我們的身上體驗後者。優良的美德具有一種很實際的激勵作用；我們一看見它馬上發生一種實行的衝動；不但我們所看到的美德的活生生的榜樣會對我們的心靈與品性發生影響，就是對於美德的行爲的追述，也會使我們產生一種道德的目的，因而形成優美的品格。

爲了這個緣故，我們認爲值得花費一些時間和辛勞，來寫出那些著名人物的傳記；現在已經寫成了這第十卷，其中包含柏立克理斯（Pericles）和曾經與漢尼拔長期作戰的費比亞斯．麥克西瑪斯（Fabius Maximus）的傳記；在其他的美德與優良才能方面，這兩個人很相似，在心性與脾氣和態度的正直方面，以及對於國民與同僚之執拗脾氣的忍受的能力方面，他們尤其相似；那種忍受的能力，使他們二人對於他們的國家做了極大的貢獻。但是我們現在的敘述對象究竟是否適合上述的目的，只有留待讀者根據本卷的內容來加以判斷了。

柏立克理斯是阿卡曼蒂斯（Acamantis）部族的人，世居考拉葛斯鎮（Cholargus），從父系和母系來說，都是屬於極高貴的門第。他的父親詹底帕斯（Xanthippus）曾在邁凱里（Mycale）之戰中打敗了波斯國王的將軍們；他娶克里塞尼斯（Clisthenes）⑩的孫女阿嘉里斯特（Agariste）爲妻；克里塞尼斯曾經驅走匹舍斯特拉塔（Pisistratus）⑪的兒子們，以一種崇高的作風廢止了他們的專橫的篡據，並且制訂法律，創立一種政體，那種政體調節得極爲良好，最能增進人民的和諧與安全。

他的母親在將近分娩的時候夢見她生了一頭獅子，幾天之後，便生下柏立克理斯；柏立克理斯在其他方面都長得很好，只是頭長得太長了些，不大稱合。爲了這個緣故，差不多所有他的肖像和雕像都有一頂盔覆蓋在頭上，顯然是因爲雕像的人們不願意把他的缺點暴露出來。雅典的詩人們稱他爲「海葱頭」（Schinocephalos 或 squill-head）。一位喜劇詩人克拉泰納斯（Cratinus）⑫在他的劇本「凱朗」（Chirons）裏面告訴我們說：

「老克羅諾斯從前娶騷亂女皇爲妻：
　他們二人生下來
那個名聞遐邇的專制君主，
衆神稱之爲暴君中的巨頭；」

在他的「奈密舍斯」（Nemesis）⑬裏面，他對他說道：

「喂，邱比特天神，你衆神之首。」

另一位詩人泰里克萊廸（Teleclides）敍述他因爲政治上的困難無法解決，懷着困窘的心情坐在衞城上面的情形：

「昏昏沉沉的，在自己的
頭顱的重壓之下：
從他那龐大的腦袋
觸發起全國的喧囂騷動。」

第三位詩人幼坡里斯（Eupolis）[14]在他的喜劇 Demi 裏面，曾經對於從地獄前來的每一位民衆領袖詢問一系列的問題，當柏立克理斯最後被叫到的時候，這位詩人喊道：

「現在我們可以很簡略地說，所有地獄裏面的
人們的頭都已集於你一人之身。」

敎他音樂的老師是戴蒙（Damon，據說他的名字的第一個音節必須讀短音），關於這一點，大多數作家的意見是一致的。不過亞理斯多德告訴我們說，他在音樂方面的完善的成就，是受敎於匹索克萊廸（Pythoclides）的結果。戴蒙大概是一個詭辯家，故意以敎授音樂爲掩護，使人民不曉得他在其他方面的才能，於是他便在這種掩飾之下來照料柏立克理斯——這個政治上的年青的有力角逐者，像敎練員一般來訓練他在政治活動方面的能力。可是，戴蒙的七弦琴並沒有成爲他的一個有效的掩護；他被人民用貝殼投票方法判決流放國外十年，罪名是說他是一個危險的政客並且贊成專制，因此他成了喜劇詩人們的一個嘲笑的對象。例如，喜劇詩人柏拉圖（Plato）的劇本中的一個角色向他問道：

「請你告訴我，

既然你是教授柏立克理斯的凱朗。」

柏立克理斯也曾受教於伊里亞（Elea）學派的翟諾（Zeno），這個人論述關於自然和實體宇宙的問題，完全遵循巴門尼廸斯（Parmenides）⑮的說法，但是在辯才方面却具有壓倒羣倫的本領；如夫里亞斯（Phlius）的泰芒（Timon)⑯所描寫的：

「還有翟諾的一片嘴，怎麼說怎麼有理，

不論你講些什麼，他都能駁倒你。」

但是，與柏立克理斯相處最久，使他養成一種超乎一般政客之平庸作風的莊嚴高貴的氣度，並使他的意向和性格昇騰到一個崇高境界的，乃是克拉卓梅尼（Clazomenae)⑰的安納克薩格拉（Anaxagoras)⑱；當時的人們稱他爲 Nous，就是「智慧」的意思，其原因也許是由於欽佩他在自然的研究方面所表現的非常的天才，也許是由於他首先清楚地證明宇宙的形成並不是由於機會，也不是由於必然，而是由於純粹的智慧，這種純粹的智慧在其他一切混雜複合的東西之中發生一種作用，把不同的部份加以區分，把相同的部份加以組合。

柏立克理斯對於這個人非常敬重欽佩，自己也逐漸地充滿了崇高的思想，因此他不僅養成一種高超的意向，和一種遠超過凡俗辯才那種鄙陋諧謔的高尚的談吐，而且還能夠神態安詳凝重，舉止穩靜有度，在講話的時候不爲任何情況所擾動，他的音調沉着而勻整，此外還有許多其他類似的優點，使他的聽者們深感歎服。有一次，一個卑鄙無賴的傢伙在市場向他詬罵了一整天，當時他正在那裏處理一項緊急公務，那些辱罵之詞不斷地傳送到他的耳邊，但是他一直默默地做他的事情，到晚上，他神色自若地走回家去，那個人却尾隨在他的身後，一路上不斷地對他加以種種的辱罵；到他走進家門的時候，天已經黑了，他吩咐僕人拿着一隻火把，護送那個人平安回家。

戲劇詩人艾昂（Ion）說過，柏立克理斯在與人交談的時候，態度有些過於驕矜傲慢，而在他的据傲之中包含着對於旁人的輕蔑；在另一方面，這位詩人對於塞孟（Cimon）⑲在社交上所表現的從容溫和與彬彬有禮，却加以讚揚；有些人認爲柏立克理斯的莊重嚴肅態度乃是一種江湖客的矯飾，翟諾却要求那些人不妨也這樣矯飾一番，因爲只要肯去假裝，到後來便會不知不覺地對於那些高貴的性質發生一種眞實的愛好和瞭解。

柏立克理斯由結識安納克薩格拉所獲的益處，還不止這些；由於安納克薩格拉的啓廸，他似乎得以超越了那種因爲對於天空發生的現象感到無知的驚奇而產生的迷信；一般人對於那些天空現象的原因毫無所知，醉心於各種神奇的超自然的力量，並且因爲對於那個領域缺少閱歷而易受激動，所以一直被那種迷信所左右着；對於自然現象的原因的瞭解，却消除了那種茫昧和缺乏經驗，而用一種合理的希望和堅定的明智的虔敬心理，來代替那種戰戰兢兢的迷信。

據說，有一次，人們從柏立克理斯的一座鄉間農場爲他帶來一隻獨角的公羊頭，卜者藍龐（Lampon）看到那隻角很强固地從前額中間生長出來的情形，便下斷語說，因爲當時城中有兩個有力的派系，一個是修昔狄底斯（Thucydides）派，一個是柏立克理斯派，在誰的田產上面出現這項命運的徵兆，政權最後便將歸誰。但是安納克薩格拉却把那個羊頭劈開，向旁觀者指明，羊的腦髓並沒佔滿了全部的應佔的位置，而是像一個鷄蛋似的成爲一個橢圓形，從腦窩的各處滙聚在那隻角開始生長之處的一點上面。當時，在場的人們爲了安納克薩格拉所做的解釋而對他大加讚揚；但是不久之後，藍龐也受到了人們的尊崇，因爲修昔狄底斯被打倒了，整個的政權完全落入柏立克理斯之手。

可是，在我看來，如果說這兩個人——一個是自然哲學家，一個是卜者——都是對的，也不算荒謬，因爲前者正確地發現了產生那個現象的原因，而後者却正確地道破了發生那個現象的目的。前者的任務是探知並且說明一件事物何以發生，以及如何發展到它現有的情況；後者的任務是預言一件事物發生的目的，以及它所表示的意義或預兆。那些認爲察明一個驚人現象的原因、實際上便消滅了它的預兆作用的人們，沒有注意到這種情形：如果他們否定了神靈的預兆，他們也同時否定了人爲的徵兆和標號的用途——如銅環的響聲，烽火的示意，以及日規的暗影，每一種東西都有其原因，並且藉着那種原因和設計而成爲另外一種事物的徵兆。不過，這些事情也許不宜於在此處多談。

在年青的時候，柏立克理斯非常懼怕人民，因爲人們認爲他的面貌和身材很像暴君匹舍斯特拉塔，那些年老的人們並且說他的聲音悅耳，口若懸河，簡直和匹舍斯特拉塔一模一樣。而且，他想到自己擁有大量產業，出身貴族家庭，並且有一些極有勢力的朋友，因而很擔心這些條件會促使他被當作一個危險份子而流放國外，所以最初他完全不干預政治，而在軍事方面表現出他的勇敢無畏。但是到了後來，亞里斯泰底（Aristides）⑳死了，忒密斯托克里（Themistocles）㉑被放逐國外，塞孟因爲率軍遠征而大部份時間逗留國外，柏立克理斯看到這種情形，便挺身參與政治，他所採取的立場並不是和少數富人站在一起，而是和多數窮人站在一起，這種立場是和他那種絕不迎合大衆的天性完全相反的；但是，他大概恐怕自己被人猜疑爲企圖專制，並且看到塞孟主張貴族政治，深受比較優秀而傑出的人士們的愛戴，所以他加入了人民的陣營，一方面是爲了使自己獲得安全，一方面是爲了獲得對抗塞孟的力量。

他馬上開始一種完全新的生活和支配時間的方式。只有在通往市場和議會的那條街上，可以看到他的行蹤，除此而外，他從不在任何街道上面走動；對於吃飯的邀請，和一切友誼的交往，他一律謝絕；在他主持政務的那段漫長時期之中，他從來不曾到任何一個朋友家中吃過飯，只是在他的一個近親幼里托勒瑪（Euryptolemus）結婚的時候，他前去了，但是灌奠祭神的儀式一完畢，喜筵的酒剛要擺出的時候，他馬上離席走開。因爲那種友善的聚會極容易打破一個人的造做的優越神態，而親切熟識的氣氛往往使人難於保持莊嚴的儀表。對於眞正的美德，人們越多有機會觀察，便越能認淸它的優美本質；在一般人看起來，一個確實有品德的人眞正値得欽敬的地方，就是他的被親近朋友們所讚賞的普通日常生活。可是，柏立克理斯爲了不使人民對他產生一種平庸和饜足之感，所以只是有時在人民中間出現，並不對於每項問題都發言，也不每個會議都出席，而是——如克里托勞斯（Critolaus）所說的——把自己像薩拉米斯（Salamis）人的戰艦一般保留起來，專供重大的緊急時機之用，比較不重要的事情都由他委派朋友或其他演說者加以處理。據說，伊斐亞提斯（Ephialtes）就是被委派的人員之一，這個人推翻了阿里奧佩葛斯（Areopagus）㉒的會議，給與人民們——用亞理斯多德的話㉓說——如此大量的強烈的自由，以致使他們變爲狂野不馴，像一匹無法駕馭的馬，如喜劇詩人們所說的：

「——完全無法約束，
咬嚼着幽比亞（Euboea）㉔，並且踐踏着那些島嶼。」

爲了使他的言談能與他的生活方式和崇高見解相稱合，他時常藉助於安納克薩格拉；他不斷利用安納克薩格拉的教訓，用自然哲學的色彩來裝飾他的辯才。他的天賦本來極高，又藉着對於自然的研究而——用超人的柏拉圖的話說——養成這種高超的思想和多方面的實行的能力，並且把他的學問儘量應用於演講上面，所以他的表現是遠超過所有其他演說家的。據說，就是爲這個緣故，他被加給了「奧林匹亞之神」（Olympian）這個綽號，雖然有些人認爲，他之所以獲得這個綽號，是由於他爲這個城市建造了那些公共建築物和雕像等等，也有些人認爲，是由於他的政治和軍事的長才。也許我們可以說，因爲許多優秀本質集於一人之身，才爲他帶來了那個美名。但是，當時演出的一些喜劇却既認眞又開玩笑地向他投射一些苛刻的言辭，明白講出他之所以獲得那個稱呼，主要是由於他的口才，那些喜劇詩人說他在向人民做大聲疾呼的演說的時候打雷閃電，他的舌頭在運用着可怕的霹靂。

據記載，米里西亞斯（Melesias）之子修昔狄底斯曾經對於柏立克理斯的舌辯奇才做了一番詼諧的叙述。修昔狄底斯是一位高貴的傑出公民，曾經是柏立克理斯的最大的政敵；當拉西第蒙國王亞契達瑪斯詢問他和柏立克理斯二人的角力本領誰高的時候，他回答說：「每當我把他摔倒的時候，他總是加以辯駁，而能達到目的，使那些親眼看見他被摔倒的旁觀者們相信他不曾倒下。」可是，實際的情形是，柏立克理斯對於自己演講的內容和方式非常審愼，每次登臺演說之前，都向衆神祈禱，不要使自己在無意中講出任何一句與當時的主題和場合無關的話。

他沒有遺留下什麼著作，除了一些法令之外；他所說的話被記載下來流傳後世的，爲數也很少；例如，他說伊介納島（Aegina）之於百利阿斯（Piraeus）㉕，好像一個人眼睛上的膿瘡，必須割除；還有，他說他看見戰爭從伯羅奔尼撒向他們直奔而來。有一次，索福克里斯和他共同指揮一支海軍出征，當他們兩人一起上船的時候，索福克里斯稱讚他們在途中所遇到的一個青年的俊美，柏立克理斯說道：「索福克理斯，一位做將軍的人，不僅兩手要保持清潔，兩眼也要保持清潔。」據斯提塞布羅塔（Stesimbrotus）說，柏立克里在頌揚那些在撒摩斯（Samos）㉖之役中戰死的人們的時候，說他們已經不朽，正像衆神一樣。他說，「因爲我們看不見衆神本身，但是從他們所受的尊崇，以及他們所加給我們的惠益，我們推斷他們是不朽的；對於那些爲國家而戰死的人們，情形也正相同。」

修昔狄底斯說柏立克理斯的統治是一種寡頭政治，雖然假民主政治之名，實際上却是由一個偉大的人物主宰一切；而另外許多作家則說，人民們得到田地的分配，觀賞耗費公帑演出的戲劇，爲國家服公務還要接受報酬，這些壞事都是在柏立克理斯的鼓勵和縱容之下做出的：在他的行政措施的影響之下，那些惡劣習慣使那些謹嚴節儉、靠自己勞力維持生活的人民變爲奢侈放蕩；現在讓我們根據實際情形來把這項改變的原因檢討一下。

在最初，如前文已經講過的，當他和塞孟的權威相抗衡的時候，他確會設法討好人民。在財富和金錢方面，他是比不上塞孟的，而塞孟正利用這種優勢去濟助貧苦的人們，每天把沒有飯吃的人請來吃飯，送衣服給年老的人，把自己的田莊的圍籬拆除，任何人都可以隨意進去採摘果實，在這種情形之下，柏立克理斯發現他在爭取民心方面已經處於劣勢，所以便依照伊阿（Oea）的達蒙奈底(Damonides）的建議，採取分配公衆的錢財的辦法；他又拿出錢來給人們舉辦娛樂節目，對於出席法庭陪審的人給與報酬，並且向人們提供其他各種的給付和贈與，因而把人民籠絡過來，然後便利用他們來對抗阿里奧佩葛斯會議；他本人並不是那個會議的一員，因爲他從來不會藉抽籤方式而被選定爲首席執政官或立法者，或祭儀執政官，或軍事執政官㉗，在從前，只有擔任這些職務的人，如果工作成績良好，才能被擢升爲阿里奧佩葛斯法庭的法官。因此，柏立克理斯在獲得人民的擁戴之後，便竭力領導他的黨人來對付阿里奧佩葛斯的會議，他在這一方面做得非常成功，過去歸那個會議審理的案件，大部份都被他的朋友演說家伊斐亞提斯奪取過來；而塞孟也以親祖拉西第蒙人憎恨本國人民的罪名而被流放國外，雖然這個人在財富和門第方是首屈一指的，曾經在對野蠻民族的戰爭之中獲得好幾次光榮的勝利，使雅典充滿了金錢和其他戰利品；這些事情都載在他的傳記裏面。柏立克理斯竟能把這樣一個人物打垮，他對於人民的影響力之大，可想而知。

按照法律的規定，貝殼流放的期限是十年；但是在這個期間，拉西第蒙人的大軍侵入坦納格拉地區（Tanagra），雅典人出來對抗，於是流亡期限尚未屆滿的塞孟也回國了，和他的族人一起參加戰陣，希望用自己與同胞一起奮戰的實際行爲來洗刷人們加給他的親祖拉西第蒙人的罪名。但是柏立克理斯的朋友們聯合一致，逼使他退出戰陣，因爲他的流放尚未滿期。爲了這個緣故，柏立克理斯在這次戰爭中格外努力作戰，其奮不顧身冒險犯難的情形，超過任何其他的人們。塞孟的所有的朋友們，也都戰死疆場了，這些人曾被柏立克理斯指控爲與塞孟同謀親祖拉西第蒙人。雅典人在自己的邊疆被敵人所戰敗，而且預料在春天來臨的時候，敵人又將發動一場新的可怕的進攻，在這種情形之下，他們深深地懷念塞孟，懊悔不該把他放逐國外。柏立克理斯覺察到人民的這種情緒，便毫不躊躇地馬上設法滿足他們的願望，由他自己提出一項建議，把塞孟召回國來。塞孟回國之後，便促成兩個城市之間的和約；因爲拉西第蒙人對塞孟懷有深切的好感，正像他們對於柏立克理斯和其他民衆領袖懷有深切的惡感一樣。

可是，有些作家說，柏立克理斯是先通過塞孟的姐妹艾爾品尼斯（Elpinice）同他達成一項秘密協議，才建議發佈命令召他回國；那項秘密協議的內容是，塞孟將率領一支包括二百隻軍艦的艦隊出征，擔任海外的總司令，前往征服波斯王的領土，而柏立克理斯則在國內執掌大權。

據說，當初塞孟爲了那項可以處死的叛國大罪而受審的時候，艾爾品尼斯曾經向柏立克理斯求情，要求他寬大處理；因爲他是由人民委派來檢舉塞孟的委員會的一員。當艾爾品尼斯前來爲她的兄弟向他求情的時候，他微笑着回答說，「啊，艾爾品尼斯，你這麼大年紀的老太婆，不適於來擔當這樣重大的任務了。」但是，當他出席委員會的時候，他只起立發言一次，不過是爲了履行自己的任務而已，然後便走出法庭，在所有的控訴者之中，他對塞孟所造成的損害最小。

艾多門紐斯（Idomeneus）曾經指責柏立克理斯，說他爲了嫉妒伊斐亞提斯的盛名，而把這個曾經是他的朋友和政治工作中主要助手的很孚衆望的政治家暗殺了，我們能相信他這種說法嗎？這位歷史家不曉得從那裏摭拾來那些故事，用以誹謗一位雖非完全無疵可指，却具有一種崇高的氣質和高度榮譽感的人物；在一個具有這些品質的心胸之中，那種殘酷而野蠻的情緒是無法立足的。至於伊斐亞提斯的眞實故事，如亞理斯多德所講述的，乃這是樣的：因爲他是寡頭政治派的死敵，毫不妥協地維護着人民的權利，對於任何使人民受到損害或不公正待遇的人；他必定要痛加譴責和檢舉，所以他的敵人們懷恨在心，暗中伺機報復，最後終於假亞理斯托狄卡(Aristodicus)和坦納格理安(Tanagraen)之手把他暗殺了。

至於塞孟，則在他擔任海軍總司令的時候，死於塞浦路斯島（Cyprus）㉘。寡頭政治派雖然看到柏立克理斯在這時之前已經成爲全城最偉大最傑出的人物，却仍然希望有人出來和他抗衡，藉以挫折他的權力的鋒芒，使之不致完全成爲專制政體，於是他們推舉阿羅佩斯（Alopece）的修昔狄底斯——一個很審愼的人，是塞孟的近親——來領導一個反對柏立克理斯的勢力；這個人，在軍事才能方面雖然不及塞孟，在演講和政治才能方面却優於塞孟，他時時都在監視提防，並且在演說壇上同柏立克理斯較量短長，不久他便在政治上造成了均勢之局。他不容許那些被稱爲正直而善良的人們（有品德和聲望的人們）像過去一樣地分散各處，同一般民衆混在一起，因而減削並隱蔽了他們的優越品質；他把這些人挑選出來，結成一體，他利用他們的集體的重量，造成了和柏立克理斯派的均衡之局。

固然，在最初就有一種隱匿的罅隙，好像一塊鐵上的裂紋一般，標明了民主和貴族的兩種不同政治趨勢；但是這兩個對手的公開敵對和競爭却使這個裂痕加深，並把全城劃分爲兩派，就是人民派和少數派。所以在這個時候，柏立克理斯格外縱容人民，使他的政策投合人民之所好，經常舉辦盛大的表演或祝典，或舉行宴會或遊行等等，藉以取悅民衆，用這些娛樂把他們像孩子一般地哄慰。此外，他每年還派出六十隻軍艦，上面有大批公民充任水手，都可以領到八個月的薪餉，並且學習與應用航海的技能。

而且，他還派遣一千名公民到刻索尼茲(Chersonese)㉙去墾殖，用抽籤辦法把土地分配給他們，又派五百名公民到納克索斯島(Naxos)㉚，派二百五十名公民到安德羅斯(Andros)㉛，派一千名公民到色雷斯(Thrace)㉜，同伯薩爾提人(Bisaltae)居住在一起，另外還派一些公民前往意大利，當時正值息巴立斯城（Sybaris)㉝重新殖民的時候，他們居住該城，並把它改名爲修利（Thurii)。他之所以這樣做，乃是爲了把城中那些無所事事因而好管閒事滋生事端的民衆打發出去；同時也是爲了使那些貧苦人民得到一個謀生和賺錢的機會，並且嚇阻他們的盟邦不要企圖做任何改變，因爲這些殖民就好像駐軍一般地屯駐在那些盟友的地區裏面。

雅典城的最令人欣賞的東西，最優美的裝飾，最使所有外國人讚歎甚至驚愕的事物，現在唯一的能够表明希臘古代的勢力與富庶並非傳奇或無稽之談的證據，乃是那些神殿和雕像等等。可是，在柏立克理斯的一切行政措施之中，最爲他的敵人們所反對和苛責的，也正是這件事情，他們在人民大會中大聲疾呼地抱怨說，雅典已經喪失它的美譽，在國外到處受人唾駡，因爲雅典人把希臘人的共有的錢財從第勒斯島（Delos）挪到他們自己的掌管之下；他們當初的最好的藉口是，就是恐怕那些財富會被野蠻民族奪去，所以才拿到雅典收藏，以策安全，現在柏立克理斯却把這項藉口推翻了，「全希臘人爲了戰爭而被迫捐獻的金錢，都被我們肆意濫用於自己的城市，把它週身都打扮裝飾起來，像一個虛榮的女人一般，飾以貴重的寶石、雕像、和神殿，耗費了無數的金錢。」

針對着這項指責，柏立克理斯却告訴雅典人民說，他們無須爲那些金錢而向盟邦提供任何的說明，只要他們能够保衛那些盟邦，使他們不會受到野蠻人的攻擊；而且那些盟邦不會供給一匹馬，一名士兵，或一隻船，只是拿出一些錢，來換取他們的服務；他說，「那些錢已經不爲付給者所有，而爲收受者所有，只要他們履行了收受那些金錢的條件。」因此，現在雅典的作戰必需品既已準備得很充足，把剩餘的錢財用於那些建設上面，實在是很適當的做法，那些建設在完成之後，將爲他們帶來永恒的光榮，目前在進行期間，也可以使全體人民因而豐衣足食。那些事業需要種種的手藝和技巧，供給種種的服務機會，各行各業所有的人都可一顯身手，可以說是全城的人都受僱領酬；所以雅典不僅美化自己，同時也在維持自己的生計。年青力壯的人們都因參加軍隊遠征外國而得到公家的豐厚報酬，至於那些居留國內的不能打仗的大批工人，柏立克理斯認爲也應該使他們領受公家的薪餉，但是不能讓他們不做任何事情而領受薪餉，爲了這個目的，他乃提出那些鉅大的建築計劃和作品設計，並且得到了人民的認可，那些計劃要經過相當長久的時間才能完成，可以使無數行業獲得就業的機會，這樣一來，居留國內的人民可以像那些或在海上、或駐守、或遠征的軍人們同樣地有個公平的機會，來從公家的錢財裏面分取一份收入。

所使用的材料，是石頭、黃銅、象牙、黃金、烏木、柏木；運用這些材料做工的人則要有鍛工、木匠、塑工、鑄工、銅匠、石匠、染匠、金匠、象牙匠、畫匠、刺繡匠、和鏇匠；此外，還要有人把那些材料運到本城，在海路方面要用商人、水手、和船主，在陸路方面要用車匠、牲畜馴養者、車夫、製繩匠、麻匠、鞋匠、鞣皮匠、修路工人、和礦工。正像一位司令官的屬下有他的一支軍隊一樣，每一種行業也都有它屬下所僱用的一批職工和工人，結成一個隊伍，來執行他們這一部份的任務。因此，總括起來用一句話說，這些公共建築物和設置所提供的機會和職務，把財富分配給各種年齡和各種身份的人們。

於是那些建築物和作品都營造起來了，不但堂皇巍峩，而且精美絕倫，因爲工人們都竭力用他們的手藝的優美來和材料與設計的精良相競賽，可是最奇妙的事情，還要數那些東西完成的迅速。

本來大家認爲，那些作業之中隨便那一樣都需要好幾代人的連續努力才能完成，可是實際上，所有那些作業都在一個人執政的全盛時代完成了。據說，當畫家阿嘉薩卡斯（Agatharchus）誇稱他的作品都是很迅速而輕易地完成的時候，朱克息斯（Zeuxis）㉞回答說：「我的作品都要用很長的時間。」的確，工作的輕易和迅速，不會為作品帶來持久的堅固和一絲不苟的優美；在另一方面，如果事先為某項工作留出充裕的時間，則所產生的作品必能耐久。為了這個緣故，柏立克理斯的作業特別受人讚美，因為那些東西既做得迅速，又能垂諸久遠。因為他的每一項作業，在完成的當時，就顯得古香古色，而在今天看起來，它那種清新而富於生氣的樣子，却仍然像是剛剛完成的一般。他的作品都具有一種新鮮的青春氣息，使它們的容態不會受到時間的影響，好像有一種永駐的精神和不死的活力，混含在它們的成份之中。

非狄亞斯照料所有工程的進行，他是總監督，雖然其他的名家和工人們分別參與不同的工作部份。例如，亞底尼(Athene)㉟神殿(Parthenon)是由考里格拉底(Callicrates)和伊克泰納斯(Ictinus)㊱建造的；伊路息斯(Eleusis)㊲的小神殿，也就是舉行秘密祭㊳的地方，是由考里巴斯(Coroebus)開始的，他僅僅造好了下層的圓柱，並把那些圓柱的柱頭連接到額緣上面；他死之後，塞坡蒂(Xy-pete)的麥塔吉尼斯(Metagenes)繼續完成了腰線(freize)和圓柱的上層；考拉葛斯的翟諾克里斯(Zenocles)則為這座卡斯脫和波拉克斯的神殿建造圓頂；至於那座長牆——據蘇格拉底說，他親自聽到柏立克理斯向人民提議與建它——是由考里格拉底負責建造的。對於這項工程進行的遲緩，克拉泰納斯曾加以嘲笑：

「柏立克理斯用言語來推動這座牆垣的修建
已經歷時很久；可是實際上他却沒有促成絲毫進展。」

音樂館（Odeum）的內部佈滿了座位和一行行的柱子，屋頂則是從一個尖端向下成圓形的斜坡，據說是模倣波斯國王的亭閣；這所建築物也是依照柏立克理斯的指示而建造的；克拉泰納斯又在他的喜劇「色雷斯女人」裏面加以諷嘲：

「好，我們看這裏，像邱比特一樣，
長頭長在柏立克理斯的頂上，
從前擔心貝殼流放時他已收藏起自己的頭，
現在却戴上了這座新音樂廳的大圓頭而無憂無愁。」

然後，熱愛榮譽的柏立克理斯又設法通過一項法令，每年在亞底尼祝典期間舉行一次音樂比賽，他本人被選爲評判，並且規定出參加比賽者歌唱和吹笛子彈豎琴的規則與方法。在那時和以後，所有的音樂比賽都在這個音樂廳裏舉行。

雅典衛城的入口是以五年時間完成的，主要的建築師是奈舍克里斯（Mnesicles）。在工程進行期間，發生了一件奇異的事情，表明亞底尼女神並不反對這項工程，而在加以協助。一位最敏捷而熟練的工人，失足從一個很高的地方掉下，在一種很悽慘的情況中躺在那裏，生命垂危，羣醫束手。當柏立克理斯正爲這事苦惱的時候，亞底尼女神在他的夢中出現，告訴他一種醫療的方法，於是他便用那種方法把那個人很輕易地在短期內治好了。爲了記念這件事情，他在衛城上面靠近亞底尼聖壇附近的地方爲這位女神建立一座銅像，並且加給她「健康」的封號。但是亞底尼女神的金像乃是由菲狄亞斯製做的，他並且把自己的名字刻在金像的底座上面，藉以表明作者爲誰。全部的事情都可以說是在他的主持之下，如我們在前文已經講過的，所有的藝術匠人和工人都歸他監督指揮，因爲他同柏立克理斯具有良好的友誼關係；這種情形使他大受嫉妒，也使他的恩主飽受誹謗，人們謠傳菲狄亞斯時常爲柏立克理斯同一些自由婦女代定桑間濮上之約，那些婦女假參觀藝術品之名前來，與柏立克理斯幽會。城中的喜劇詩人們抓住了這些傳聞，便大加利用，用他們所能想出的一切穢言褻語來誹謗他，並且製造出一些莫須有的穢聞，說他與門尼帕斯（Menippus）的太太有染，門尼帕斯是他的朋友，在他率軍出征期間曾經作過他的副司令；柏立克理斯的另外一個熟人，名字叫作皮里藍匹斯（Pyrilampes），養了許多珍奇的鳥，他們便揑造故事，說他以孔雀爲禮物，去巴結柏立克理斯的女友們。甚至色雷斯人斯提塞布羅塔也公然把一個令人難於置信的可怕罪名加給柏立克理斯，說他同兒媳發生亂倫關係，在這種情形之下，那些畢生致力於嘲弄藝人、並隨時準備爲了投合一般人的嫉妒怨恨心理而犧牲偉大人物的淸譽的人們，製造出大量的傳聞，又何足爲奇呢？要史書來探察並且發現任何一件事情的眞相，都是非常困難的，因爲後世的作史者的目光已被漫長的時間所遮斷，而關於任何人的事蹟與生活的當代的記載，或由於嫉妒與惡感，或由於逢迎與好感，總是歪曲了事情的眞相。

有一次，修昔狄底斯派的演說家們像往常一樣地又對柏立克理斯大肆攻擊，說他浪費公帑，把國家的收入揮霍殆盡，他聽了之後，便起立發言，詢問與會的人民是否認爲他花錢太多；人民回答說，「太多了。」於是他對他們說，「旣然如此，這筆費用不要算在你們的賬上，都歸我負擔好了；不過這些建築物和藝術作品都要刻上我自己的名字，而不能用雅典人民的名義。」人民們聽了他這番話之後，不曉得是被他的偉大精神所懾服，還是想分享那些建築物和作品的光榮，他們大聲高喊，叫他繼續動用公款，認爲應該花多少就花多少，一點也不要樽節，直到一切工程都完成爲止。

最後，他和修昔狄底斯的鬭爭局勢發展到這個地步，二者之中必須有一個人被貝殼流放，他終於渡過險局，把他的對手放逐出去，並且瓦解了那個與他對抗的集團。現在，所有的派系傾軋都已終止，全城又進入平穩與和諧一致的狀態，於是他把全雅典和所有與雅典人有關的事務都納入自己的掌握之中；他們的貢獻，他們的陸軍和海軍，島嶼，海洋，他們對於其他希臘人和野蠻人所擁有的廣大的權力，以及那個爲他們所擁有、藉着各屬國的臣服、與各帝王的友誼與聯盟而臻於强固的整個帝國，都由他來管轄了。

但是從此以後，他已不再是從前的那個柏立克理斯了，他不再像過去那樣地對人民柔順親切，一味逢迎屈從，有如順風使舵的舟子一般。他終止了從前的那種寬鬆放縱、有時甚至是無法無天的向人民市惠的作法，把那種融融樂樂的氣氛一變而爲嚴苛的措施，表現出一派寡頭政治和帝王的統治的氣勢；他不偏不倚地運用那種大權，完全以國家的最大利益爲依歸；他藉着勸服和教導，使人民大都能心悅誠服地遵從他的領導；有時候，他也不惜違背人民的意願，强迫他們做出一些對於他們本身有利的事情。從這一方面說來，他實在很像一位良醫，在治療一個複雜的慢性疾病，他要看當時的病情如何，有時候不妨對病人稍加寬縱，讓他吃一些他高興吃的藥，有時則加給他一些强烈的痛苦，强制他吃下極苦的藥，才能把病治好。在一批擁有那麼廣大的領域的人民之間，自然會產生種種的錯亂的情緒，他却具有一種獨特的才能，能夠對每一個這樣的事例都處理得很得體，他尤其能把人民的希望和恐懼當做兩隻舵來使用，用一隻舵來阻扼他們的据傲和狂暴，用另一隻舵來把他們從灰心失望之中鼓舞起來，他的所作所爲證明了這一點：雄辯術——如柏拉圖所說的——乃是統治人們的心靈的藝術，其主要的任務是打動人們的情感，而情感之於人們的心靈，好像樂器的弦和鍵盤一般，必須用審愼而巧妙的手法，才能彈奏得很優美。他之所以能獲得那麼卓越的成就，並非單憑着他的演說本領，而是——如修昔狄底斯所說的——由於他的聲譽卓著，人民對他的高尙品格具有信心，以及他的經過證實的淸廉，和對於金錢的極端淡泊的態度。雖然他曾使本來已經很偉大的雅典成爲一個最偉大最富裕的城市，雖然他的權力已經超過了許多的帝王和專制統治者（其中有些人把自己的權力用遺囑傳給兒子），可是他對於他父親留給他的遺產，却連一德拉克馬（drachma）㊴都不曾增加。

的確，修昔狄底斯曾經對於他的大權做過明白的敍述；那些喜劇詩人們則以一種惡意的態度提到這一點，他們稱他的友伴們爲新皮舍斯特拉塔派㊵，要求他發誓不要想成爲一個專制的暴君，因爲他的聲望和地位太高了，已經同民主政體不相稱合。泰里克萊廸說雅典人已經交付給他：

「各城市的納貢，連同那些城市本身，
要做什麼，要廢除什麼，都憑他高興，
如果他願意，就在一個城鎭周圍築起石牆，

如果他高興，就再把石牆拆毀：
那些城的條約，聯盟，力量，威權，和平，與戰爭。
它們的財富，和它們的一切成就。」

這一切並不是一時的幸運；也不只是一場短期施政的絢爛表現；而是在一連四十年的漫長期間，在諸如伊斐亞提斯、里奧格拉底（Leocrates）、邁朗奈底（Myronides）、塞孟、托爾邁底（Tolmides）、和修昔狄底斯這些政治家中間，始終居於最高的地位，而在修昔狄底斯遭受失敗和放逐之後，他連續地獨掌統治的大權，共達十五年之久，他那個職位是每年選舉一次的，他每次都得當選連任，在這段大權在握的期間，他一直保持廉潔；雖然在其他方面，他對於照料自己的金錢利益，並非完全是馬馬忽忽的；對於他父親遺留下來的、依法歸他所有的財產，他曾做了適當的安排，一方面不使那些財產由於疏忽而被浪費揮霍，一方面也不使自己爲照料那些財產而花費太多的心力和時間，因爲他的公務非常繁忙；他採取一種在他看來是一種最容易而又最精確的辦法，來經管那些財產。他把每年的出產全部一次賣掉，換成現錢，然後隨時從市場購買他和家屬所需要的一切東西，藉以維持家庭日常生計。他的子女們長大之後，很不喜歡這個辦法，家中的婦女們也因爲只能得到很少的用費，而紛紛抱怨他的管家方式——日常的用度都有規定，被極其精確地削減至一定的程度，不能像一般富有的高等家庭一樣，在各方面都綽有餘裕，而一切的開支和收入，都是按照確定的數字和量度來進行的。爲他經管這一切事情的人，只是一名僕人，名字叫作伊凡基拉斯（Evangelus），這個人本身既沒有天賦的才能，柏立克理斯也不會爲了想使他在家政方面有傑出表現而對他施以訓教。

實際上，所有這些事情都是和安納克薩格拉的智慧不相調諧的，因爲據說安納克薩格拉曾由於一種崇高的思想的啓示，而丟棄了自己的房屋，把自己的田地荒蕪起來，不予耕種，像公地一般變成了牧羊場。但是，我認爲，一個沉思默想的哲學家的生活同一個活躍的政治家的生活不是一回事；前者把他的智力運用在一些偉大而美好的思想的對象上面，不需要任何工具的幫助或外界的物質的供應；而後者呢，他要把自己的美德應用在人類的需要上面，所以財富對於他不僅會成爲必需的東西，而且會成爲高尙的東西；柏立克理斯的情形就是如此，因爲他利用財富救濟了無數的貧民。

可是，據說有一個時候，柏立克理斯正忙於公務，安納克薩格拉躺在床上，無人照料和供養，當時他的年紀已經很老了，所以他把身體團裹起來，決心把自己餓死；當這種情形碰巧傳到柏立克理斯的耳邊的時候，他大爲驚駭，馬上跑到老人那裏，竭力勸請他不要那樣做，如果他失去這樣一位顧問的話，將是一個無可彌補的損失，所以他爲自己命運的扼惋，甚於爲安納克薩格拉的命運的難過；安納克薩格拉聽到這番話之後，便把團裹身體的袍子拿掉，讓柏立克理斯看見他，並且回答說：「柏立克理斯，即使那些需要一盞燈的人們也要爲它添油啊。」

當拉西第蒙人開始爲雅典人勢力的增長而表現出不安的時候，柏立克理斯却想激勵雅典人民發生更爲昂揚的意氣，懷着更爲遠大的抱負，他提出一項法令，要召集所有各地的希臘人——不論是居住在歐洲的，還是亞洲的，在小城市的，還是大城市的——派遣代表前來雅典，舉行一次大會，商討下列問題：被野蠻人所焚燬的神殿如何重建；當希臘人對野蠻人作戰的時候，他們曾經爲了希臘的安全而宣誓向神獻祭，現在大家如何把那些祭品奉獻出來；還有關於航海的問題，他們此後如何才能自由地在海上來往，安全地從事貿易，而大家和平相處。

於是有二十個人——都是五十歲以上的人——被派遣出去，到希臘各國去召請他們派遣代表出席大會；其中五個人前去邀請在亞洲的愛奧尼亞人（Ionians）和多里斯人（Dorians），以及遠至列斯保（Lesbos）和羅德斯（Rhodes）等島嶼的居民；五個人去訪問赫勒斯龐特（Hellespont）⑪和色雷斯各地的城市，直至拜占庭（Byzantium）爲止；另外五個人前往比奧細亞（Beotia）、佛西斯（Phocis）和伯羅奔尼撒，從那裏經過羅克理斯人（Locrians）的地區，前往鄰近的大陸，遠至阿卡內尼亞和安布瑞西亞（Ambracia）爲止；其餘的五個人則途經幽比亞，前往伊塔人（Oetaeans）居住的地區和梅立亞克灣（Maliac Gulf），以及泰歐蒂斯（Phthiotis）的亞該亞人（Achaeans）和帖薩利人（Thessalians）的地區；這些人每到一地，都與當地的希臘人商談，勸請他們派遣代表參加大會，討論如何維護和平，並共同管制希臘事務的問題。

但是這些人毫無成就，各城市也並沒有如柏立克理斯所希望的派遣代表舉行會議；據說拉西第蒙人用狡詐手段加以阻撓，這項建議首先在伯羅奔尼撒遭受挫折。不過，我認爲應該提到這件事情，藉以表明柏立克理斯的不凡精神和宏偉抱負。

在軍事才能方面，他以穩健著稱；他絕不主動地去打任何很沒有把握而冒險的仗；他不羨慕那些藉着輕率的冒險而獲得輝煌成功的將軍們的光榮，不論旁人對於他們是如何地推崇；他也不認爲他們值得他去模倣，他總是對他的公民們說，只要大家把命運托付給他，他們就可以不朽，永遠生活下去。有一次，托爾繆斯（Tolmaeus）之子托爾邁底因爲受了以前的成功的激勵，並且被他的軍事行動爲他帶來的榮譽冲昏了頭，竟在時機並不適當的情形之下準備去侵犯比奥細亞，而且在正規軍之外，他還說服了一些最勇敢而富有進取精神的青年以義勇軍的身份參加，爲數達一千名，柏立克理斯看到這種情形，便在人民大會中阻撓他，勸他放棄這個計劃，當時他說了一句很值得玩味的話，現在仍在流傳着，那句話就是，如果托爾邁底不肯接受柏立克理斯的忠告，他總應該等一等，接受時間的忠告，因爲時間是所有顧問中之最明智者。這句話在當時只受到輕微的讚許；但是，幾天之後，消息傳來，托爾邁底本人已經在考羅尼亞（Coronea）附近戰敗身死，許多勇敢的公民也和他一起陣亡，這時候，人民才對他格外敬佩，發生好感，不僅爲了他的智慧，也爲了他對於同胞們的親愛之情。

在他所有的軍事行動之中，遠征刻索尼茲半島之役最爲人所津津樂道，因爲那次戰役爲居住在那裏的希臘人帶去了安全和保障。他不僅帶去了一千名强壯的雅典公民，爲那些城市添加一股新的力量，而且在把半島連接於大陸的地頸上，從這邊的海岸到那邊的海岸，修起了一道連續的帶狀防禦工事，這樣一來，便防阻了漫佈於刻索尼茲的色雷斯人的入侵，而且終止經常困繞這個地區的連綿不斷的可怕的戰爭，在過去，因爲鄰近的野蠻人時常入侵，還有匪徒也不時侵犯邊界甚或進入邊境以內的地區，所以一直是處於戰亂和擾攘不寧之中。

他的環航伯羅奔尼撒半島，也同樣地為外國人所敬佩和稱道，他是從墨加拉（Megara）的泉港（Pegae）率領一百隻戰船出發的。他不僅像托爾邁底一樣地蹂躪了沿岸地區，而且還率領船上的軍隊深入內地，當地居民懾於他的威勢，紛紛退避城牆之內；只有西敍昂（Sicyon）人堅守立場，在尼米亞（Nemea）和他對戰，結果他盡全力把他們擊潰，並且為了記念這次勝利而建立了一座勝利記念碑。他從當時的盟邦亞該亞為他的戰船增添一批兵員，然後率領艦隊馳往大陸的另一邊，從阿啓拉斯河（Achelous）口向上駛行，侵掠了阿卡內尼亞，把伊奈亞狄人（Oeniadae）圍困在他們的城牆之中，再對他們的領土加以蹂躪和摧殘之後，便起錨返國；他這次遠征，獲得了雙重的成就，一方面使敵人知道他的强大可怕，一方面使同胞曉得他的令人信賴而英明有為；因為在整個出征期間，他部下的全體人員連任何偶然的不幸事件都不曾遭遇過。

柏立克理斯還曾經率領一支裝備優良的龐大艦隊進入攸克辛海（Euxine Sea）㊷；在那裏，他為各希臘城市做到了他們所希望的一切事情，並且與他們達成了友善的關係；對於那些野蠻民族以及他們的帝王和酋長們，他則顯示出雅典人的强大力量，使他們曉得雅典人具有絕對的能力和信心，可以任意航行到他們想去的地方，把全部海洋置於自己的控制之下。他為辛諾普（Sinope）人留下三十隻戰船和一些軍隊，由拉瑪卡斯（Lamachus）統率，幫助他們對抗暴君泰姆西留斯（Timesileus）；當泰姆西留斯和他的黨羽被趕走之後，他又促成一項法令，派遣六百名自願的雅典人前往辛諾普，和辛諾普人一起居住，那個暴君及其黨羽的房屋和田地，便由這六百人分享。

但是，在其他的事情上，他却不會屈從公民們的輕浮衝動；當他們因爲過份陶醉於自己的强大力量和幸運成就，而急於再度侵犯埃及，並且騷擾波斯國王的沿海領土的時候，他不會爲了投合他們的喜好而放棄自己的決定。當時許多人還對於西西里懷着一種非分的不良企圖，後來阿爾西柏亞底一派的演說家們並且把這種企圖煽動得更爲强烈。有些人則在打多斯加尼（Tuscany）和迦太基的主意；有鑒於雅典人目前的領域廣濶和無往不利的情形，這種打算也不是沒有成功之望的。

但是柏立克理斯却在扼制着這種征服外國的欲望，毫不留情地剪除了人們的無數的擴展的念頭；他促使他們把大部分力量用於保衛並且鞏固他們所已經得到的東西，因爲他認爲，如果能够阻扼住拉西第蒙人，使之不能得逞，已經是一樁十分吃力的事；對於拉西第蒙人，他一直懷着敵對的情緒；他在聖戰時期㊸的所作所爲，尤其表現出這種敵對的情緒。在阿波羅神殿被佛西斯人佔領的時候，拉西第蒙人曾經派遣一支軍隊前往德爾非，把那個神殿奪過來，交還德爾非人；在拉西第蒙軍隊離去之後，柏立克理斯馬上率軍前往，把神殿交還佛西斯人。拉西第蒙曾經從佛西斯人那裏取得優先請示神諭的特權，並且把這種特權刻誌在神殿的銅狼的前額上面，於是柏立克理斯也從佛西斯人那裏爲雅典人取得同樣的特權，並且把他們的特權刻誌在那隻銅狼的右脇上面。

後來發生的事實，充份地證明了他把雅典人勢力的發揮局限在希臘的範圍之內，實在是明智之舉。因爲，首先是幽比亞人反叛了，他率軍前往敉平；緊接着，消息傳來，墨加拉人又與雅典爲敵；拉西第蒙國王普里斯托拿克斯（Plistoanax）也率領一支敵對的軍隊侵犯阿提喀（Attica）㊹的邊境。於是柏立克理斯火速從幽比亞回師，來應付那場威脅本國的戰爭，他並沒有冒險去同那批人數衆多、英勇、而急於作戰的軍隊交鋒；他曉得普里斯托拿克斯很年青，大部分事情都聽從克倫德萊底（Cleandrides）的建議和策劃，這個人是由長官團推派擔任他的監護人和助手的，他便私下對這個人的廉潔加以考驗，很快地便用錢把他收買過來，並且勸服他把伯羅奔尼撒軍隊撤出阿提喀。當那批軍隊撤退並且解散，各自返回本城之後，拉西第蒙人在憤怒之下對他們的國王處以大筆的罰金，國王繳出錢，便離開了拉西第蒙；而克倫德萊底則逃跑了，經過缺席裁判，被判處死刑。這個人的兒子就是蓋理帕斯(Gylippus)，那個在西西里戰勝雅典人的人。貪婪似乎是一種父以傳子的遺傳病，因爲蓋理帕斯後來也以貪汚案發，而被逐出斯巴達。不過這件事情，我們已在賴山德(Lysander)㊺的傳記中詳細敍述。

當柏立克理斯爲這次戰役提出報告的時候，他列入了一筆十泰倫（talent）㊻的開支，說是用於一種適當的用途，人民認可了這筆開支，沒有提出任何詢問，也沒有對這個秘密加以調查。有些歷史家——提歐夫拉塔斯也是其中之一——則說，柏立克理斯每年都秘密地向斯巴達送十泰倫，贈給掌權的人們，以求避免戰爭；他所要購買的不是和平，而是時間，使他能够從容準備，將來可以在戰爭之中居於優勢。

在拉西第蒙軍隊撤退之後，他馬上又移師去敉平那場叛亂，他率領五十隻戰艦和五千名軍隊，前往幽比亞島，把那裏的城市一一征服，並且把那些被稱爲「養馬者」（Hippobotae）的有財有勢的卡爾西斯人（Chalcidians）驅逐出去；此外，他還把所有的平民（Histiaeans）殺光，而把他們的城市交付給一批雅典殖民者；他之所以對他們採取這種殘酷的手段，是因爲他們曾經俘獲一隻阿提喀船，而把船上人員全體殺死。

在這之後，雅典和拉西第蒙訂立了三十年休戰協定，然後他便設法通過一項法令，下令征討薩摩斯島，所持的理由是，當薩摩斯人被命令停止與米利都（Miletus）人之間的戰爭的時候，他們沒有遵辦。既然大家都認爲，他之所以要用這種手段對付薩摩斯人，乃是爲了取悅阿斯佩細亞（Aspasia），我們應該在這裏探討一下，那個女人究竟有什麽技巧和魔力，竟能迷惑住這位最偉大的政治家，並使哲學家們那麽常常地談論她，而且不是講她的壞話。她是米利都人，艾克休卡斯（Axiochus）的女兒，關於這一點，大家的說法是一致的。據說，她爲了不讓古代愛奧尼亞的娼妓薩吉利亞（Thargelia）專美於前，所以專事結交權貴。薩吉利亞是一個非常美麗的女人，不但姿容極其嬌媚，而且爲人精明；無數的人都在追求她，而凡是與她交往的人，都被她拉攏到波斯國王的一邊；那些人都是極有權力和地位的人，所以她便藉着他們的力量在好幾個希臘城市裏面播下了親善波斯的種子。有些人說，柏立克理斯之所以寵愛阿斯佩細亞，是爲了她的智慧和政治才能。連蘇格拉底有時候也和朋友們一起去看她；常去看她的朋友們都帶着太太一起去，聽她的談論。她的職業絕不是光榮的，因爲她的家裏蓄養着一些年青的妓女。據艾斯柴尼（Aeschine）說，賴舍克里（Lysicles）原是一個羊販子，出身微賤，品格卑鄙，因爲在柏立克理斯死後和阿斯佩細亞同居，而成爲雅典的首要人物。柏拉圖的

Menexenus 的第一部分，雖然是用詼諧的筆調寫出，可是其中所講到的這件事情却似乎是事實：許多雅典人都奉這個女人爲演講術的老師，向她學習這一方面的本領。不過，柏立克理斯對她的傾心，却似乎只是由於熱烈的愛情。他自己的太太原是他的一個近親，以前曾經和希波尼卡斯(Hipponicus)結過婚，生了一個孩子，名字叫作凱利亞斯（Callias），綽號爲「富有者」；她爲柏立克理斯生了兩個兒子，就是詹底帕斯和派拉勒斯（Paralus）。後來，兩人意見不合，不願同居下去，他便在她的同意之下，把她讓給另外一個男人，他自己便和阿斯佩細亞同居了，對她非常寵愛；每天在出門和從市場回來的時候，他都向她親吻致意。在一些喜劇裏面，她有時被稱爲新奧斐利（Omphale)㊼和狄娥奈拉（Deianira)㊽，有時被稱爲朱諾㊾。克拉泰納斯則率直地稱她爲妓女：

「作爲他的朱諾，色慾之女神，
那個毫無廉恥的娼妓誕生了，
名字叫作阿斯佩細亞。」

她似乎也爲柏立克理斯生了一個私生子；因爲幼波里斯在他的劇本 Demi 裏面講到柏立克理斯詢問他的兒子是否平安，和邁朗奈底（Myronides）的答話，如下：

「我的兒子呢？」「他活着：老早就會長成了一個大人，
如果不是擔心那個娼妓母親會對他打壞主意。」

據說，阿斯佩細亞的聲名是如此地遠播，以致賽拉斯（Cyrus)㊿——就是那個爲爭取波斯王位而對他的兄弟阿塔薛西斯（Artaxerxes）作戰的——竟把自己最寵愛的一名姬妾的名字從本來的「密爾托」改爲阿斯佩細亞。這個女人是佛西斯人，是赫墨提瑪斯的女兒，在賽拉斯戰死之後，以俘虜身份被送交波斯國王，後來在朝廷具有很大勢力。當我撰寫這篇傳記時，這些事情浮現在我的記憶之中，如果故意略而不敍，似乎有些不近情理。

我們現在再來敍述薩摩斯戰爭，人們因爲柏立克理斯受阿斯佩細亞的慫恿，偏袒米利都，在人民大會中建議對薩摩斯作戰，而對他大加指責。原來那兩個國家曾經爲了普里恩城（Priene）的所有權而作戰，雅典人要他們雙方停戰，把這項紛爭交付雅典仲裁，但是當時薩摩斯人已佔上風，所以拒絕了這項要求。於是柏立克理斯便率領一支艦隊前往薩摩斯，消滅了那個寡頭政府；他還俘獲了五十名薩摩斯主要人物和他們的五十名兒童，作爲人質，把他們送到勒姆諾斯島（Lemnos）；據說這些人質曾經每人爲自己向他獻出一泰倫的贖金，而其中的若干不願薩摩斯有民主政府出現的人們另外還送他許多錢。此外，波斯的一位州長匹蘇斯尼（Pisuthnes），因爲對薩摩斯人懷有好感，也送他一萬金幣，爲薩摩斯求情。可是，所有這些獻贈，他一律不接受，他仍然按照自己認爲對的辦法來對待薩摩斯人，爲他們建立了一個民主政府，然後起航返回雅典。

但是薩摩斯人馬上便反叛了，因爲匹蘇斯尼已經秘密地把那些人質偷運回去，並且以戰爭用品供應他們。於是柏立克理斯再度率領一支艦隊前來，這次發現他們既不馬馬忽忽，也不存心偷偷溜走，而表現出一種大丈夫氣概，決心爲了爭取海上霸權而同他較量一番。結果，經過特拉吉亞島（Tragia）

附近的一場劇烈海戰之後，柏立克理斯獲得決定性的勝利，他用四十四隻兵艦擊潰了敵人的七十隻兵艦，其中二十隻是裝載着士兵的。

在獲得這場勝利之後，他馬上佔領了薩摩斯的港口，把薩摩斯人圍困在城牆之內，他們却仍然設法冒險出擊，在城牆下面作戰。不久之後，又有一支更大的艦隊從雅典駛來，薩摩斯人受到了更嚴密的圍攻，柏立克理斯則率領六十隻兵艦駛往地中海上，他的目的——如大多數作家所敍述的——是去迎截一隊前來解救薩摩斯人的腓尼基兵艦，並且儘量在遠離薩摩斯之處和那些兵艦交戰；但是，斯提塞布羅塔却說他的原意是打算駛往賽浦路斯，這種說法似乎不大可信。不過，不管他的企圖是這二者之中的那一個，都是一種失策。因爲他剛一離開，艾薩幾尼(Ithagenes)的兒子梅里薩斯(Melissus)，一個哲學家，當時在薩摩斯擔任司令官，也許是瞧不起柏立克理斯遺留下的微少的兵艦，也許是輕蔑那些雅典指揮官們的缺乏經驗，馬上便說服他的同胞們向雅典海軍進攻。結果薩摩斯人戰勝了，他們俘獲了許多雅典人，毀壞了許多雅典兵艦，取得海面上的控制權，並把一切爲他們所需要的軍需品運回港口，那些東西都是他們以前所沒有的。據亞理斯多德說，在這次之前，柏立克理斯就曾在一次海戰中被這個梅里薩斯擊敗過一次。

薩摩斯對雅典俘虜施以報復，在他們的前額打上一個貓頭鷹形狀的烙印，因爲以前雅典人曾爲薩摩斯俘虜打上「薩摩納」(Samaena) 的烙印，薩摩納是一種船，船首低平，看起來像是長着一個獅子鼻，但是在船艙部分，則是寬大而擴展的，因此既可載運大量物品，又能駛行快速。這種船之所以名爲薩摩納，因爲第一隻這樣的船，是奉暴君坡力克雷底（Polycrates）之命在薩摩斯建造起來的。據說，亞理斯多芬尼（Aristophanes）(51)的下面這句話，就是指着薩摩斯人前額上的烙印而言：

「因爲，啊，薩摩斯人是一個大有學問（lettered）(52)的民族。」

柏立克理斯一獲悉他的軍隊所遭遇的惡運，趕快前來解救；他擊敗了與他對陣的梅里薩斯，敵人退走，他馬上修築一條牆，把薩摩斯團團閉起來，他所決定採取的征服這個城市的手段，是花費相當的時間和金錢，而不使自己的同胞們流血拚命。但是，雅典人對於這種長期圍困的辦法很感不耐，都急於出戰，他既無法抑制他們的這種情緒，隨把全部軍隊分爲八組，讓他們拈鬮，拈到白豆的一組可以休息作樂，其他的七組則去作戰。據說，人們稱歡快作樂的日子爲「白日」（white day），就是由這種白豆而來。

此外，歷史家艾佛拉斯（Ephorus）還告訴我們說，柏立克理斯在這次圍攻之中使用一種弩砲，他對於那種東西的奇巧甚爲讚賞；製造弩砲的機械師阿提蒙（Artemon）也和他在一起，加以協助，阿提蒙是跛足的，總是被人用擔架抬着，各處走動，前往需要他親自照料的處所，因此被稱爲 Periphoretus（被抬各處走動之人）。但是，龐塔斯的赫拉克萊狄（Heraclides Ponticus）却根據安納克里昂的詩證明這個故事的不實，因爲那些詩裏曾經講到，這個「被抬各處走動者」阿提蒙的時代，比薩摩斯戰爭及其各項事件爲早，中間相距好幾世代。他並且說，阿提蒙是一個喜歡舒適的人，非常害怕危險，大部分時間靜居家中，由兩名僕人舉着一面銅盾掩護着他的頭，免得上面會有東西掉在他的頭上；每逢他非外出不可的時候，總是由人們用一張吊床抬着走，而吊床的位置是靠近地面的；因爲這個緣故，他被稱爲「被抬各處走動之人」。

在圍攻的第九個月中，薩摩斯人投降了，然後柏立克理斯拆毀他們的城牆，沒收他們的兵艦，並課以鉅額的罰款；那筆罰款薩摩斯人當時付出一部分，餘額則在一個規定的日期交付，並且交出一些人質，作爲擔保。薩摩斯人杜立斯(Duris)以這些事情爲題材，寫成一部悲劇，對雅典人和柏立克理斯加以指責，說他們做出許多殘暴的行爲，而修昔狄底斯、艾佛拉斯、和亞理斯多德的作品裏面，却都沒有講到這種情事；杜立斯所說的話，大概不很眞實，例如，他說柏立克理斯把薩摩斯兵艦的艦長和士兵們帶到米利都的市場，把他們牢牢地綁在木板上面，歷時十天之久，他們已經半死不活，他又下令用木棒打裂他們的頭，來結果他們的性命，並且把他們的屍體拋擲在大街和田野之上，而不予以埋葬。杜立斯的歷史著作，即使在並不牽涉到個人情感的敍述之中，也往往不能固守眞實的原則，對於自己國家遭遇的災難，當然會更加過甚其辭，藉以引起讀者對於雅典的反感。柏立克理斯在征服薩摩斯之後，回到雅典，親自照料爲那些戰死的同胞們舉行光榮的葬禮，並且按照慣例發表葬禮演說，對死者加以頌揚，他的演說大受稱讚。當他步下講臺的時候，婦女們紛紛上前向他致意，握着他的手，爲他佩戴上花冠和飾環，好像他是在競技會中獲勝的運動員一般；但是一位叫做艾爾品尼斯(Elpinice)的婦女却走過來對他說：「柏立克理斯，你所曾經做出的是很英勇的行爲，而且值得我們向你獻贈花冠和飾環；因爲你使我們喪失許多優秀的公民，他們不像我兄弟那樣地死於對腓尼基和米底亞的戰爭，而死於滅亡一個與我們有親誼的結盟的城市。」柏里克理斯聽到艾爾品尼斯的話之後，據說他很安詳地微笑着，引述這行詩來作爲對她的回答：

「老太婆們不應該再在自己的身上灑香油。」[53]

據艾昂（Ion）說，柏立克理斯在征服薩摩斯之後，覺得非常得意：因爲阿格曼儂王（Agamemnon）[54]花費十年時間才佔領一個野蠻人的城市，而他却只用九個月，就征服了愛奧尼亞的最大最强的城市。實在說起來，他這樣地誇耀自己，也不爲無因，因爲這場大戰的確是充滿了危險的，勝負如何，也未可逆料，而且，如果修昔狄底斯所述不虛，薩摩斯人的力量當時甚爲强大，雅典人頗有即將喪失海上覇權之虞。

過了一個時期之後，當伯羅奔尼撒戰爭卽將爆發的時候，他勸告雅典人民對正在被科林斯（Corinth）人攻擊的科賽拉（Corcyra）人加以援助，並藉此使自己取得一個擁有鉅大海軍力量的島嶼，因爲伯羅奔尼撒人幾乎可以說是實際已經在同他們作戰。人民馬上同意他的這項建議，並且投票通過援助科賽拉，然後他就派遣塞孟的兒子拉西第蒙尼亞斯（Lacedaemonius）去擔負這項任務，只撥給他十隻兵艦，好像存心要把他侮辱一番；因爲在塞孟的家屬和拉西第蒙人之間，存在着一種極爲親善友好的關係；所以，柏立克理斯只給拉西第蒙尼亞斯少數的兵艦，違背他的意願而把他派遣出去，如果他對這項任務不能完成很大的功績，他卽將遭受指責，或者至少是遭受猜疑，被認爲是袒護拉西第蒙人，從事欺騙；的確，柏立克理斯是在多方設法阻礙塞孟的兒子們的事業發展，他說從他們的名字看來，他們就不是本國人和眞實的雅典人，而是外國人，因爲一個叫作拉西第蒙尼亞斯，另一個叫作帖薩拉斯(Thessalus)[56]，第三個叫作伊留斯(Eleus)[57]；而這三個兒子據說都是由一個阿伽狄亞母親生的。但是，人民爲了那十隻兵艦而對柏立克理斯嘖有煩言，大家認爲他對困苦中的友邦所給與的援助很少，却給與那些想趁機生事的敵國一個有利的口實，於是他後來又派遣一支較大的艦隊前往科賽拉，但是在這支艦隊到達的時候，戰爭已經結束。科林斯人因爲雅典援助科賽拉而大爲憤怒，他們在拉西第蒙對雅典人公開加以譴責，墨加拉人也附合他們，說雅典人違反希臘和平盟約的共同權利與條款，不許他們前往所有在雅典人控制下的市場和港口，並且把他們從那裏驅逐出去。伊嘉那(Aegina)人也宣稱他們受到了苛待和迫害，秘密請求拉西第蒙人拔刀相助，雖然他們還不敢公然對雅典人表示不服。在這個期間，原爲哥林斯人殖民地當時由雅典人統治的坡蒂第亞（Potidaea）也反叛了，並且已被雅典人圍困起來，這件事情是促發大戰的又一因素。

雖然如此，各國還是不斷地有使者派往雅典，拉西第蒙國王阿契達瑪斯也努力設法促使大部分的指控和紛爭得到公平的解決，並且對他的各友邦的激昂情緒加以撫慰，如果雅典人當時能夠撤銷他們的仇視墨加拉人的法令，並與他們和解，則任何其他的糾紛似乎還都不致把雅典人捲入戰爭。因此，既然柏立克理斯是竭力反對這項措施的人，而且還煽動人民繼續維持對墨加拉人的仇恨情緒，所以他被認爲是戰爭的唯一的發動者。

據說，當拉西第蒙的使者爲此事前往雅典的時候，柏立克理斯宣稱另有一項法律，規定不許撤除或取銷書寫法律的牌版，使者之中有一個名叫坡里亞采（Polyalces）的人，回答說，「那麼，不要把它撤除，把它翻轉過去好了；我想並沒有不許翻轉它的法律」；這項建議雖然很妙，但是並未能改變柏立克理斯的決心。他大概是對於墨加拉人懷有一種秘密的憎惡或私人的仇恨。可是，他對他們所做的指責，是說他們佔用聖地邊界的一部份土地，於是他建議通過一項法令，派遣使者前往墨加拉和拉西第蒙，指控墨加拉人的這種褻瀆行爲；這項法令所顯示的態度，倒是想對這個問題做一種友善而公正的解決。後來，派遣出去的使者安塞摩克里塔（Anthemacritus）在途中死亡，雅典人認爲是被墨加拉人所謀害，然後查林納斯（Charinus）建議通過一項法令，規定這兩個國家之間，此後存在着永不和解的仇恨；任何墨加拉人如果踏上阿提喀的土地，就要被處死；司令官們在宣誓的時候，要添加一條新的誓辭，就是要對墨加拉國每年侵犯兩次；此外，還要把安塞摩克里塔葬在色雷斯門（Thracian Gates）——現在稱爲「雙門」（Dipylon）。

可是，墨加拉人却全然否認他們曾經殺害安塞摩克里塔，他們把雅典人的仇恨心理歸咎於阿斯佩細亞和柏立克理斯，舉出了「阿卡爾尼亞人」（Acharnians）[58]中的著名詩句，以爲佐證：

「我國的一些狂徒跑到墨加拉，
偷走了他們的娼妓賽梅莎。
墨加拉人却做出更精采的表現，
他們去到阿斯佩細亞的家，

擄去了兩名妓女。」

這場糾紛的眞正原因如何，我們很難查明。但是，大家一致認爲，那項仇視墨加拉人的法令之未能撤銷，應該歸咎於柏立克理斯。有些人說，他斷然拒絕撤銷那項法令的動機，乃是由於一種崇高的精神，和爲國家的最佳利益着想的態度，因爲他認爲，那項要求乃是對於雅典人的順從態度的一種考驗，如果稍有讓步，便將被認爲是示弱，不敢不那樣做；另外一些人則認爲，他之所以利用那個機會，對墨加拉人加以輕蔑，乃是由於他的倨傲、剛愎、喜好爭鬪，想趁機表現自己的力量。

但是這次戰爭的最惡劣的動機，已經由大多數歷史家加以證實，其大概情形是這樣的：雕塑家非狄亞斯（如前文已經講過的）負責製造敏諾華的雕像；他同柏立克理斯甚爲友好，深得後者的寵信，因而樹立了許多敵人，那些人嫉妒他，並且誹謗他；他們想利用斐廸亞斯做一個試驗，看看在一個牽涉到柏立克理斯的案件之中，人民會對他做出怎樣的判斷；於是他們收買了斐廸亞斯手下的一名工人曼儂（Menon），由他在市場提出一項申請，要求人民在他告發並控訴斐廸亞斯的時候，對他加以保護。人民接受了他的要求，讓他在人民大會中申述案情，並且對斐廸亞斯加以審訊，結果證明他並沒有任何盜竊或侵吞行爲；因爲從最初起，斐廸亞斯就聽從柏立克理斯的建議，把雕像所用黃金的鑄造和鋪覆工作，做得很巧妙，使那些黃金完全可以拆卸下來，量出其確實的重量；現在既然有人提出控訴，柏立克理斯就吩咐起訴者這樣做。但是斐廸亞斯的作品的美譽使他受人嫉妒，尤其是，當他在敏諾華女神的盾上刻畫亞瑪孫人（Amazons）[58] 之戰的時候，他把他自己也刻在上面，所刻的形狀是一個禿頭老人，用兩手把一塊大石高高舉起，並且刻出一個很精美的正與亞馬孫人交戰的柏立克理斯雕像。這個雕像設計得很巧妙，他的手把一隻長槍舉在面前，正好把臉遮蔽起來一部份，雕刻者似乎存心要掩飾這個雕像，但是從兩旁看起來，卻可清楚地看到這個雕像的存在。

於是斐廸亞斯被關進監獄，後來病死獄中；但是也有人說，他是被他的敵人們毒死的，那些人的目的是使他受人誹謗，或至少受人猜疑。至於那個告發者曼儂，人民接受格萊康（Glycon）的提議，免除了他的賦稅，並且命令將軍們保護他，不許任何人對他加以傷害。大約在這同時，阿斯佩細亞也以不虔敬的罪名而被審訊，控訴者是喜劇詩人赫米帕斯（Hermippus），他還控訴她在自己家裏面招引一些自由的女人，供柏立克理斯作樂。戴奧匹底（Diopithes）提出一項法案，主張凡是不信天神或對於天上事物傳授新學說的人，應該由人民大會加以審訊；這項攻奸的表面對象是安納克薩格拉，實際對象則是柏立克理斯。人民們接受這些指控，然後又在德拉康泰狄（Dracontides）的動議之下，通過一項法令，要求柏立克理斯把他所花費的公款向元老院的十組的議員們提出報告；而審判官們則應該從衞城的聖壇拿來他們的投票紙，然後到城裏來審訊和判決。但是海格儂（Hagnon）把這項法令的最後一條刪除了，代替的辦法是由一千五百名陪審員來審訊這個案子，不論這個案子被稱爲侵吞案，受賄案，還是任何其他種類的瀆職案。由於柏立克理斯的懇求，阿斯佩細亞的罪名得以開脫，據艾斯柴尼說，他在審訊的時候曾經流了許多眼淚，並且親自向陪審員們爲她求情。他預料安納克薩格拉絕不會輕易受到寬縱，所以讓他離開本城。在斐廸亞斯的案子裏，他同人民弄得很不愉快，他很擔心人民會對他提出彈劾，所以他把本來在緩緩悶燃着的戰爭之火煽動成爲一片熊熊的火焰；他希望藉着戰爭的爆發，來驅散人民對他的責難，並且緩和他們的猜忌；因爲他具有極大的權威和勢力，國家在進行重大事務或面臨危難的時候，人民總是把國家託付給他，而且只信賴他的領導。

據說，這些就是促使柏立克理斯不容雅典人民同意拉西第蒙人的要求的理由，但是這種說法的眞實性如何，很難確定。

至於拉西第蒙人，他們認爲如果能把柏立克理斯趕走，便可以對雅典人爲所欲爲，所以他們要求雅典人清除柏立克理斯（如修昔狄底斯所說的）由母系方面所沾染到的「汚穢」。但是這項要求所獲得的結果，却與拉西第蒙人所預料者大爲相反；因爲雅典人民不但未曾因此對柏立克理斯加以猜疑和責難；反而對他更加信賴和敬重，因爲他是他們的敵人所最痛恨和恐懼的一個人。爲了這個緣故，在阿契達瑪斯王率領伯羅奔尼撒大軍侵入阿提喀之前，柏立克理斯就預先警告雅典人說，如果阿契達瑪斯蹂躪了全國其他各處，而單單保全了他的產業，其原因不是爲了顧念二人之間的友誼關係，就是想爲他的敵人們製一個誹謗他的口實；所以他要把他的田產和上面的房屋都獻給國家，留作公用。然後拉西第蒙及其盟邦的大軍，在阿契達瑪斯指揮之下，侵入雅典人的領土，所至之處，均遭蹂躪和損壞，大軍的行踪深入到阿卡爾尼（Acharnae），在那裏紮營，他們預料雅典人絕不會容忍他們，一定會爲國家和自己的榮譽而出來同他們作戰。但是柏立克理斯認爲，冒着國家的危險，去同六萬名伯羅奔尼撒和比奧細亞軍隊作戰，乃是一樁十分危險的事；因爲第一次入侵的敵軍，爲數就是如此的衆多；於是他竭力對那些熱望作戰並對當時局勢感覺憂傷和不滿的人們加以安撫，並且勸導他們說，「樹木被砍伐了，可以在短期內再生長起來，但是人如果遭受傷亡，其損失是不易彌補的。」他沒有召集人民開會，因爲他恐怕他們會迫使他做出違背自己的判斷的行爲；但是，他好像一隻船上的一個有技巧的舵手一般，當船突然在大海上遭遇狂風的時候，他做出了一切妥善的安排，監督船夫把所有索具都弄牢，然後便充份運用自己的技能，照料船隻的行駛，對於那些暈船和害怕的乘客們的眼淚和懇求，不加理會；所以他關起城門，在所有重要位置佈置守軍，以策安全，他一切都遵從自己的理智和判斷，對於那些高聲反對他並對他的措施表示憤怒的人們，置之不理；他始終保持他的堅定立場，雖然他的許多朋友不斷地對他提出請求，許多敵人不斷地對他加以威嚇和非難，許多人還做出一些諷嘲的詩歌，在全城各處被歌唱着，對他加以誹謗，說他以懦夫的態度來運用將軍的職權，並且很馴順地把一切拱手讓給敵人。

克里昂（Cleon）也是攻擊者之一，利用人民對柏立克理斯的憤慨情緒，作爲達到領導地位的階梯，如赫米帕斯在他的抑抑揚格的詩句⑥所表現的：

「半人半山羊之神，難道你就不能拿起寶劍，
而永遠在那裏調弄言辭嗎？
你的語句聽起來的確很英勇，
其中所蘊含的，却是一個懦怯的靈魂。

「如果把一隻短劍每天磨礪，
使它能够更加鋒利，
你就要咬牙切齒，
好像克里昂把你咬了一口。」

可是，柏立克理斯完全不爲任何的攻擊所動，他很耐心地接受一切，並且默然容忍人們加給他的汚辱和對他懷藏的惡感；他派遣一百隻戰艦前往伯羅奔尼撒，但是並沒有親自統率這支艦隊，他仍留駐後方，藉以在國內照料，並使全城繼續處於他的親自控制之下，直至伯羅奔尼撒人拔營撤退爲止。後來，敵軍雖已撤退，一般人民却仍爲這次戰爭而感覺疲憊和困苦，柏里克理斯爲了撫慰他們，他把公家的金錢分配給他們，並且規定把征服的土地加以分配。在把伊嘉那的居民全部驅逐出去之後，他把那個島嶼的土地按照抽籤辦法分配給雅典人民。此外，敵人所遭受的痛苦也爲他帶來一些慰藉。因爲駛往伯羅奔尼撒的那支艦隊蹂躪了大片的地區，並且刼掠了許多鄉鎮和較小的城市，在陸路方面，柏立克理斯親自率軍侵入墨加拉人的國土，大肆摧殘。很明顯的，伯羅奔尼撒人雖然由陸路加給雅典人許多損害，他們也從海路受到雅典人的許多損害，所以他們不會把戰爭拖得那麽長久，而會如柏立克理斯在最初所預料的，很快地罷手，如果不是有某種神力阻撓了人類的打算。

首先，一場瘟疫侵襲雅典，把他們的青年和國力的精華摧殘殆盡。他們不僅身體受到削弱，精神方面也受到很大的影響，他們以一種狂暴的態度反對柏立克理斯，正像一個瘋子會襲擊醫生或自己的父親一樣，他們在瘟疫的精神狂亂狀態之中，也企圖傷害柏里克理斯。他們由於敵人的宣傳，而認爲疫病發生的原因，是由於大量的鄉村居民湧入城市，在炎熱的夏季，許多人擠住在狹小的共同住室或令人窒息的簡陋房舍裏面，被迫過着一種足不出戶的無所事事的生活，而以前他們却是生活在鄉野的純潔而舒暢的戶外空氣之中。他們說，這一切都是柏立克理斯造成的，因爲他在戰爭開始之時，把大量人民從鄉間移入城內，並且使所有的人們都無所事事，讓他們像圍在檻裏的牛羊一般地生活着，彼此互相傳染，既不變換他們的住處，也不想出一些使他們身心清爽的辦法。

爲了解救這場災難，並加給敵人一些煩擾起見，柏立克理斯準備了一百五十隻戰艦，上面裝載着大批久經戰陣的步兵和騎兵，這一百五十隻戰艦即將起航，雅典人民懷抱很大的勝利的希望，敵人則爲這支龐大的武力而深感驚恐。當各戰艦的全部人員都配置好了，柏立克理斯也已登上他那隻兵艦的時候，忽然發生日蝕，天昏地暗，大家深感驚恐，因爲那種情形被認爲是一種非常不祥的預兆。柏立克理斯看到那個舵手的驚惶不知所措的樣子，便拿起自己的斗篷，舉在他的面前，把他的眼睛蒙起來，然後問他是否受到了重大傷害，或者感覺到什麽可怕朕兆，舵手回答說沒有。於是他說，「那麽，那個現象和這個有什不同呢，除了造成那場晦暗的是一種比斗篷爲大的東西？」這是哲學家們向他們的學生講述的故事。可是，柏立克理斯在出航之後，似乎並未獲得與這些大規模的裝備相稱合的成就；當他圍攻聖城艾匹多拉斯（Epidaurus）的時候，最初本來頗有獲勝之望，後來却由於他的病，而未能實現他的計劃。疫病不僅侵襲了雅典人，而且使所有與這支軍隊接觸的人，都受感染。經過這次戰役之後，他發覺雅典人對他極爲怨憤，於是他竭力安撫他們，鼓勵他們。但是他無從緩和他們的憤慨之情，也不能改變他們的企圖，最後他們終於舉行投票，解除他的指揮權，並且處他一筆罰金；對於罰金的數目，大家的說法不一，有人說是十五泰倫——這是最低的數目，有人則認爲高達五十泰倫之多。至於這個案子的起訴者，按照艾都門尼亞斯（Idomeneus）的說法，是克里昂；按照提歐夫拉塔斯的說法，是西邁亞斯（Simmias）；按照麗塔斯的赫拉克萊狄的說法，是賴克雷泰達（Lacratidas）。

在這次事件之後，他在公共生活方面所受的困擾不久卽告消停，因爲人民已在那項處置之中發洩了他們的憤慨情緒，像螫人的蜂子一般，把毒刺揷進傷口，就算完事。但是他家庭方面的情形却很悲慘，他的許多朋友都已死於瘟疫，而他的家人很久以來就已對他發生誤會，存着反叛的念頭。因爲他的最大的嫡出的兒子詹底帕斯生性奢侈，娶了一個年青的揮霍無度的太太，就是艾匹賴喀斯（Epilycus）之子泰山德的女兒，柏立克理斯採取節約政策，只給他很微少的用費，而且分次發給，每次只發給他一個很少的數目，這種情形使他非常不滿。於是有一天，他派人到一個朋友那裏，用他父親的名義向那人借錢，僞稱是奉了柏立克理斯之命而借的。後來那人前來索債，柏立克理斯不但不肯歸還那筆錢，而且向法院提出控告。那個青年人詹底帕斯覺得他的父親對他太無情義，便公然對自己的父親加以詆毀；他首先以嘲笑的態度，講述柏立克理斯在家中的處事方式，以及他同那些詭辯家和學生們所做的談論的情形。例如，有一次，一個五項競技的運動員在投擲標槍的時候，不愼擊中了法舍利亞（Pharsalia）人艾匹提瑪斯（Epitimus），把他打死了，他的父親竟花費一整天的時間，同普洛塔戈拉斯（Protagoras）舉行嚴肅的爭辯，討論這項不幸事件的負責者，按照最嚴格最正確的道理說來，究竟應該是那個標槍，還是投擲標槍的人，還是安排那些遊戲的主持競技會的人們。此外，據斯提塞布羅塔說，把詹底帕斯的太太同柏立克理斯之間的醜聞傳播出去的，也正是他本人；這個青年人同他父親之間的爭執與不知，永遠沒有得到和解，直至他死時爲止。因爲詹底帕斯在瘟疫期間受到傳染而死了。柏立克理斯的姊妹，他的大部份親友，以及那些對於他處理政務最有幫助的人們，也都死於瘟疫時期。可是，這些不幸並沒有使他畏縮氣餒，也沒有使他背棄或抑低自己的崇高精神和偉大意向；他甚至不哭泣，不哀悼，不參加任何一位朋友或親屬的葬禮，直至他失去他唯一的僅存的嫡生子的時候爲止。雖然被這個打擊所壓服，他却還在竭力保持自己的作風，維持自己素常的寧靜態度和偉大精神，可是，當他把花環戴在死者的頭上時，那種情景終於使他悲不自勝，失聲號哭，眼淚滾滾不絕，這種行爲是他以前所從來不曾有過的。

雅典人民把其他的將軍們的作戰能力，和其他演說家們的行政能力做了一番考驗，結果發現沒有一個人具有足够的份量，可以負起這樣一個重大的責任，或具有足够的權威，可以被托付這樣偉大的指揮權，所以他們爲了失去柏立克理斯而深感懊悔，於是他們再度請他出來，負責領導軍事和政治事務。當時他在沮喪和憂傷的心情之中躭在家裏；但是阿爾西柏亞底和他的另一些朋友們勸服他出來和人民見面；人民看見他的時候，爲了過去對他的偏執態度而向他表示歉意，於是他再度主持政務，並被任命爲將軍，他首先要求廢止有關庶出子女的法律——這項法律從前是由他建議制訂的——以求他的姓氏和家族不致因爲缺乏合法的繼承人而告滅絕。這項法律的經過情形是這樣的：很多年前，正值柏立克理斯的政治生活處於鼎盛時期的時候，如我們在前文已經講過的，他有好幾個嫡生的兒子，並且建議制訂一項法律，只有父母兩系都是雅典人的人們才被認爲是眞正的雅典公民。後來，埃及國王送給雅典人四萬蒲式耳小麥，這項小麥是要分配給全體公民的，於是人們依據那項法律對許多人提出指控，說他們不是合法的雅典公民；而那些人的身份問題在以前却從未被人注意；其中有些人是受到了虛假的指控。結果，有將近五千人被判定沒有公民資格，而被賣爲奴隸；經過檢查合格維持公民身份，並被視爲眞正的雅典人的，共爲一萬四千零四十人。

這件事情似乎是很奇怪的：一項曾經對那麼多人嚴格施行的法律，現在竟被最初制訂的人所廢除；而且柏立克理斯在家庭生活方面所遭受的痛苦和不幸，竟能瓦解一切的反對，使雅典人民對他發生憫恤之情，認爲他的損失和不幸已使他爲了過去的傲慢不遜而受到足够的懲罰，他們認爲，他的不幸遭遇應該受到他們的同情，甚至應該引起他們的不平之鳴，以他的處境，他是可以提出那項要求的，人民應該准許；所以他們准許他把他的庶出子列入他的氏族名冊，並且以他的姓爲姓。這個兒子後來在阿根紐西（Arginusae）的海戰中擊敗了伯羅奔尼撒人，然後和其他的將軍們一同被人民處死。

就在他的兒子取得合法身份的時候，柏立克理斯似乎爲疫病所侵襲了，他的病情不像旁人那樣地發作得很厲害，而只是一種慢性的疾病，常有種種的變化，逐漸地耗損了他的體力，並且破壞了他的心靈的崇高能力。提歐夫拉塔斯在他的「道德論」裏面，曾有一篇文章討論人的品性是否隨着情勢而改變，以及人的道德習慣在受到身體疾病的困擾的時候，是否會背離美德的法則的問題，他會在那篇文章裏面記述柏立克理斯在患病的時候，曾經把婦女爲他戴在頸子上的一個護符指給一個探病的朋友看，提歐夫拉塔斯的意思是說，柏立克理斯那時一定已經病得很厲害了，不然不會屈從那種愚蠢的迷信。

當他臨終的時候，雅典的一些主要公民和他的殘存的朋友們坐在他的四周，大家在談說他的偉大的美德，他所享有的權威，並且在數出他的豐功偉蹟，和他所獲得的軍事勝利；在他充任總司令的時候，他曾爲雅典建立的戰勝紀念碑，共達九座之多。他們大家在談着這些事情，以爲他已經神志不清，不會聽到或理會他們所說的話。可是，實際上却是在聆聽着，而且把他們所說的每一句話都聽得很清楚，他大聲向他們說，他覺得很奇怪，爲什麽他們所稱讚和念念不忘的，都是他的一些因緣時會的成就，許多其他將軍們也有那樣的遭遇，而對於他的一項最卓越最偉大的事蹟，却無人提到，那就是，「沒有一個雅典人曾經爲了我的緣故，而爲他的親人服喪。」㊶

他的確是一個値得我們欽佩的人物，不僅爲了他在公務紛繁怨謗叢生之中所始終保持的那種公正而溫和的性情；而且爲了他的一種崇高的精神和感覺，那種崇高的精神和感覺使他認爲，他的最崇高的榮譽是，雖然他在行使那麽鉅大的權力，他却從來不曾爲嫉妬或憤怒的情緒所左右，也從來不曾把任何一個敵人視爲永難和解的對頭。我覺得，這種情形使他那個本來會被視爲荒謬虛誇的綽號具有一種恰當的含義；他在執掌國政期間所表現的那種心平氣和的性情，和那種純潔無疵的完整人格，對於那個「奧林匹亞之神」的稱呼，的確是可以當之無愧的，因爲在我們的心目中，那些天神或宇宙的主宰者們都是只會爲善，而不會做惡的。關於這一點，我們的想法和那些詩人是不同的，他們一方面以一些愚昧的想像來迷惑我們，一方面却使他們的故事充滿了矛盾，他們說天神居住之所是一個安全而寧靜的地方，沒有任何的危險和騷亂，風雨不會侵襲，烏雲不會籠罩，照耀在那裏的，永遠是一片溫和的晴朗和純淨的光輝62，好像只有這些情形，才最適合天神的身份；可是，在同時，他們却又宣稱那些天神充滿了煩惱、仇恨、憤怒、和其他的强烈情緒，而那些情緒，却是連稍具見識的人們都不會具有的。不過，這個問題似乎不宜在這裏討論，而應該留待他處再談。

柏立克理斯的死亡的影響，很快就在雅典公共事務的發展之中顯示出來，人民對他深爲懷念。甚至那些在他生前覺得他大權在握、使自己相形減色的人們，在他謝世之後，把其他的演說家和民衆領袖考驗一番，馬上便承認了，在需要嚴厲的時候，沒有人比柏立克理斯更有節制，在需要溫和的時候，沒有人比他更能維持自己的尊嚴。他的那種專斷的大權，過去他們都稱之爲君主和暴政，現在他們則認爲是公衆安全的主要保障了；因爲隨着他的去世，貪汚盛行，罪惡猖獗，而在他主政的時候，他會藉着適當的約束，使那些罪行沒有顯露出來，也沒有像後來這樣因爲環境的無法無天而走上一個無可救藥的高峯。

註解：

①指凱撒・奥古斯都（Caesar Augustus）。
②（444?–371 B.C.）希臘犬儒派哲學家。
③指馬其頓王費力浦。
④卽奥林匹亞（Olympia）。
⑤公元前五世紀之希臘雕刻家。
⑥朱諾爲邱比特之妻，司婚姻與婦女之神。
⑦公元前五世紀之希臘雕刻家。
⑧（563?–478），希臘抒情詩人。
⑨公元前七世紀之希臘抒情詩人。
⑩公元前六世紀末葉之雅典政治家。
⑪雅典的暴君，死於公元前五二七年。
⑫（520?–423? B.C.）希臘喜劇作家。
⑬原爲司天罰的女神。
⑭公元前五世紀之希臘喜劇作家。
⑮公元前五世紀之希臘伊里亞派哲學家。
⑯公元前三世紀之希臘懷疑派哲學家。

⑰古代小亞細亞之一城市。

⑱(500–482 B.C.) 希臘哲學家。

⑲(507–449 B.C.) 雅典政治家與將軍。

⑳(?–468 B.C.) 雅典政治家與將軍。

㉑(527?–460? B.C.) 雅典政治家與將軍。

㉒阿里奥佩葛斯爲雅典之一小山，最高法院所在地。

㉓見「共和國」。

㉔愛琴海上之一希臘島嶼。

㉕爲雅典之港口。

㉖小亞細亞西海岸外之一希臘島嶼。

㉗Archon（雅典之執政官）共有九名，如下：

1. Archon or Anchon eponymos 首席執政官
2. Archon basileus（=king archon）祭儀執政官
3. Archon polemarchos（=captain）軍事執政官
4.
5. } Archon thesmothetai.
6.

7.
8. } Archon thesmothetai.
9.

㉘地中海東部之一島。

㉙卽 Gallipoli，爲達達尼爾海峽與愛琴海之間的一個半島。

㉚西克拉底斯群島（Cyclades）中之一島。

㉛西克拉底斯群島中之一島。

㉜巴爾幹半島之一古國。

㉝息巴立斯爲以奢侈著稱之意大利南部的古城，曾於公元前五一〇年被毀滅。

㉞公元前五世紀之希臘畫家。

㉟亞底尼爲希臘神話中司智慧、學術、技藝、與戰爭之女神，亦爲雅典之守護神；卽羅馬神話中之 Minerva。

㊱公元五世紀之希臘建築家。

㊲雅典西北之一城市。

㊳伊路息斯的秘密祭，是古希臘的一種秘密宗教儀式，在每年春季爲 Demeter(沃壤與農業之女神)與Persephone（Demeter 之女）而舉行者。

㊴古希臘的銀幣。

㊵參看註⑪。

㊶赫勒斯龐特，卽達達尼爾海峽。

㊷卽黑海。

㊸約在公元前四四八年。

㊹古希臘之一地區，雅典屬之。

㊺雅典政治家與將軍，死於公元前三九五年。

㊻泰倫爲古希臘的一種大額金幣，約合美金一千二百元，其購買力比現代金錢大四、五倍。

㊼爲希臘神話中之 Lydia 女王。

㊽爲希臘神話中 Hercules 的第二個太太。

㊾爲邱比特之妻。

㊿(424?–401 B.C.) 波斯王子。

(51)(448?–380? B.C.) 希臘喜劇作家。這行詩見於他的劇本 Babylonians（此劇現已失傳）。

(52)原文 lettered 在此處爲雙關語，一個意義是「有學問的」，另一個意義爲「印有文字的」。

(53)其意爲：你的年紀這麼老了，不可多管閒事。

(54)爲希臘神話中 Mycenae 之王，在希臘與 Troy 之戰爭中擔任聯軍統帥。

(55)帖薩拉斯與 Thessaly（希臘東北部之地區）相近。

(56)伊留斯與 Eleusis（希臘阿提喀之一城市）相近。

(57)爲阿里斯多芬尼的短詩集。

(58)在希臘神話中，亞瑪孫族爲居於 Scythia 之剛勇女族。

(59)見赫米帕斯的詩集「命運」(Moirai)。此段引詩之第二節係根據 Bernadotte Perrin 譯本譯出。

(60)他的意思是說，他不曾枉殺一人；在率軍出征時，他也儘量在減少傷亡的原則下爭取勝利。

(61)參看荷馬的史詩「奧德賽」。

費比亞斯・麥克西瑪斯

柏立克理斯一生當中的値得紀念的事蹟，已於上篇講述完畢，現在我們來叙述費比阿斯(Fabius)的生平。他的父親是赫庫里斯，母親據說是一個山林的仙女，也有人說是一個本地的女子，在台伯河畔生下了他，就是那個人數衆多而聲名顯赫的費比亞斯家族的始祖。有些作家認爲，這個家族的最初的名稱叫作 Fodii，因爲它的最早期的份子們喜好挖掘陷穽，捕捉野獸，而直到現在，拉丁文中的 foder 仍是「挖掘」的意思，fossa 仍是「壕溝」的意思；後來，逐漸地改變了兩個字母，他們的姓氏就變成 Fobii 了。但是，這些事情究竟確實與否，姑置不論，至少有一件事情是千眞萬確的，那就是，這個家族曾經產生了許多偉大的人物。我們現在所講的費比亞斯，是第一個爲這個家族取得麥克西瑪斯(Maximus)這個光榮姓氏的費比阿斯・盧拉斯(Fabius Rullus)的第四輩後代，他有一個綽號，叫做 Verrucosus（爲「疣」的意思），因爲他的上唇長了一個疣子；在童年時期，他還有一個綽號，叫做「羔羊」(Ovicula)，因爲他的性情極端溫順。他講話緩慢，讀書很遲緩而費力，在與其他兒童遊戲的時候非常謹愼小心，與任何人相處，都極端謙遜柔順，好像自己毫無意志似的，這些性質使大多數對他沒有深切認識的人們，認爲他是一個愚蠢魯鈍的人；只有少數人看出他的這種緩慢乃是出自一種堅定的性格，並且覺察出他的胸襟宏廓，而性情剛勇如獅。但是，後來他一開始做事的時候，他的美德和長處馬上便發揮並且顯現出來；一般人都看清了，他過去看似缺乏精力，實際却是不爲强烈情緒所動；他言行的緩慢實際乃是眞實的審愼的結果；他的缺乏敏捷和迂緩少動，實際却是一種堅定有恒的性質。

他生活在一個偉大的國家裏面，强敵環伺，所以他認爲應該鍛鍊自己的身體(這是天賦的武器)；做各種軍事操練，並且訓練自己的口才，要能以一種與自己的生活與性情相符合的風格來說服人民。的確，他的雄辯並沒有迎合世俗的虛飾，也沒有空浮的技巧，但是其中却充滿了見識和智慧，堅强有力，富於警句，大有修昔狄底斯之風。他的一篇演說現仍存在，那就是他在人民面前爲他的兒子之死所做的一篇葬禮演說，那個兒子是在擔任執政官的時候去世的。

他曾經五度擔任執政官；在他的第一次執政官任內，他因戰勝里古利亞（Liguria）人而獲得凱旋的榮譽，他在一場强烈的戰爭中擊敗了里古利亞人，把他們驅到阿爾卑斯山中，以後便一直沒有再從那裏出來侵犯或刼掠鄰邦。後來漢尼拔（Hannibal）① 侵犯意大利，入境之後，就在特拉貝亞河（Trebia）附近打了一次大勝仗，然後乘勝穿越多斯加尼（Tuscany），蹂躪了那一帶的全部地區，使羅馬人極爲驚慌恐懼。當時出現了一些朕兆，有些是平平常常的現象，如打雷閃電之類，有些則是前所未聞的非常奇異的徵兆，更增加了人民的惶恐。據說，有些小圓盾向外出血；在安夏姆（Antium），當人們收割小麥的時候，許多穗子上面充滿了血；熾熱的火紅的石頭像雨一般地從天空降下；佛勒里(Falerii)人看見天空打開了，許多卷軸紛紛落下，其中的一個淸淸楚楚地寫着：「戰神親自揮動他的武器。」但是，這些驚人現象却對於執政官福雷敏尼亞斯(Flaminius)毫無影響，這個人生性急躁而暴烈，最近曾經違反元老院的命令和同僚們的忠告而同高盧人(Gaul)作戰，獲得了出乎預料的勝利，因而使他更加躍躍欲試。在另一方面，費比阿斯却認爲在那個時候不宜於同敵人作戰，並不是因爲他很重視那些驚人的現象，在他看起來，那些現象過於奇異，不易瞭解，雖然許多人都深感驚恐；而是因爲他發現迦太基軍隊人數甚少，金錢和補給都感缺乏，但是那支軍隊却曾身經百戰，其統帥又是一心只想作戰，在這種情形之下，他認爲最好不要同漢尼拔交戰，而應該對於各盟邦加以援助，對於所屬各城市的活動切實控制，讓漢尼拔的力量像燃燒旺盛的火焰一般，由於養料不繼而逐漸自消自滅。

可是，福雷敏尼亞斯並未被這些有力的理由說服，他宣稱他絕不容許敵人逼近羅馬城，也絕不能像凱米拉斯（Camillus）從前那樣，被迫爲了保護羅馬而在羅馬城垣之內作戰。於是他命令護民官們把軍隊召集起來；當他上馬出發的時候，剛一跳到馬的身上，那匹馬却沒有任何明顯的原因，而忽然驚懼戰慄起來，猛烈跳躍，把他頭朝下摔在地上；但是他的決心毫未動搖，仍然率領大軍前進，去和漢尼拔交戰，當時漢尼拔正屯軍斯雷塞門尼湖（Lake Thrasymene）附近。在兩軍交戰的時候，發生了一場大地震，許多城鎮被毁，河流改道，高崖斷落，可是雙方的戰鬪員交戰正酣，對於這場災難似乎渾然不覺。

在這場戰役之中，福雷敏尼亞斯在多次顯示他的堅强和勇武之後，終於戰死沙場，他的軍隊中的所有最勇敢的份子們也都死在他的四周；被敵軍殺死的羅馬官兵，共達一萬五千名，還有同樣的數目作了俘虜。漢尼拔因爲欽佩福雷敏尼亞斯的勇武，切望爲他舉行一場光榮的葬禮，很用心地尋覓他的遺體，但是在那些屍首之中遍尋不得，他的屍體的下落如何，始終不明。關於上次在特拉貝亞河畔的失敗，書寫戰訊的司令官和送信的使者都含糊其辭，只說勝負不分，雙方的損失差不多；但是這一次，行政官龐坡尼亞斯（Pomponius）一得到消息，馬上召集人民開會，對於事實的眞相毫不掩飾，明明白白地告訴他們說：「羅馬同胞們，我們在一場大戰之中打敗了；執政官福雷敏尼亞斯已經戰死了；大家想一想，爲了維護自己的安全，你們應該怎麽辦。」他這一番話，像一陣突起的暴風一般襲擊着面前的那片人海，使全城人民陷入慌亂之中：他們驚惶失措，已經不能從容而冷靜地思想和推理。眼前的危險終於喚醒他們的判斷力，促使他們做了一個決定，那就是，要選出一個獨裁執政者，這個獨裁執政者可以憑着他的職位的至高權威，和他個人的智慧與勇氣，妥善地掌理國務。他們一致選擇費比阿斯出任這項職務，因爲他的高尙品格和這項職務的偉大性質相稱合；他的年齡也正合適，已經獲得豐富的經驗，而尙未失去其充沛的精力；他的身體足以實施他的心智的計劃；他的性情則是信心與審愼的一個圓滿的混合物。

費比阿斯出任獨裁者之後，首先委派邁紐夏思（Lucius Minucius）作他的掌馬官；然後請求元老院准許他在打仗的時候可以騎馬，因爲按照羅馬人古時的法律，司令官是不准騎馬的，其原因，也許是因爲羅馬人要把他們的最大力量放在步兵上面，所以總司令應該和大家一起步行，也許是因爲，不論總司令的權柄是如何的大，人民和元老院仍然是他的上司，在這件事情上他還必須取得他們的許可。可是，費比亞斯爲了使他的職責的權威更能淸楚地被人民覺察得到，並且使人民對他更加溫順和服從起見，他在外出的時候總是有二十四名的一隊侍從官（lictor）②執着權標陪伴着；當那位殘存的執政官前來會晤他的時候，他首先派人傳話，要那位執政官摒除自己的侍從官和權標③，以私人的身份和他相見。

他獨裁執政後所做的第一件重大的事情，是一項很得體的宗教性的措施：他曉諭人民說，他們最近所遭遇的慘敗，並非由於他們的士兵缺乏勇氣，而是由於他們的司令官過於忽視宗教儀式。因此他勸告他們不必恐懼敵人，而要以非常的尊敬邀寵於神明。他之所以這樣做，並不是使他們的心靈當中充滿迷信，而是要藉着虔誠的信仰來提高他們的勇氣，藉着激發起他們的信心，相信天神和他們站在一邊，來減少他們對於敵人的恐懼。爲了這個目的，他並且飭人查閱那些被稱爲「神諭集」（Sibylline Books）④的隱秘的預言；結果發現其中的各種預測和當時的景況與事態完全符合；但是他並未把這件事情向人民宣佈。這位獨裁執政者在全體人民面前發誓，要把全意大利的所有高山與平原上的下一季的全部的母牛、山羊、猪、和綿羊的出產，都獻祭天神；並且要爲天神舉行音樂祝典，這些祝典所花的費用必須恰好是三百三十三塞斯特夏姆（sestertium）⑤，再加上三百三十三迪奈里亞斯（denarius）⑥，再加上三分之一迪奈里亞斯。這個數目，折合我們希臘錢，就是八萬三千五百八十三德拉克馬⑦零二歐布爾（obol）⑧。這個數目的神秘何在，很難斷定，也許是爲了表揚「三」這個數目的完美，因爲「三」是第一個奇數，第一個表示涵量的數字，而其他數字所有的性質，則完全具備。

費比亞斯就這樣地藉着使人民相信衆神祖護他們，因而對於將來更爲樂觀；但是在另一方面，他却把全部的信心都放在自己的身上，因爲他的相信，誰有勇氣和智慧，天神就把勝利和好運贈給誰；他做了這樣的準備之後，便出去對抗漢尼拔，他的目的不是要同對方交戰，而是想藉着時間的拖延，來耗損消磨漢尼拔的武力，因爲他的資源豐裕，而對方的給養缺乏，他的兵員衆多，而敵軍的人數有限。因此，他總是在最高的地方紮營，使敵人的騎兵無法前來。可是他始終與敵人並進；當他們行軍的時候，他就隨着行軍；當他們紮營的時候，他就隨着紮營，但總是維持着一個不致被迫交戰的距離，而且總是在山上紮營，免得被敵騎侵襲；藉着這些方法，他使敵人不得休息，而且經常處於驚恐之中。

但是他的這種拖延辦法，在自己的陣營裏面引起一種猜疑，大家都以爲他沒有勇氣；至於敵人方面，更認爲他是一個不足道的將領。不持着這種想法的，只有漢尼拔一人，他沒有被費比亞斯所騙，他察明了他的巧妙主意，認清了他的戰略，他認爲，必須運用一切的方法和力量，促使費比亞斯交戰，不然的話，迦太基人既不能運用他們的居於優勢的武器，又要不斷地損耗他們的居於劣勢的兵員和財力，最後必將失敗。所以，他决心運用一切的巧妙戰術，來打破費比亞斯的計劃，迫使他動手交戰，好像一個熟練的角力者一般，在注意着每一個可能的機會，要把對方抓住，同他搏鬪。他有時直接進攻，有時設法轉移費比亞斯的注意力，有時把他引向各種不同的方向，企圖用一均可能的方法來誘使他放棄他的安全政策。所有這些計謀，雖然對於這位獨裁執政者的堅定的判斷和信心毫無影響，可是對於普通士兵，甚至對於他的那位掌馬官，却發生了極大的作用：邁紐夏思爲人過份大胆而自信，急於想在這不適當的時機作戰，他逢迎士兵們的意向，設法使他們充滿了狂妄的熱衷和空虛的希望，然後他們便把那些情緒發洩在對於費比亞斯的譴責之中，稱他爲漢尼拔的奴僕，因爲他只是跟着漢尼拔各處走動，隨侍左右，除此之外，什麼事情也不做。同時他們稱頌邁紐夏思是唯一的配統率羅馬軍隊的人；於是邁紐夏思變爲非常傲慢自負，竟對於費比亞斯在山上紮營的行爲加以侮慢的嘲笑，他說那位獨裁執政者坐在那裏，宛如坐在戲院裏面，觀賞着自己國家的烽火遍地和廬舍爲墟的景象。邁紐夏思有時會向這位司令官的朋友們詢問，他總是這樣地把他們從這山領到那山，目的是否是最後想把他們領到天上(因爲在人間已經沒有希望了)，或者想把他們藏在雲端，使漢尼拔的軍隊找不到？當費比亞斯的朋們把這些話告訴他，並且勸他同敵軍交戰，藉以解消大家的怨謗的時候，他回答說：「如果我爲了恐懼無聊的譴責而放棄自己的信念，我便成爲一個比他們所認爲的更加懦怯的人。一個人爲了我們國家的安全而心懷恐懼，並不可恥，但是他如果爲了旁人的意見、責備、和顚倒黑白而背離自己的方針，那就表明他不配擔當這樣一個重大的職責，因爲如果那樣做的話，他便是受了那些人的支配，而實際上他的任務却是要來管制那些人，不容他們做錯事的。」

不久之後，漢尼拔有了一次嚴重的失錯。爲了使他的馬匹能在一個良好的草原地區得到適宜的飲食和休息，並且把軍隊撤開若干距離起見，他命令本地的嚮導們引導他前往卡西納姆（Casinum）地區。但是那些嚮導們聽錯了他那不正確的發音，把他和他的軍隊領到位於坎佩尼亞（Campania）邊界的卡西利納姆（Casilnum）城，這個地區被羅斯龍納斯河（Lothronus）——羅馬人稱之爲瓦爾特納斯河（Vulturnus）——劃分爲兩個部分。這一帶地方四周被羣山環繞，只有一片谿谷通往海濱，在那片谿谷上面，汎濫的河水造成一片沼澤，周圍是高高的沙岸，那條河便從那個很危險而崎嶇的海岸流入海中。當漢尼拔向那裏前進的時候，費比亞斯因爲熟悉路徑，便繞道走在他的前面，派遣四千名精兵佔據出口，把他堵閉在裏面，並且把其餘的羅馬軍隊屯駐在鄰近的一些山上，都處在極其有利的地位；同時又派遣一支最輕捷的部隊去襲擊漢尼拔的後陣；這支部隊的出擊非常成功，斬殺敵人八百名，並使他們全軍陷於混亂。漢尼拔這時才發現走錯了路，並且明白了處境的危險，馬上把那些嚮導釘死在十字架上；他想撤退，但是敵人處在非常有利的地勢，他覺得沒有突破重圍的希望；而他的士兵們已經開始沮喪恐懼，覺得自己已經被重重的難關所包圍，無法加以克服。

處於這種窘境的漢尼拔，決定使用一種詭計；他下令把軍營裏的兩千頭牡牛動員起來，在它們的角上綁上火把或乾柴把，到黑夜來臨的時候，一等命令發出，便要把那些火把都點燃起來，然後驅使牡牛朝着那些俯瞰谿谷出路和敵軍哨崗的高地前進；當這些事情都按照預定計劃一一做出之後，他便率領軍隊在黑暗之中很悠閒地隨在那些牡牛的後面行進。那些牡牛最初是以緩慢而有秩序的步伐前進着，頭上點着火把，看起來像是一支在黑夜中行進的大軍，山上的牧人們看了甚爲驚訝。但是當火焰把牛角燒完，開始燒到皮肉的時候，牡牛便不再能維持正常的步伐，劇烈的疼痛使牠們變爲狂野而難於控制，於是四處奔散，摔動着頭，互相把火抖落到其他牡牛的身上，所過之處，樹木也都被點燃起來。在高地警戒的羅馬軍隊，看到這個景象，當然大吃一驚。他們看見那些火焰，好像是由行進的人們手中所持的火把發出的，所以深感驚惶，以爲敵軍已從各方逼近，就要把他們包圍起來了；於是他們離開崗位，放棄了那個隘口，倉皇地退到山上的大營。他們剛一走，漢尼拔的輕裝部隊馬上按照他的命令前來佔據那些高地，不久之後，他的全部軍隊和輜重也都到達，從隘口安全地通過了。

費比亞斯在黑夜沒有過去之前，就很快地發覺了漢尼拔的詭計，因爲有些牲牛落入了他的手中；但是因爲恐怕敵人在黑暗中有埋伏，所以他按兵未動，却整夜處於警戒狀態，做隨時出戰的準備。一到天明，他馬上去攻擊敵人的背後，雙方在崎嶇的地形上面做了許多小接觸，費比亞斯本來可以把混亂的局面延展到全部敵軍，但是漢尼拔從前鋒調回一隊西班牙兵，他們都很靈活敏捷，而且善於爬山。這隊西班牙兵很輕快地襲擊穿着重甲胄的羅馬軍隊，殺死許多人，使費比亞斯被迫折回。這樣一來，費比亞斯更爲人們所極度輕蔑和詬罵；他們說，現在事情很明白了，這位獨裁執政者不僅如他們以前所認爲的，在勇氣方面不如他的對手，就是在他預計能夠藉以結束戰爭的領導、遠見、和將才方面，也輸於對方。

漢尼拔爲了增强羅馬人對費比亞斯的憤慨情緒，更揮師來到費比亞斯的田產附近，他下令把周圍地區的一切產業都予焚燬，而對這位羅馬總司令的財產，却不許損毀分毫，而且還派兵保衞那些田產的安全。這件事情傳到羅馬的時候，發生了漢尼拔所希望的效果。那些護民官對費比亞斯做了無數的指控，主要是受了麥提留斯（Metilieus）的鼓動，而麥提留斯之所以鼓動這件事情，並不是因爲他憎恨費比亞斯，而是因爲他是邁紐夏思的親戚，他認爲壓低前者，就可以抬高後者。元老院也爲費比亞斯同漢尼拔所訂的交換俘虜的辦法所觸怒；他們所訂的交換俘虜的條件是，先以一個換一個，餘剩下來的每一名俘虜要用二百五十德拉克馬來贖。在一個對一個交換完畢之後，漢尼拔手裏還有二百四十名羅馬俘虜，元老院不但拒絕支付那些贖金，而且譴責費比亞斯，認爲他簽訂的那項換俘協定，是違背國家的榮譽和利益的，因爲他所要用金錢贖回的，乃是那些爲了自己的懦怯才落入敵人之手的人們。費比亞斯聽到了這個消息，處之以一種無法征服的忍耐態度；他自己沒有錢，又決心履行對漢尼拔的諾言，不放棄那些俘虜，於是他派遣他的兒子回羅馬去，賣掉田地，把所得的價款帶回來，以便贖取俘虜；他的兒子準時辦完這件事情，費比亞斯把俘虜都從漢尼拔的手中贖回來了，其中許多人後來都想把贖金償還費比亞斯，但是一律被他拒絕。

在這件事情過去之後，他被祭司們召返羅馬，依照他的職務的規定去協助辦理某些獻祭的事情，因此不得不把軍隊的指揮權託付給邁紐夏思；但是他在動身之前，不僅委託邁紐夏思作總司令，而且要求他在他離去的期間，不要同漢尼拔交戰。但是邁紐夏思對於他的那些命令、請求和忠告置若罔聞，他剛一走，這位新總司令馬上就尋找機會進攻敵人。有一天，邁紐夏思得到情報，知道漢尼拔把大部分軍隊都派遣在外，到各處刼掠去了，他便去進攻留守的一支部隊，結果大奏膚功，把他們趕回營地，使其餘的部隊也大感驚恐，因爲他們恐怕羅馬人衝進大營；當漢尼拔把他的散在各處的部隊召回大營的時候，邁紐夏思便安全地撤退了，毫無任何損失，這項成功增加了他的自負和傲慢，並使士兵們充滿了一種輕狂的自信。這個消息傳到羅馬，費比亞斯聽到之後，便說他所最怕的事情就是邁紐夏思獲得成功；但是人民們却都在興高采烈之中，跑到公會所去聽護民官麥提留斯的演說；麥提留斯在他的演說之中，對邁紐夏思的勇敢大加讚揚，對費比亞斯則做苛刻的指責，說他不僅缺乏勇氣，而且對於國家不忠；除了費比亞斯之外，他還對其他的重要人物加以攻擊；他說他們把迦太基人引進意大利來，企圖毀滅人民的自由；爲了那個目的，他們會把至高的權柄付諸一人之手，使那個人可以藉着緩慢和拖延，讓漢尼拔有餘暇在意大利鞏固自己的地位，並使迦太基人民有時間和機會，來對他增援，使他得以完成征服的計劃。

然後費比亞斯走到前面發言，他並不答覆那位護民官的指責，而只要求他們儘速辦完獻祭的事情，以便他可以趕快回到軍中，懲辦邁紐夏思，因爲他竟胆敢違反他的命令，同敵軍交戰；這番話使人民認爲邁紐夏思有生命危險。因爲一位獨裁執政者有權不必經過審訊就把人監禁起來或處死，他們以爲費比亞斯的脾氣溫和，不輕易動怒，現在一旦發作起來，恐怕很難安撫。所以誰也不敢提出反對的意見；只有麥提留斯，因爲他身爲護民官，具有一種保障，願意說什麽就可以說什麽（在獨裁執政的期間，只有這個官職的權力未被剝奪），他大膽地爲邁紐夏思向人民請命；他要求人民不要讓邁紐夏思成爲費比亞斯的仇恨的犧牲品，也不要讓他遭遇曼留斯·托凱塔斯（Manlius Torquatus）的兒子的下場（那個兒子因爲違命作戰，雖然大勝，仍被他的父親斬首），被費比亞斯處死；他籲請人民免除費比亞斯的獨裁執政者的大權，而把那項大權托付給一個更適當的人，更有能力而且願意爲了公衆的利益而運用那項權利的人。這些意見使人民大爲信服，雖然還不能促使他們完全剝奪費比亞斯的獨裁大權。他們通過邁紐夏思應該和那位獨裁執政者具有同等的權力，來指揮軍隊作戰；這種辦法在當時是沒有前例的，雖然過了不久，在坎內（Cannae）⑨的失敗之後，再度實行這個辦法；當時獨裁執政者瑪卡斯·朱尼亞斯（Marcus Junius）正在軍中，人民便在羅馬選出費比亞斯·布提奧（Fabius Buteo）爲第二獨裁執政者，爲的是可以由他經手產生新的元老院議員，來補充許多死於戰爭的議員們的空缺。但是，當他一旦就任並且補足元老院的空缺之後，馬上便解散他的侍從官員，也不用任何其人員陪伴或護衛，像平民一樣地和其他人民混在一起，很安詳地在公會所各處走動，處理他自己的事務。

費比亞斯的敵人們既已賦給邁紐夏思和他同等的權力，便認爲已經對他做了足够的貶抑，使他無所作爲；但是他們這種想法是錯估了他的性格；因爲他認爲他們的愚蠢並沒有造成他的損失，他和戴奧幾尼斯（Diogenes）⑩持着同樣的態度；當有人告訴戴奧幾尼斯說某些人在嘲笑他的時候，他回答說，「但是我並沒有被嘲笑」，他的意思是說，只有那些侮辱對之發生作用的人們，才確實受到了侮辱；費比亞斯的態度非常鎮靜，毫不介意，對於所發生的一切逆來順受，爲哲學家們的這項論點提供一個明證：一個眞正公正而有品德的人是不會被人汚辱的。他唯一的煩惱，是擔心這個壞主意會給與邁紐夏思一個機會，去發揮他那種病態的軍事野心，因而損害了公衆的利益。因爲恐怕邁紐夏思的輕舉妄動馬上會招致一些災禍，他極端秘密而迅速地返回軍中；到了那裏之後，他發現邁紐夏思爲了這項新的尊榮而非常趾高氣揚，共同指揮還不能使他滿足，他竟要求由兩人輪流執掌兵權，每人負責一天，互相交替。費比亞斯拒絕了這項要求，但是同意把軍隊分爲兩部分；他認爲由一個司令官單獨全權統率一半軍隊，要比輪流統率全部軍隊爲佳。於是他把第一和第四軍團劃歸自己統率，第二和第三軍團則交給邁紐夏思指揮；一切輔助的軍隊也由兩人平分。

邁紐夏思非常得意，不禁大肆誇耀，因爲他竟能把獨裁執政者的大權加以貶抑；費比亞斯却溫和地提醒他說，如果他是智慧的話，他應該知道他的鬬爭對象是漢尼拔，而非費比亞斯；如果他一定要和他的同事競爭，應該在爲國服務的勸勉與用心方面競爭，免得將來人民會說，一個爲人民所特別厚愛的人，對於他們的服務，還不如那個被他們所薄待和貶抑的人。

這位年青的司令官認爲費比亞斯的這番評言不過是老年人的矯飾之辭，他馬上率領他的一支軍隊離去，另外單獨紮營。漢尼拔對於這些經過情形都知道了，他正在注意觀察，等待有利的時機。在他的軍隊和邁紐夏思的軍隊之間有一座山丘，似乎是一個很有利的紮營處所，而且不難佔領；從遠處看起來，那座山丘四周的平原十分平坦，實際上却有一些小的壕溝和窪坑，是眼睛所看不見的。漢尼拔如果願意的話，本來可以很容易地把那座山丘佔領；但是他一直把它留在那裏，當作一個誘餌，預備在適當的時機，引誘羅馬軍隊作戰。現在邁紐夏思和費比亞斯既已分開，他認爲有利的時機已經來到；於是他首先在夜間派遣相當數目的軍隊分佈在那些壕溝和窪坑裏面，到拂曉的時候，却派出一小批軍隊，在邁紐夏思可以看見的情形之下，去佔領了那片高地。果然不出他的所料，邁紐夏思中了他的計，首先派出一些輕裝部隊，然後又派出一些騎兵，要來擊退敵軍；最後，當他看到漢尼拔親自出陣支援的時候，他便率領全軍列陣來到那片平原。他同山丘上的敵軍交戰，遭受敵軍飛箭的襲擊；最初這場戰鬪是勢均力敵的；但是當漢尼拔看到邁紐夏思的全軍都已落入他所佈置的陷穽，而且他們的後背已經面對着埋伏在壕溝和窪坑裏面的軍隊的時候，他便發出了號令；號令一經發出，埋伏的部隊便從各處衝出，喊聲震天地從後背攻擊邁紐夏思的軍隊。邁紐夏思的軍隊遭受這場奇襲，死亡甚衆，全軍陷於驚惶和混亂之中。邁紐夏思本人也完全失去了信心；他一個一個地看着屬下的軍官們，發現大家都沒有決心作戰到底，只想脫逃，而脫逃的目的也不能安全地達到。因爲紐米底亞（Numidia）⑪的騎兵已經大獲全勝，縱橫馳騁在這片平原之上，到處殺死逃亡的士兵。

羅馬軍隊所遭遇的這場危險，費比亞斯都知道了；他根據邁紐夏思的輕率鹵莽和漢尼拔的詭計多端，已經預料到會發生什麽事情；所以他使他的軍隊處於備戰狀態，準備應付隨事可能發生的變故；他也不信賴旁人的報告，而親自在軍營前面觀察事態的發展。當他看見邁紐夏思的軍隊已被敵軍團團圍住，並且從他們的驚惶失據的情形看出他們打算脫逃而不想抵抗的時候，他用手拍一下大腿，大大地嘆了一口氣，對左右的人說，「啊，赫庫里斯！邁紐夏思終於毀滅了自己，這種事情的發生，怎麽竟比我所預料者早得那麽多，雖然以他的輕率鹵莽，現在才發生這種事情，已經算是很遲了！」然後他下令由軍旗前導，大軍立卽隨着出發，他對他們說，「我們必須趕快去援救邁紐夏思，他是一個勇敢的人，和一個愛國者；如果他因爲太急於對敵交戰而致陷入錯誤的話，我們以後再規勸他。」於是費比亞斯率領着他的軍隊，去和敵軍交戰，首先把平原上的紐米底亞騎兵掃蕩淨盡；然後去攻擊那些從後背襲擊羅馬軍隊的敵軍，對於所有的抵抗者一律斬殺，吩咐其餘的敵軍趕快逃命，不然就要像以前的羅馬軍隊一樣地被包圍起來。漢尼拔看到戰局發生如此突然的變化，而費比亞斯又以超過他的年齡的精力，從行伍中間沿着山坡奪路前進，要去和邁紐夏思會合，他便很小心地克制自己，下令退却，率領軍隊回營；而羅馬人也很高興這樣，因爲他們可以藉此安全地撤退。據說，當費比亞斯撤退的時候，漢尼拔以玩笑的口吻對他的朋友們說，「我不是對你們說過，這片一直籠罩在那些山上的烏雲，遲早要變成一場狂風暴雨來襲擊我們嗎？」

費比亞斯在他的部下把戰利品檢取完畢之後，便回到自己的軍營，他沒有對他的那位同僚講出任何嚴苛或責備的話；那位同僚則把自己的軍隊召集在一起，對他們說，「做事而從來不犯任何錯誤，這是人力所做不到的；但是領受錯誤的教訓而謀求改進，乃是一個有品德的明達的人的本分。也許我會有些理由要抱怨運氣，但是我有更多的理由要感謝她；因爲她在短短的幾小時內糾正了我的一項長期的錯誤，給了我一個教訓，使我明白我不是應該指揮旁人的人，而需要有一個人來指揮我；有些個人，只有屈從他們，才會對於自己有利，我們不應該同這樣的人們爭勝。因此，從今以後，在所有其他方面，都要由獨裁執政者來作你們的司令官；只有在對他表示感激這件事情上，我仍然要作你們的領導者，我將永遠是第一個遵從他的命令的人。」說完這些話之後，他下令由羅馬麾旗⑫前導，全體軍隊隨着他前往費比亞斯的軍營。當他走進去的時候，士兵們都爲這新奇的景象而愕然，不知道他的來意是什麽。他走進了獨裁執政者的帳篷，費比亞斯出來迎接他，於是他馬上把他的軍旗呈獻給費比亞斯，高聲稱他爲父親；他的士兵們也向費比亞斯的士兵們致意，稱他們爲「恩人」——這是自由民對於給與他們自由的人們的稱呼。等到大家安靜下來之後，邁紐夏思說：「獨裁執政者，你今天已經贏得了兩個勝利；一個是憑着你的勇敢和領導才能而得到的對漢尼拔的勝利，另一個是憑着你的智慧和善良而獲得的對於你的同事的勝利；由於前一個勝利，你保全了我們的生命，由於後一個勝利，你給與我們一個很好的教訓；我們已經從漢尼拔那裡遭受一場可恥的失敗，但是你所加給我們的失敗，却是我們所歡迎的，因爲它恢復了我們的榮譽和安全。我稱你爲仁慈的父親，因爲我想不出另外一個更高尙的稱呼，而且即使一個父親的恩惠，也比不上我從你那裏所受到的。我的父親給與我個人的生命，但是你不僅保全了我自己的生命，而且保全了我全體部下的生命。」說完這些話之後，他投入了這位獨裁執政者的懷抱；雙方的士兵們也同樣地互相擁抱，歡欣鼓舞，流出快樂的眼淚。

不久之後，費比亞斯放棄了他的獨裁執政的職位，執政官們又重新被推選出來，主持國政。第一批執政官們仍然遵守着費比亞斯的作戰方略，避免和漢尼拔正式交戰；他們只是對於盟邦加以援助，不使那些城市倒向敵人那邊。但是，到了後來，當那個出身微賤、但是很鹵莽大胆而且深受人民歡迎的泰倫夏思·瓦羅（Terentius Varo）出任執政官的時候，顯然他將藉着他的輕率鹵莽和愚昧無知而把整個國家的命運孤注一擲。因爲他總在人民大會中發表演說，宣稱只要羅馬繼續用費比亞斯那樣的指揮官，戰爭便永遠不會結束；他大言不慚地說，只要他能和敵軍碰頭，他當天就可以把他們完全清除。他憑着這些諾言的號召，竟能建立起一支大軍，其人數之衆多，超過羅馬以前所曾派遣出去的任何一支軍隊。他一共徵集了八萬八千名軍隊；但是這件使人民發生信心的事情，却使那些明智而老練的人們——尤其是費比亞斯——深感驚恐；因爲他們認爲如果這樣的一支大軍——也就是羅馬青年的精英——都喪生戰場，將沒有後繼的人力來保護羅馬。於是他們去同另一位執政官艾米里亞斯·包拉斯(Aemilius Paulus)商談，這個人很富有作戰經驗，但是不爲人民所喜愛，對於人民懷着恐懼的心理，因爲他從前曾以某種罪名而被人民懲辦過；所以現在如果想使他出頭來對抗他的同事的鹵莽孟浪，必須對他加以激勵。費比亞斯告訴他說，如果他想對自己國家做有益的貢獻，他不僅要對抗漢尼拔的機靈的尋釁，而且要對抗瓦羅的愚昧的求戰，因爲二者殊途同歸，都是想以一場戰爭來決定羅馬的命運。費比亞斯對他說，「在有關漢尼拔的事情上，你應該聽信我，而不要聽信瓦羅；現在我鄭重地告訴你，如果在今年沒有人和他作戰，不是他的軍隊自己滅亡，就是由他主動地牵軍離去。因爲即使在現在，雖然他已經獲得勝利，意大利的城市和國家沒有一個投到他那一邊去，而他的軍隊現在所剩下來的已經不到最初的三分之一。」據說包拉斯在聽到這些話之後，回答他說，「如果我僅爲自己着想，我寧願遭受漢尼拔的武器的襲擊，而不願再度面臨一次同胞們的公民投票，那些公民都在急切地要求你所不贊成的事情；可是，既然這件事情關係着羅馬的生死存亡，我對於戰事的指揮，將完全遵照你的意思，而不顧所有其餘的人們如何反對。」

但是，包拉斯的這個好主意却由於瓦羅的堅持己見而無法實施；當他們兩人都到軍隊裏面的時候，瓦羅堅持要求輪流執掌兵權，每位執政官負責一天；輪到他負責的時候，他把軍隊屯駐在漢尼拔附近，在奧費達斯（Aufidus）附近的一個叫做坎內的村莊。天剛一亮，他就把一件深紅色外衣懸在他的帳篷上面，那是作戰的信號。這個舉動使迦太基人甚感驚愕，因爲他們發現這位羅馬執政官非常勇敢，而他的軍隊人數又非常衆多，有迦太基軍隊的兩倍；但是漢尼拔命令他的部下武裝備戰，他自己則帶着少數人員，騎馬前往附近的一塊高地上面，去觀察正在排列戰陣的敵軍隊伍。他的隨行人員之中有一個名字叫做吉斯科（Gisco）的人，是一個和他具有同學官階的迦太基人，這個人對他說，敵人數目的衆多，眞是令人吃驚；漢尼拔帶着嚴肅的面容回答他說，「吉斯科，還有一件更令人吃驚的事情，是你沒有注意到的；」吉斯科問他是什麼事情，他回答說，「在我們面前這批人數衆多的敵軍之中，沒有一個人叫做吉斯科。」這位司令官所講的出人意料的笑話使所有在場的人爲之大笑，當他們從山上走下的時候，他們把這個笑話講給他們所遇見的人們，又引起一陣大笑，因此他們在歸途上一路都是在笑聲中度過的。漢尼拔的軍隊看見他和隨員們視察敵陣歸來，一路都在那樣大笑不已，因而判斷一定是因爲對敵軍的情形非常輕蔑，才使他們的司令官在此刻發生這樣歡樂的心情。

漢尼拔按照他的一貫作風，使用了一個雙重的巧計。第一，他在排列陣式的時候，使他的軍隊處在順風的方向，當時的風勢十分猛烈，掠過那一片片的沙漠平原，在迦太基軍隊的頭上揚起一大陣沙塵，直向羅馬軍隊的臉上撲去，使他們在作戰的時候大受困擾。第二，他把所有最優秀的士兵都安置在兩翼，而把那些最不好的最弱的安置在比較突出的中央部份。他命令兩翼的軍隊說，當敵人大舉進攻中央的突出部隊的時候，他們一定支持不住而後退，敵軍一定向前追擊，而深入到兩翼的範圍之內，在這時候，他們應該從左右兩方攻擊敵人的側面，把他們包圍起來。這個佈置似乎是造成羅馬軍隊失敗的主因。漢尼拔的正面部隊在羅馬軍隊的突擊之下，向後撤退，於是漢尼拔軍隊的陣線變成爲一個新月的形狀，兩翼的精兵的指揮官們得到充分的機會，從左右兩方向羅馬軍隊的側面攻擊，然後在羅馬軍隊的後方會師，並且把所有那些未能及時逃掉的羅馬軍隊，悉數殲滅。據說，羅馬騎兵所犯的一個奇異的錯誤，也是促成這場慘敗的一個重要原因。因爲包拉斯的馬受了傷，把他摔下去了，這位執政官左右的人們都立刻下馬來協助他；羅馬騎兵看見他們的指揮官們都下了馬，認爲他們已經發出號令，要他們全體都下馬，徒步進攻敵軍。漢尼拔看見這種情形，說出了這句語，「這比他們都被綁起手脚交付到我的手中更使我高興。」關於這場戰役的細節，讀者可以去參閱那些敘述詳盡的戰史。

執政官瓦羅率領少數官兵逃往維紐細亞(Venusia)；艾米里亞斯·包拉斯陷身於本軍驚惶奔逃和敵軍追擊的浪潮之中，身上佈滿創傷，心靈也痛苦不堪，他坐在一塊石頭上面，只等待敵人來結束他的生命。他的臉已經破相，混身是血，連他的朋友和僕從們從他身旁走過的時候，都認不出他。最後，一個出身貴族門第的青年考內留斯·列圖拉斯(Cornelius Lentulus)看出了他是誰，便從馬上跳下來，把他的馬讓給包拉斯，請他騎馬離去，保全他那爲國家的安全所必需的生命，因爲在這樣危急的時候，國家尤其特別需要像他那樣的偉大司令官。但是他無論如何不肯接受這番好意；他熱淚盈眶地要那個青年重新騎上自己的馬；然後他站起身來，握着那個青年的手，吩咐他去告訴費比亞斯·麥克西瑪斯說，艾米里亞斯、包拉斯已經遵從他的指示，直到最後一刻，他完全不會違背他們二人所商定的那些辦法；但是他的命運不濟，結果一則受制於瓦羅，再則戰敗於漢尼拔。他以這項任務託付列圖拉斯並且把他遣走之後，他仰望着殺戮最激烈的那塊地方，然後到那裏去投身於敵人的刀鋒之上。在這次戰役之中，據說有五萬羅馬人被殺死，四千人在戰場被俘，一萬人在兩個執政官的軍營裏面被俘。

漢尼拔的朋友們很誠懇地勸他乘勝追擊，跟隨逃亡的羅馬軍隊進羅馬城，他們向他保證後，五天之內他就可以在邱比特的神殿吃晚飯；究竟是什麼考慮促使漢尼拔沒有那樣做，很難想像。似乎有一種超自然的或神的力量出頭干預，促使他那樣猶豫躊躇；一個名叫巴卡斯（Barcas）的迦太基人曾經憤然對他說：「漢尼拔，你曉得如何贏得勝利，但是你不曉得如何利用它。」可是這場勝利爲漢尼拔的處境帶來了非常大的變化；在以前，他沒有一個城市，沒有一個市場，沒有一個海港，他沒有辦法維持他的軍隊的給養，只有每天四處刼掠，他沒有退身之所，也沒有作戰基地，只有率領部下各處遊蕩，像是一大羣强盜一般，現在呢，羅馬的一些最好的省份和城市，包括加普亞（Capua）——這是一個僅次於羅馬的最繁榮而富庶的城市——在內，全都歸順了他，受他的節制。

幼里披底斯曾經說過，「如果一個人必須對一個朋友加以考驗，他的情形一定很糟糕，」同樣地，如果一個國家缺乏一位能幹的司令官，它的情形也不會好。羅馬人的情形正是如此；在這次戰爭之前，他們把費比亞斯的主張和行爲視爲懦怯畏葸，現在他們却走上另外一個極端，認爲那些主張和行爲都是超人的智慧；好像只有神的智力才能看得那麼遠，才能做出那些與其他一切人的判斷完全相反的預測，而他所預測的結果，連那些曾經身歷其境的人們幾乎都不敢置信。因此，他們把他們的全部的殘餘的希望都寄託在他的身上；他們把他的智慧視爲聖壇和神殿，大家都到那裏去尋求庇護；由於他的明智的主張，他們才得以不必像高盧人佔據羅馬時那樣地紛紛逃離這個城市。從前在他們自認爲是處於順境的時候，他們曾經認爲他懦怯胆小，現在在這個紛紜擾擾無人不垂頭喪氣的時期，却只有他一個人沒有表現出任何恐懼，仍然以穩重的步伐，帶着鎮靜的神態，在大街上各處走動，同公民們談話，勸阻婦女們的哀哭，並且阻止那些想公開發洩悲憤之情的人們舉行集會。他勸使元老院開會，他激勵那些官員們，他實際上已成爲一切職務的推動力量。

他在各城門設置衞兵，阻止驚恐的羣衆逃離羅馬；他對於公民們哀悼死亡親友的時間和場所，都加以限制；他命令大家都在自己的家裏舉行哀悼的儀式，爲期不得超過三十天，這樣一來，到了三十天之後，全城便可以沒有哀悼的儀式了。當時農業女神節卽將來臨，他下令停止舉行祭典，因爲惟恐參加祭典的人數太少，大家又都是愁眉苦臉，會更加使人民覺得自己所遭受的災禍的重大；而且，要獻祭的人們心情都很高興，神才會樂於接受他們的崇拜。但是那些懇求天神息怒並且尋求吉兆的儀式，仍然在占卜官們的指導之下，愼重地舉行了。麥克西瑪斯的近親費比亞斯・皮克多（Fubius Pictor）被派遣前往德爾菲請示神諭；大約在這個時候，有兩名竈神女祭司被發現違犯清規，其中一個自殺身死，另一個則被按照慣例活埋了。

我們對於羅馬人在下面這件事情上所表現的崇高精神和鎭靜態度，應該格外表示敬佩：當執政官瓦羅因爲自己措置乖張，遭遇慘敗，滿懷着羞愧和屈辱之情逃回來的時候，全體元老院議員和人民們還是到城門口去迎接他，以尊敬的態度對他表示歡迎。當場面平靜下來的時候，高級官員和元老院的重要份子們——費比亞斯也是其中之一——當着人民的面對他加以讚揚，因爲在遭遇這樣一場重大的失敗之後，他還沒有對於國家的安全感覺絕望，而仍然回來主持政務，執行法律，並且幫助同胞們尋求自救之道。

後來，消息傳來，漢尼拔在這次戰役之後，已經率領軍隊向意大利的其他地區前進，羅馬人的勇氣才又開始振作起來，派遣出去一些司令官和軍隊。其中最著名的兩位司令官是費比亞斯・麥克西瑪斯和克勞狄亞斯・馬塞拉斯（Claudius Marcellus），這兩個人都極負盛名，雖然性格完全相反。因爲馬塞拉斯，如我們在他的傳記中所講過的，是一個精神崇高而善於採取實際行動的人，敏捷而大胆，隨時準備動手，並且像荷馬對於他詩中的勇士們所做的描寫一樣，是兇猛而好戰的。表現在他的戰略和作戰行動當中的特質，是足以和漢尼拔相匹敵的勇敢、大胆、和冒險。但是費比亞斯却固守着他本來的原則，仍然認爲，緊跟着漢尼拔而不同他交戰，他和他的軍隊最後必然精力衰竭而自消自滅，正像一個意氣極度昂揚的角力者一樣，他過份使用體力的結果，將使他更容易突然敗北。據波西多尼亞斯（Posidonius）⑬說，羅馬人民稱馬塞拉斯爲他們的劍，費比亞斯爲他們的盾，把前者的活躍同後者的穩健合爲一體，必然可以拯救羅馬。漢尼拔憑着自己的經驗，發覺他在和馬塞拉斯交戰的時候，像是遭遇到一條奔騰的急流，那股力量把他的軍隊驅退，並且由於衝擊而造成相當的損傷；而費比亞斯呢，雖然一聲不響地緩緩地從他的身旁掠過，他的軍隊却在不知不覺中被洪流沖走，而逐漸歸於消滅；因此，他所最怕的就是在作戰中的馬塞拉斯，和處於按兵不動狀態中的費比亞斯。在這次戰爭的全部期間，他都始終必須和這兩位將軍或其中之一打交道；因爲他們兩個人都曾五度擔任執政官，而且以民政官、代執政官、或執政官的身份，始終在軍事方面擔負相當的責任，直到最後，馬塞拉斯落入漢尼拔爲他設下的陷阱，在他的第五次執政官任內被殺身死。但是漢尼拔的一切巧妙計謀都不能在費比亞斯身上獲得成功；僅僅有一次，費比亞斯險些兒投入了他的羅網，情形是這樣的，他收到來自梅塔麗托姆（Metapontum）的主要居民們的一些僞造的信件，其中的大意是說，如果他率領軍隊前往，他們就把他們的城市交付給他，並且表示他們都在等待着他。這個圈套幾乎要把他吸引進去了；他決定率領一部份軍隊前往那個城市；後來因爲從雀鳥得到不吉利的預兆，他才改變主意；不久之後，他發現那些信都是漢尼拔所假造的，他已經在那個城市的附近設下埋伏，等他入甕。關於這件事情，也許我們只能歸功於天神的恩惠，而非由於他個人的智慧。

費比亞斯認爲使其他城市和盟友們不致叛變的方法，應該是待之以公正溫和的態度，而不要使用嚴苛手段，也不要稍微發生一點事情，就對他們表示懷疑，在這一方面，他獲得了非常良好的成就。據說有一次，有人向他報告，一個以勇敢和門第高貴聞名的馬薩亞（Massia）士兵曾經暗中同另外幾個士兵商談投奔敵軍的事情；費比亞斯完全沒有用任何嚴厲態度來對付他，他把他找來，很坦白的告訴他說，他知道他的功績和良好服務受到了忽視，他並且說，那種忽視乃是由於指揮官們的重大錯誤所造成的，因爲他們對於部下的獎賞，不是按照功績，而是憑着個人的喜愛；費比亞斯說，「從今以後，每當你有任何不滿的時候，如果你不來找我，而去同其他的人商量，那就是你的錯誤」；說完這些話之後，費比亞斯送給他一匹好馬，和另外一些禮物；從那次以後，全軍之中就找不出另外一個比他更忠實更可信賴的人。費比亞斯認爲旣然訓練狗馬的人，都不能使用鞭撻或其他嚴苛手段，而要藉着溫和的對待，來消除它們的暴燥和執拗脾氣，則帶兵的人們更應該使用最溫和的手段來維持秩序與紀律，而不應該採用比園丁對待野生植物還殘酷不仁的手段來對待他們的部下，卽使是那些野生植物，只要注意照護，也會逐漸失去它們的野性而結出美好的果實。

又有一次，有幾位軍官向他報告說，他們的一名士兵時常離開職守，在夜間外出；他問他們那名士兵是怎樣的一個人，他們都回答說，他是琉凱尼亞（Lucania）人，全軍之中沒有比他更優秀的人，他們並且講出他過去所做出的一些戰功。費比亞斯經過嚴密的調查，發見那名士兵之所以時常冒險外出，乃是爲了會晤一個他所戀愛的女郎。於是費比亞斯暗中派人去找到那個女郎，把她秘密地帶到他自己的營帳裏面；然後他又派人去把那個琉凱尼亞士兵叫來，在一旁悄悄地對他說，他已經完全曉得他如何時常在夜間離營外出，按照軍紀和羅馬法律來說，這種行爲是可以判處死罪的，但是他曉得他非常勇敢，而且曾經有過很多功績；爲了顧念他過去的功勞，他願意饒恕他的這項過失；但是爲了使他以後的行爲良好起見，他決定派一個人來監管他，那個人要對他的行爲負責。他說了這些話之後，便把那個女人叫了出來，並且對那個爲了眼前的奇遇而感到恐怖與驚愕的士兵說，「這就是要對你的行爲負責的人；根據你的將來的行爲，我們就會知道你在夜間外出究竟是爲了愛情，還是爲了其他的不良企圖。」

還有一件事情，也是屬於這一類的，使他重新佔領了塔倫坦（Tarentum）。在他的軍中有一個塔倫坦青年，這個青年有一個姐妹，仍然住在已被敵人佔領的塔倫坦城，同她這位兄弟的感情非常好，而且十分信賴他。他聽說，在漢尼拔手下擔任當地駐軍指揮官的一個布列夏姆（Brittium）人，深深的愛上了他的姐妹，於是他便存着一種希望，想找機會利用這種愛情關係，來做出一件有利於羅馬的事情。於是他把他的計劃報告費比亞斯，然後表面上以一個逃兵的身份離開羅馬軍隊，投奔到塔倫坦去了。他到了他的姐妹家後，過了好幾天，那個布列夏姆人都一直沒有來看他的姐妹，因爲那一對愛人還不知道這位兄弟已經曉得他們之間的戀情。於是這個塔倫坦青年便找一個機會告訴他的姊妹說，他曾經聽說一個很有地位和權威的男人在追求她，他很希望知道那個人究竟是誰，他說，「如果他是一個勇敢而有名望的人，他是哪一國的人都沒有關係，因爲現在戰爭已把所有各民族混合起來，並且使他們一律平等；在强迫之下所做的任何事情，都不能算是可恥的；而在目前這個公理不能得勢的時代，如果强有力的人能够以溫柔的態度對待我們，那乃是一種罕有的幸運。」於是那個女人便把他的朋友找來，介紹他和她的兄弟認識；從此以後，她對她的愛人比以前更加殷勤；隨着她的親切態度的增加，他對她的兄弟的友誼也有同等程度的進展。最後，這位塔倫坦青年認爲他對那個布列夏姆軍官所下的工夫已經足够，可以促使他採納他的建議，而且那個軍官本來是個傭兵，現在又正在戀愛之中，一定很願意接受費比亞斯所許諾給與他的大量報酬。總而言之，這個買賣談成了，他答應把塔倫坦城交給羅馬軍隊。一般的傳說，都是如此，雖然若干作家對於這個故事還有不同的記載，他們說那個勾引布列夏姆軍官出賣塔倫坦城的女人並不塔倫坦人，而是布列夏姆人，並且是費比亞斯所蓄養的一個妾；因為她和那個布列夏姆總督是同鄉，而且相識，所以費比亞斯秘密派她去把他拉攏過來。

當這項計劃正在進行的時候，費比亞斯為了轉移漢尼拔的注意力，特別命令雷吉亞姆(Rhegium)的駐軍，要他們去蹂躪布列夏姆，並且包圍考羅尼亞（Caulonia），對那個地方盡全力加以猛攻。那批駐軍共有八千人，是羅馬軍隊的渣滓，其中大部份都是逃兵，是馬塞拉斯從西西里押解回到國內來的，這些人的損失，對於羅馬是沒有什麽影響的。所以費比亞斯把這批軍隊當做一個誘餌投擲出去，轉移開漢尼拔對塔倫坦的注意。漢尼拔馬上中了他的計，率領軍隊前往考羅尼亞；在這同時，費比亞斯却來包圍塔倫坦城了。在圍城的第六天，那個塔倫坦青年在夜間溜出城來；他事先已經仔細觀查過那位布列夏姆司令官將要按照協議放羅馬軍隊入城的地點，現在來把整個情形向費比亞斯報告一番；可是，費比亞斯認為完全依賴這項計謀，是不够穩妥的，所以他除了親自率領一支軍隊前往指定地點之外，同時下令其他的軍隊由海陸兩路從另一面對這個城市發動總攻擊。這些事情都按照他的計劃實行了，當塔倫坦軍隊趕往被攻擊的一面保衛這個城市的時候，費比亞斯接獲那個布列夏姆司令官所發出的信號，登梯爬上城牆，並未遭遇任何抵抗而進了城。

在這件事情上，我們必須承認，費比亞斯的功名心似乎太重了。他為了使世人以為他之所以能够佔領塔倫坦，是憑藉着武力和他個人的勇武，而不是憑藉着狡詐的計謀，所以命令他的部下首先把布列夏姆官兵都殺死；可是他並沒有在人們的心目中造成他所希望造成的印象，而只博得了奸詐和殘酷之名。許多塔倫坦人也被殺死了，還有三千名塔倫坦人被賣爲奴隸；羅馬軍隊刼掠全城，搜括到三千泰倫，繳入他們的公庫。當他們把其他一切東西都當做戰利品運走的時候，主計官向費比亞斯請示如何處理那些天神的圖像和彫像，他囘答說，「我們把那些憤怒的天神給塔倫坦人留下罷。」可是，他把赫庫里斯的巨大彫像運走了，安置在邱比特的神殿裏面，在那座彫像的附近，他又爲自己建立一座騎馬的銅像；在這些事情上，他的作風和馬塞拉斯大不相同，相形之下，使馬塞拉斯更加顯得寬厚仁愛，如我們在他的傳記中所看到的。

據說，當漢尼拔得到塔倫坦陷落的消息的時候，他已經到達距離那個城市不到五哩之處。他公開地對大家說，「現在羅馬也出了一個漢尼拔；從前我們怎樣得到了塔倫坦，現在我們又怎樣失去了它。」但是在私下裏，他却向他的親信們透露，他以前一直認爲，想用他們當時所有的兵力來征服意大利，是很困難的，現在他却認爲這件事情是不可能的了。

由於這次的勝利，羅馬人民又爲費比亞斯舉行一次凱旋式，比第一次更爲勝大得多；他們認爲他是一個非常優秀的選手，已經懂得如何對付他的敵手，能夠很容易地打破對方的計謀，使他的最大的本領無從奏效。的確，這個時候的漢尼拔軍隊，已經一部份由於不斷作戰而衰憊，一部份由於過份富裕和奢侈而受到削弱，並且變爲荒淫放蕩。當塔倫坦城因爲有人通敵而淪入漢尼拔手裏的時候，該城的總督是瑪卡斯·里維亞斯（Marcus Livius），他在城陷之後，退入城砦，直到費比亞斯率軍收復該城的時候，他一直佔據着那個城砦；這個人對於費比亞斯所得到的榮譽很不服氣，有一次他在元老院公開宣稱，塔倫坦之所以能够收復，他的抵抗的功勞，要比費比亞斯的進攻的貢獻爲大；費比亞斯聽到這些話之後，大笑着回答他說：「你說得很對，因爲如果瑪卡斯·里維亞斯不曾失去塔倫坦，費比亞斯·麥克西瑪斯便永遠不能把它收復。」人民們崇功報德，除了其他一些感激的表示之外，還使費比亞斯的兒子在下一年擔任執政官；在他的兒子就任不久之後，正在安排一項有關戰爭的事務的時候，費比亞斯也許由於年老體衰，也許是想試試他的兒子，竟騎着馬從人羣當中向他走來。這位年輕的執政官老遠就看見他的父親騎着馬來了，便吩咐一名侍從官命令他的父親下馬，並且告訴他說，如果他有什麼事情要和執政官接頭，他應該徒步前往。旁觀者們看見這個做兒子的人，竟以這種專橫傲慢的態度對待他那位年高望重的令人尊敬的父親，都很不高興，大家都把自己的眼光默默地轉向費比亞斯。可是費比亞斯却立刻下了馬，張開兩臂，以小跑的步子走到他的兒子前面擁抱着他，並且說，「對，我的兒子，你做得很對，並且充分地瞭解你所接受到的權柄，以及應該在什麼人的身上運用那些權柄。我們和我們的祖先們之所以能使羅馬達到今天這樣崇高的地位，完全憑着這種精神，就是自己的父母和子女，同國家的榮譽和服務比較起來，也要退後一步。」

據說，我們這位費比亞斯的曾祖父，雖然在名譽和權柄方面都是羅馬當時的最偉大人物，曾經五度擔任執政官，並且曾經爲了戰功而接受人民爲他舉行的好幾次凱旋式，在他的兒子作執政官的時候，他却情願擔任他的副手，隨同他去作戰。後來，當人民爲他的兒子舉行凱旋式的時候，這位老人以隨員之一的身份，騎馬跟在他的凱旋車的後面；他認爲這是他的一種光榮：雖然他在名義和事實上都是羅馬的最偉大人物，並且對於他的兒子握有爲父者的充分權力，可是他仍然要服從國家的法律和官吏。

但是，我們的費比亞斯的令人稱讚的事，還不限於這些。後來他的兒子死了；他以一種非常平靜的態度來應付那場痛苦，那種態度既適於一個慈愛的父親的心情，又切合一個明智的人物的涵養；按照羅馬人的習俗，在任何一個顯赫的人物死去的時候，他的近親總要在舉行葬禮時發表演說，現在費比亞斯便自己負擔起這個任務，在公會場裏發表一篇演說，後來他把那篇演說用文字寫出。

後來考內留斯・西庇歐（Cornelius Scipio）被派遠征西班牙，他在那裏不僅對迦太基人打了許多次勝仗，把他們驅逐出去，而且爲羅馬拉攏過來許多民族，佔領了許多城市，獲得了豐富的戰利品，因此，當他返囘羅馬的時候，受到人民們空前的歡迎與喝采；他們爲了表示對他的感激，選他爲下一年的執政官。他曉得人民對他的期望非常大，所以時時都在設法報答；他認爲在意大利境內同漢尼拔鬬爭，乃是老年人的一種保守行爲，他打算由他到迦太基去開闢新戰場，使非洲干戈擾攘，飽受摧殘，因而迫使漢尼拔不能再繼續侵略旁人的國家，而囘去保衞本國。於是他運用自己所具有的影響力，促使人民接受他的主張。在另一方面，費比亞斯却在盡全力反對這件事情，設法激起全城上下的恐慌心理，並且告訴他們說，只有一個急燥的青年人的鹵莽孟浪才會向他們灌輸這種危險的主意，他在竭力地藉着言語和行動，來防止這個計劃的實現。元老院接受了他的意見；但是一般人民則認爲他是嫉妒西庇歐的盛名，並且擔心那個年青的征服者會完成一些豐功偉績，他也許會把漢尼拔驅出意大利，也許竟把戰爭完全結束，而那場戰爭是曾經被費比亞斯拖延多年，始終無法結束的。

實在說，當費比亞斯最初反對西庇歐的計劃的時候，也許是出自一種穩健的心理，完全爲公共安全和國家可能遭遇的危險着想；但是後來他發現人民對西庇歐的尊敬心理與日俱增，野心和敵對之情促使他反對得更厲害了，他的態度更加激烈，而且許多攻擊都是對人而發的。他甚至去和西庇歐的共同執政者克拉薩斯（Crassus）接頭，要求他不要把軍權交給西庇歐，如果他肯同意的話，應該由他率領軍隊到迦太基去。他並且設法阻撓，不把這次戰爭所需要的金錢給與西庇歐；因此西庇歐不得不憑着自己的聲譽向伊特魯立亞（Etruria）⑭各城市籌款，因爲那些城市對他非常具有好感；在另一方面，克拉薩斯既不出頭反對他，也不離開意大利，因爲他生性不喜鬬爭，而且他身爲大祭司，宗教上的職務也不容他離開。因此，費比亞斯又試用其他方法來反對這項計劃；他阻撓軍隊的徵集，並且在元老院和人民大會中演說，宣傳西庇歐不僅自已要逃避開漢尼拔的大軍，而且要把意大利的所有人力一次用光，誘拐羅馬青年到外國作戰，讓他們丟開自己的父母妻子和這個城市，而敵軍却仍在自己的家門口，强大而未被戰敗，隨時可以佔領這個毫無防衛的城市。他這一番話使人民大感驚恐，他們終於允許西庇歐只能使用當時駐在西西里的軍隊，另外再從那批曾經和他一起在西班牙的——也是他所特別信賴的——軍隊之中選出三百名來，一同前往。在這些事情上，費比亞斯似乎都在按照他的審愼性格行事。

但是，當西庇歐到了非洲之後，消息馬上傳到羅馬，說他已經獲得一些了不起的成就和勝利，隨後戰利品也被運回國內，證明了那些報告的不虛；好消息源源而來：紐米底亞的國王被俘虜了；大量的紐米底亞士兵被屠殺了；敵人的兩個軍營被焚毀了，其中還有大量的武器和馬匹；於是迦太基人不得不派遣使者，要求漢尼拔趕快回國，放棄他在意大利的毫無結果的希望，回去保衛本國；因爲有了這些卓越的成就，全羅馬的人都在稱頌西庇歐的事蹟；就在這個時候，費比亞斯要求另外派一個人去接替西庇歐，他所提出的只是一個古老的理由，那就是，不能把這樣重大的事情寄託在一個人的命運上面，因爲一個人的運氣，不可能永遠是好的。他這番話觸怒了許多人；他們認爲他是强辭奪理，懷藏惡意，由於年老而變爲懦怯，或者是對於漢尼拔的本領懷着過分恐懼的心理。而且當漢尼拔已經率領他的軍隊上船，馳離意大利的時候，費比亞斯還在繼續反對並且擾亂羅馬人民的普天同慶的心情，他表示他對於當前的局勢深感憂懼，並且告訴人民們說，羅馬正在面臨着一場空前的危險，在迦太基的城下，漢尼拔將對羅馬軍隊所將發出的襲擊，將比他過去在意大利所發出的更爲可怕；漢尼拔的軍隊曾經殺死了那麽多的羅馬司令官、獨裁執政者、和執政官們，他們的勝利的餘威猶在，西庇歐一旦和那支軍隊接觸，羅馬必然遭受到致命的創傷。羅馬人民聽到這些演說，有些感到驚慌，並且漸漸相信漢尼拔去得愈遠，他們的危險愈近。可是不久之後，西庇歐便和漢尼拔交戰，而且把他完全擊敗，挫盡了迦太基人的驕氣，使羅馬同胞們喜出望外，而且——

「在驚濤駭浪之中顚蕩許久，現在又恢復了平穩。」

但是費比亞斯未及看到這場戰爭的順利結束，和漢尼拔的終於覆敗，也沒有享受到國家重獲承平與安全的快樂；因爲大約就在漢尼拔離開意大利的同時，他生病死了。在底布斯，伊巴敏諾達斯(Epaminondas)⑮死亡的時候非常貧困，所以由公家出錢把他埋葬；因爲據說他死之後，人們只在他的家裏找出一枚小鐵幣。費比亞斯倒不需要公家出錢埋葬他，因爲每個公民都捐出最小額的錢幣，大家共同來負擔他的喪葬費用，他們之所以這樣做，並不是因爲費比亞斯需要他們濟助，而是要藉此來表示他們對他的愛戴，他們把他視爲他們的共同的父親，使他的死亡受到與他一生事蹟相稱合的榮耀。

註解：

①(247–183 B.C.) 迦太基將軍。

② lictor 爲古羅馬的一種侍從官，手執權標 (fasces)，其任務是爲主官開路，使人民對主官表示應有的尊敬，並於必要時懲辦罪犯。

③按照規定，每名執政官有十二名侍從官。

④「神諭集」相傳爲 Cumae 城之女預言家售與塔昆尼亞斯·蘇坡巴斯 (Tarquinius Superbus)，羅馬元老院於國難時用作參考者。

⑤爲羅馬錢幣，一塞斯特夏姆等於一千塞斯特斯 (sesterce)，一塞斯特斯等於四分之一迪奈里亞斯。

⑥迪奈里亞斯爲羅馬的一種銀幣。

⑦見一四〇頁註㊴。

⑧歐布爾爲希臘的一種小銀幣，等於六分之一心德拉克馬。

⑨坎內爲意大利東南部之城市，漢尼拔於公元前二一六年在此地擊敗羅馬軍隊。

⑩(412?–323 B.C.) 希臘犬儒派哲學家，他由衷地對人們的行爲與動機表示輕蔑，曾於中午點着一個燈籠，各處尋覓誠實的人。

⑪非洲北部之一古國。

⑫卽羅馬軍旗。

⑬公元前一世紀之希臘堅忍派哲學家。

⑭爲意大利中部之古國。

⑮(418?–362) 底布斯政治家與將軍。——

費比亞斯與柏立克理斯之比較

上面這兩個人，在文治和武功方面都遺留下很豐富的事蹟。現在我們首先把他們二人的軍事才能加以比較。柏立克理斯主持雅典國政府的時候，那個國家的境況極其繁榮而富庶，國力强大，而且是在不斷地增加其强大，所以我們可以說，使他免於遭受任何覆敗或災禍的，乃是普通的成就和幸運。但是在最險惡最艱難的時期接掌羅馬政權的費比亞斯，他的任務並不是保全和維持一個處於太平盛世的國家的繁榮和昌盛，而是要來支撐一個凋零殘破的垂危的國家，使之不致敗亡。而且，塞孟所獲得的勝利，邁朗奈底和里奧格拉底所爭取到的戰勝記念碑，以及托爾邁底所完成的許多著名的功業，都被柏立克理斯利用來大事舉行祝典的娛樂與儀式，而不是來擴展和鞏固他的國家。而費比亞斯呢，當他出來主政的時候，擺在他的眼前的是一片悽慘可怕的景象，羅馬軍隊被消滅了，將軍和執政官們被殺死了，原野和森林佈滿了死屍，河水都被同胞們的鮮血染紅；可是他憑着他的成熟而健全的見解，和堅定不移的決心，竟能一肩支撐住那個搖搖欲倒的國家，使它不致由於旁人的失錯和缺陷而傾覆。治理一批因爲受了憂患困苦的磨練而變爲馴順、迫於危險與需要而願意聽從明智意見的國民，也許要比覊勒放肆與鹵莽、統治一個像柏立克理斯主政時期的雅典人民那樣的因爲受長期安定繁榮的縱容而變爲桀驁不馴的民族，更爲容易。不過，羅馬人民在那個時代所遭受的大量災禍，並沒有把費比亞斯倒，或使他氣餒，這一點也足以表明他具有超乎尋常的勇氣和堅强意志。

我們可以把費比亞斯的重佔塔倫坦和柏立克理斯的佔領薩摩斯相比，用柏立克理斯的征服幽比亞來平衡費比亞斯的佔領坎佩尼亞(Campania)①各城鎮；雖然加菩亞城是由福維亞斯(Fulvius)和阿庇亞斯(Appius)兩位執政官所征服的。我不曉得費比亞斯曾在任何一場正式而劇烈的戰爭之中獲勝，除掉對里古利亞人的那場戰爭之外，人民曾經爲了那場勝利而爲他舉行凱旋式；柏立克理斯却曾爲了他在陸地和海上所贏得的九次勝利而建立了九座勝利記念碑。但是，柏立克理斯沒有一項行爲，可以和費比亞斯對於邁紐夏思所做的令人難忘的拯救相媲美，當時他把他和他的軍隊從滅亡之中解救出來，那是一項兼具至高的勇氣、智慧、與仁愛的行爲。在另一方面，費比亞斯曾爲漢尼拔的火牛所詐騙，柏立克理斯却從來不曾像那樣地被敵人的智謀所勝。那一次，費比亞斯的敵人偶然地自投羅網，可是他却容他在黑夜中溜走，等到天明之後，又被敵人擊敗，他在穩操勝算的時候反而讓敵人佔先一着，被自己的俘虜所操縱。如果說一個優秀的將領不僅要能爲目前的局勢做萬全的打算，而且應該對於未來的事情有先見之明，柏立克理斯在這一方面比費比亞斯强；因爲他事先警告雅典人民，如果他們藉着戰爭去攫取太多的土地，超過了他們所能控制的範圍，無異於自取滅亡。但是費比亞斯向羅馬人民指責西庇歐，說他遠征非洲將會引致羅馬的敗亡的時候，他的預言就沒有那麽正確。所以，柏立克理斯對於有害的成就做出正確的預測，費比亞斯却對於有利的成就做出錯誤的預測。一個身爲司令官的人，如果因爲畏首畏尾而致坐失機宜，他所犯的過失，不下於因爲缺少先見之明，而致陷入危險；因爲這兩種過失，雖然性質相反，却出自同一的根源，那就是，缺乏判斷力和經驗。

就他們所採取的政策方面而言，人們把發動戰爭的責任歸咎於柏立克理斯，因爲拉西第蒙所提出的任何和平條件，他都不肯接受。不過，我以爲，費比亞斯也是主張不對迦太基人做任何讓步的，而準備冒着一切危險，不肯使羅馬帝國的疆土有所喪失。費比亞斯對他的同事邁紐夏思那麽寬厚，而柏立克理斯却竭力設法趕走塞孟和修昔狄底斯，終於使那兩個出身貴族的高尙人物遭受貝殼放逐，相形之下，使我們覺得他缺少容人之量。柏立克理斯在雅典所擁有的權柄，遠比費比亞斯在羅馬的權柄爲大。因此他更容易防止由其他官員的錯誤和能力不逮而產生的失敗；只有托爾邁底擺脫了他的羈勒，違背他的意思而輕率地去同比奧細亞人交戰，被殺身亡。他的勢力浩大，使所有其他的人們都遵從他的判斷。而費比亞斯呢，雖然他自己永遠穩健可靠，却因爲缺少那種廣泛的權力，而未能防止旁人的失誤；如果他的權威再大一些，那將會是羅馬人民的幸事，因爲我們可以推想得到，他們的災禍將會因而減少。

在慷慨和公共精神方面，柏立克理斯的卓異表現是從不接受任何餽贈，費比亞斯則用自己的錢去贖回他的士兵，雖然爲數不過六泰倫。沒有一個人比柏立克理斯具有更大的發財機會，因爲許許多多的帝王和盟友們都向他送禮；但是沒有一個人比他更能廉潔自持。至於他用以裝飾雅典的那些神殿和雕像的壯麗與優美，我們可以說，直到凱撒②的時代爲止，羅馬的一切裝飾和建築，就設計的宏偉和費用的浩大的說，都不能和柏立克理斯在雅典建立的那些輝煌作品相比。

註解：

①爲意大利南部之一地區。

②指自奧古斯都（Augustus, 63 B.C.–14 A.D.）起至海德里安（Hadrian, 76–138 A.D.）止之諸羅馬皇帝。

亞歷山大

在這一卷裏，我將敘述馬其頓王亞歷山大(Alexander)和擊敗龐培(Pompey)①的凱撒(Caesar)的生平；這兩個人的值得記述的偉大事蹟，爲數太多，我不能不先請求讀者們原諒，我只能把他們一生當中的最爲人稱道的事蹟約略地加以敘述，而不能對每一項勳業都做詳盡的記載。大家不要忘記，我現在所撰著的並非歷史，而是傳記。從那些最輝煌的事蹟之中，我們並不一定能夠極其清晰地看出人們的美德或惡德；有時候，一件不太重要的事情，一句笑話，或者片言短語，會比最著名的圍城，最偉大的軍備和最慘烈的戰爭更能使我們瞭解人們的性格和意向。因此，肖像畫家在作畫的時候，特別用心描繪最能表現性格的面部輪廓和眼神，而對於身體的其他部份則不必多加注意；同樣地，請讀者們也容許我對於人們的靈魂的跡象和徵兆多加注意，藉着這些來描寫他們的生平，而把他們的偉大的事功和戰蹟留待其他作家們去敘述。

在父系方面，亞歷山大是赫庫里斯和嘉拉納斯(Caranus)的後代，在母系方面，是伊阿卡斯(Aeacus)和尼奧普托萊瑪(Neoptolemus)的後代，關於這一點，史家們都沒有異議。他的父親費力浦(Philip)，在很年青的時候住在薩摩色雷斯(Samothrace)②，在那裏同奧林匹亞斯(Olympias)發生戀愛，他和她一道學會了薩摩色雷斯的宗教儀禮，不久之後，在她的哥哥阿里姆巴斯(Arymbas)

的同意之下（因爲她的父母都已去世），他們二人結了婚。在他們結婚的前一天夜裏，奧林匹亞斯夢見一道霹靂落在她的腹部，燃起一大片火，火苗向四處分散蔓延，然後才熄滅。在結婚之後，有一天，他夢見他用一個封印把他太太的子宮封閉起來，在他的印象中，那個封印的形狀是一頭獅子的體形。有些預言者把這個夢解釋成爲對於費力浦的一項警告，要他對自己的太太加意防範；但是德爾麥薩斯(Telmessus)的阿理斯坦德(Aristander)却認爲把空的東西加以密封，乃是不可思議的事，所以他斷定那個夢是表示王后已經懷孕，是個男孩，這個男孩將來會像獅子一般地强壯而勇敢。又有一次，費力浦看到，當他的王后正在睡覺的時候，一條蛇躺在她的身邊，據說這個景象使費力浦對她的熱情大爲消減；他以後便不大喜歡去和她同床，其原因，也許因爲他恐怕她是一個女巫，對她存着戒心，也許由於他認爲她和神私通，因而有一種遭受排斥的感覺。但是關於這件事情，另外還有一種頗爲不同的說法。有些人說，古時候馬其頓的女人非常喜歡奧甫幽斯(Orpheus)③的儀式，和對於戴奧奈莎斯(Dionysus)④的狂熱的崇拜（因爲這個緣故，她們被稱爲 Clodones 和 Mimallones⑤），在許多方面都模倣伊都奈（Edoni）⑥和色雷斯婦女們在海摩斯山（Mount Haemus）的作風（希臘文中 threskeuein 這個字，就是由「色雷斯婦女」演化而來，用以表示一種過份鋪張而迷信的崇拜儀式）；奧林匹亞斯特別喜愛這些狂熱的崇拜儀式，很想爲之添加一些奇異的令人畏懼的氣氛，所以她在儀式中舉行跳舞的時候，總是帶去一些馴服的大蛇，那些大蛇有時會從神秘的籔箕⑦的常春藤中爬出來，或者盤繞在聖矛和婦女們的花環上面，使人們看了不能不有恐怖之感。

費力浦在做了這個夢之後，便派遣麥加羅坡里斯（Megalopolis）⑧的凱朗（Chaeron）到德爾非去請示阿波羅的神諭，結果神諭吩咐他向邱比特・亞蒙神（Jupiter Ammon）獻祭，從此以後，要對這位神格外尊崇；神諭並且指示他說，他的一隻眼睛要失明——就是他擅敢從門縫窺視，看到天神化身爲蛇和他太太同床的那隻眼睛。據艾拉托塞尼（Eratosthenes）⑨說，當奧林匹亞斯送亞歷山大第一次出征的時候，她曾把他的身世的秘密告訴了他，並且吩咐他在舉止和行爲方面，要表現出與他的天神血統相稱合的勇氣。另外一些人們則說她對於這類說法完全加以否認，並且總是這樣說，「什麼時候亞歷山大才能不再把我和朱諾⑩混爲一談呢？」

亞歷山大生於七月（Hecatombaeon）——馬其頓人稱爲 Lous 的月份——六日⑪，也就是以弗薩（Ephesus）⑫的戴安娜（Diana）⑬神殿被焚燬的一天；瑪格尼西亞（Magnesia）⑭的海格夏斯（Hegasias）曾爲這件事情講了一句語，其出語的冷峻，足以撲滅那場大火。他所說的那句話是：無怪戴安娜的神殿失火被焚，因爲那位女神不在廟裏，爲了亞歷山大的降生而前往幫忙去了。當時正在以弗薩的東方預言家們，認爲這個神殿的被焚是另外一場災難的預兆，他們跑遍全城各地，一邊打着自己的臉，一邊高聲喊說，這一天所產生的一種東西，將來要爲全亞洲帶來苦難與毀滅。

在費力浦剛剛佔領坡蒂第亞（Potidaea）之後，他同時收到了三項消息：第一，巴門尼歐（Parmenio）⑮在一場大戰之中征服了伊里瑞亞（Illyria）⑯人；第二，他的賽馬在奧林匹克競技會中得了獎；第三，他的太太生下了亞歷山大；這些消息當然使他十分高興，而更加使他高興的是，那些預言者們告訴他說，他的兒子和這三大勝利同時出世，將來必定永遠是所向無敵的。

把亞歷山大的形貌刻劃得最像的彫像，要算賴息帕斯（Lysippus）⑰所刻製的彫像（他只讓這一位藝術家爲他彫刻肖像）；那些爲他的許多繼任者和朋友們所用心模倣的一些特點——他的頭部的微向左傾，他的銳利的眼神，都被這位彫刻家表現得維妙維肖。可是，亞比利斯（Apelles）⑱在畫出亞歷山大手執霹靂的肖像的時候，却把他的面色比本來的畫得更爲黝黑；因爲亞歷山大的膚色是白皙的，在臉上和胸部透着紅潤。亞理斯多克森納（Aristoxenus）⑲在他的回憶錄中告訴我們說，有一種很香的氣味從亞歷山大的皮膚中放散出來，他的氣息和全身都是香的，因而使他的內衣也充滿了芳香的氣味；造成這種芳香的原因，也許是由於他的體質的熱和焦燥。因爲，按照提歐夫拉塔斯的推測，芳香的氣味是由於潮濕的體液受着熱的炙烤而產生出來的，世界上最好的最大量的香料，都出產在最炎熱最乾燥的地區，其故卽在於此；因爲太陽的熱力把聚集在植物表面、可以引起腐敗的多餘的水份都吸收走了。就亞歷山大的情形來說，他之所以那麽好喝酒，脾氣那麽暴燥，大概也是因爲他的體質燥熱的關係。他在幼年時期，就很明顯地表現出對於肉體的快樂的節制，他在這方面的興趣很難激動起來，卽使有時享受肉體方面的快樂，也是持着一種極有節制的態度，雖然在其他方面，他是非常急切而熱烈的；在對於光榮的愛好和追求方面，他表現出一種遠超過他的年齡的崇高精神和宏廓胸襟。他並不像他父親費力浦一樣地對於所有各方面的榮譽都加以追求和重視（他的父親喜歡炫耀自己的口才，幾乎達到一種賣弄學問的程度，並且把他在奧林匹克競技會中所獲得的戰車比賽的勝利刻記在錢幣上面），但是當左右的人們詢問亞歷山大是否願意參加奧林匹克競技會中的賽跑——因爲他跑得很快——的時候，他回答說，他願意參加比賽，如果有其他的帝王們和他一起跑。對於角力這種運動，他似乎也很冷淡，甚或可以說是憎惡。他時常舉辦一些比賽會，不僅悲劇詩人、音樂家、吹笛者、彈琴者，就是那些吟遊詩人，都有機會參加比賽，爭取獎品；他也倡導各種的狩獵和棍鬬，但是從來不鼓勵拳擊和角鬬[20]。

在他幼年的時候，有一次，波斯國王的使臣們來訪，正好他的父親費力浦不在，他便代表他的父親接待他們，同他們侃侃而談，他的彬彬有禮的態度，使他們對他深具好感，而他所詢問的一些問題，既不幼稚，也不瑣屑（他所問的是：通往亞洲內地的路途的長度，和道路的情形，他們的國王的性格、在對敵作戰時做出怎樣的表現、以及有多少兵力可以調往戰場），他們對他大爲讚賞，並且認爲費力浦的出名的精明，如果同他的兒子在這麼幼小的年紀就已經表現出來的上進精神和不凡抱負比較起來，實在是不值一道了。每當亞歷山大聽說他的父親費力浦佔領了一個重要城市，或者贏得一場重大勝利的時候，他不但完全不因此感覺高興，反而總是對他的友伴們說，他的父親把樣樣事情都預先做好了，將來他和他們便沒有機會來完成偉大的輝煌的事蹟了。因爲他所熱中的是功業和榮譽，而不是享樂和財富，所以他認爲，他從他父親那裏所承襲的疆土愈廣，他將來表現身手的餘地愈少；他寧願繼承一個陷於憂患與戰爭之中的王國，使他得到一片廣大的榮譽的園地，可以時常有機會發揮自己的勇氣，而不願繼承一個已經繁榮而穩定的王國，使他不能有所作爲，只有享受奢侈逸樂的份兒。

在亞歷山大的教育方面，我們可以想像得到，有許許多多人被委派擔任他的陪伴者、導師、和教師，其中的主持人是里昂尼達斯，這個人是奧林匹亞斯的近親，性情很嚴峻，他自己並沒有拒絕教師的名義，因爲這是一種很高尚的光榮的職業，但是旁人則因爲他的態度尊嚴，又同皇后有近親關係，所以稱他爲亞歷山大的義父和師父。但是亞歷山大的名副其實的教師乃是阿卡內尼亞人賴息瑪卡斯(Lysimachus)㉑，這個人雖然沒有什麼特殊的長處，但是因爲他自稱爲斐尼克斯(Phoenix)㉒、亞歷山大·阿基力斯(Alexander Achilles)、和費力浦·普留斯(Phillp Pleus)㉓，所以很受敬重，獲得僅次於里昂尼達斯的第二席地位。

有一次，帖薩利(Thessaly)人費羅尼卡斯把一匹名叫布塞法拉斯(Bucephalus)的馬帶到費力浦那裏，要以十三泰倫的代價賣給他；但是當他們到原野試馬的時候，却發現這匹馬脾氣太壞，無法駕馭，人們一往牠背上騎，牠就用兩條後腿直立起來，而且對費力浦的任何隨員所講的話，都表示不能忍受。費力浦很不高興，吩咐人們把這匹馬牽走，因爲他認爲牠野性未除，沒有什麼用處。這時候，站在一旁的亞歷山大說，「多麼好的一匹馬，竟爲了他們沒有駕馭的技巧和胆量，而白白地丟掉了！」費力浦最初沒有注意他所說的話；但是後來他聽到他把這句話重複好幾遍，並且看到他爲了這匹馬被牽走而深感煩惱，便對他說，「你難道還要責備長輩們，好像你比他知道得更多，更會駕馭這匹馬似的。」他回答說，「我比他們更會駕馭這匹馬。」費力浦說，「如果你不能駕馭這匹馬，你將爲自己的鹵莽而受什麼處罰？」亞歷山大回答說，「這匹馬的全部價款由我來付。」在場的人們聽了這個話都大笑起來；然後父子二人就這項處置辦法獲得協議，亞歷山大立刻跑到馬的身旁，握住了韁繩，把馬轉對着太陽的方向，因爲他方才已經觀察出來，馬看到牠前面的影子不斷地隨着自己的動轉而移動，所以深感不安和恐懼；他使馬對着太陽之後，讓牠往前稍稍走幾步，他的手裏仍然握着韁繩，當他發覺馬有些焦急暴燥的時候，便用手輕輕地撫摩着牠，然後他悄悄地脫掉斗篷，很敏捷地一躍而騎在馬背上面，坐好之後，稍微拉一拉韁繩，既沒有用鞭子打，也沒有用馬釘刺，就能約束住牠了。不久之後，他發覺牠的恐懼和不安已經完全消失，一心只想奔馳，他便讓牠以全速力飛跑起來，用一種很有威嚴的聲音激勵着牠，同時用自己的脚後跟驅策着牠。費力浦和他的朋友們最初只是默默地懷着焦慮的心情觀望着，直至看到他在途程的盡頭調轉馬頭，得意揚揚地奔馳回來的時候，大家發出一陣喝采之聲；他的父親則流下了歡喜之淚，等他下馬之後，吻着他的面頰，帶着非常高興的心情說，「我的兒子，去另外尋找一個和你自己相稱合的王國罷，因爲馬其頓對於你是太小了。」

經過這個事件之後，費力浦看出他的兒子的性情是不易屈服於權威的，不能用强制的手段對待他，但是可以很容易地藉着理性引導他去盡自己的本份，所以費力浦對他總是以勸服爲手段，而不採取命令的方式。現在他認爲，亞歷山大的教育是一件非常困難而重要的事情，不能完全托付給那些教授音樂、詩歌和普通學科的平凡教師們，而要像索福克里斯所說的，需要——

「船舵的指導，和馬勒的約束，」

於是他派人去請來當時最有學問最著名的哲學家亞理斯多德，並且給與他足以和那項重大任務相稱的豐厚報酬。亞理斯多德的故鄉斯泰吉拉城（Stagira）本來已被費力浦下令拆毀，現在他又把它重建起來，並且使那些流亡在外或淪爲奴隸的居民們重新回到那裏居住。他特別撥出梅薩（Mieza）附近的山林水澤女神(Nymphs)的神殿，作爲他們師生的講學和遊息之所，直到今天，遊客還可以在那裏看到亞理斯多德的石座，和他當年時常行走的蔭凉的路徑。亞歷山大似乎不僅從這位大師學習道德學和政治學，而且還承他傳授一些深奧隱微的學問，從哲學家們加給它們的名稱㉔看來，可知那些學問只能口頭傳授給少數人，而不許向很多人公開。當亞歷山大在亞洲的時候，聽說亞理斯多德出版一些有關那些深奧學問的著作，他便用很直率的語句寫了這樣的一封信給他：「亞歷山大敬致亞理斯多德。你把口授的奧秘學問公開出版，實屬不當；如果你特別傳授我的奧秘知識，別人也都可以獲悉，我還有什麽可以勝過旁人的呢？就我而言，我確實地告訴你，我寧願在高深的學識方面勝過旁人，而不願在我的權力和領域的範圍方面勝過旁人。敬祝安好。」亞理斯多德在回信中對於他的不凡抱負加以慰勉，並且爲自己的行爲辯解，他告訴他說，那些學說雖然出版了，等於沒有出版：因爲他那些有關形而上學的著作對於一般人是沒有用的，僅僅對於那些已經熟諳這類學問的人，可以有溫故知新的功效。

亞歷山大對於醫道的愛好，無疑地也是由亞理斯多德傳授而來。當他的朋友們生病時，他時常爲他們規定特殊飲食，並且開出藥方——從他的書信裏面，我們可以看到這些情形。他天性極其喜愛各種學問，所以能博覽羣書；據歐奈西克里塔（Onesicritus）說，他經常把亞理斯多德校訂的荷馬的「伊里亞特」（被稱爲「寶箱本」casket copy 的）和他的短劍一起放在枕頭底下，他說那本書是一切軍事美德與知識的懷中寶庫。當他在亞洲內地的時候，因爲找不到其他書籍，他寫信給哈帕拉斯（Harpalus），叫他爲他帶去一些書籍；哈帕拉斯爲他帶去了費里斯塔（Philistus）的「歷史」，幼里披底斯、索福克里斯和艾斯啓拉斯（Aeschylus）[25]的許多劇本，德雷斯提（Telestes）和費洛克森納斯（Philoxenus）所做的一些讚頌酒神的短歌集。有一個時期，如他自己所說的，他對於亞理斯多德的敬愛不下於自己的父親，因爲他認爲，他的父親給與他生命，亞里斯多德則教他過一種高尚的生活。但是後來他對他發生猜疑，雖然沒有達到使他對於那位哲學家加以傷害的程度，但是他以前對他那種親切友善的心情大爲低減，顯然兩人之間的關係，已經疏淡。可是，深植在他本性之中的對於學問的强烈愛好，却仍然與日俱增，始終不曾衰退；從他對於安納克薩卡斯（Anaxarchus）的尊敬，向翟諾格拉底（Xenocrates）[26]贈送五十泰倫，以及對於丹達米司（Dandamis）和卡拉納斯（Calanus）特別加以照應等等事情，都可以看出這一點。

當費力浦遠征拜占庭的時候，亞歷山大年方十六歲，就奉命代主國政，掌管王璽；在這個期間，密廸人（Maedi）發動叛亂，他竟能率軍征服他們，佔領了他們的城市，把那些野蠻人驅逐出去，在那裏安置下一批由好幾個民族組成的移民，並且將那個地方以自己的名字命名爲亞歷山大羅坡里斯（Alexandropolis）。在他父親對希臘人所做的凱洛尼亞（Chaeronea）[27]之戰中，據說他是第一個衝破底布斯人的「聖帶」陣的人。在我們這個時代，還可以看到西夫艾薩斯河(Cephisus)㉘附近有一株老橡樹，人們稱之爲亞歷山大的橡樹，因爲當年他曾在那棵樹下搭過帳篷。在不遠之處，還可以看到一片墓地，那是在那場戰役中陣亡的馬其頓人的埋骨之所。他在早年所表現的這種英勇不凡，使費力浦非常喜愛他，費力浦甚至非常高興聽到馬其頓人稱他自己爲「將軍」，而稱亞歷山大爲「王」。

但是，由費力浦的新的婚姻和情愛所引起的家庭糾紛（也可以說，開始於閨閫間的爭執，漸漸擴展及於全國），使他們父子之間發生許多爭論和衝突，而嫉妒成性喜愛報復的奧林匹亞斯，也慫恿亞歷山大對他的父親發生惡感，因而更爲加深了父子二人的不和。下面這件事情，更使二人之間的誤會達到不可收拾的地步。費力浦愛上了一個比他年青得多的少女，名字叫做克里歐佩特拉(Cleopatra)，並且娶她爲妻，在結婚的喜宴席上，新娘的叔叔阿塔拉斯（Attalus）渴多了酒，要求馬其頓人祈求天神，經由他的姪女給與他們一個合法的王位繼承者。這番話大大地激惱了亞歷山大，他把一隻酒杯擲到阿塔拉斯的頭上，同時說道，「你這個混蛋，難道我是個私生子？」費力浦是袒護阿塔拉斯的，他拔劍而起，要走過去刺殺亞歷山大，但是對於他們父子二人都很幸運地，不曉得是因爲他氣昏了頭，還是酒喝得太多了，他竟失足跌倒在地板上面。於是亞歷山大以侮慢的態度諷嘲他說：「你們看，這個準備從歐洲深入亞洲的人，竟在從一個座位走向另一個座位的時候翻倒了。」在這次爭吵之後，他和他的母親奧林匹亞斯離開了費力浦，他先把他的母親安頓在伊匹魯斯(Epirus)㉙，他自己則退隱在伊利瑞亞。

哥林斯人笛瑪拉塔斯（Demaratus）是皇室的一位老朋友，可以同他們暢所欲言，不必有所顧忌，在這個事件發生之後，他來訪問費力浦。在寒暄之後，費力浦問他希臘人彼此間是否都能和睦相處，笛瑪拉塔斯回答說，「你自己的家庭已經弄得如此地分崩離析，何必再來關切希臘呢？」這個正合時宜的責備，使費力浦醒悟過來，於是他馬上派人叫他的兒子回來，由於有笛瑪拉塔斯從中疏解，所以很順利地達到了他的目的。但是這次的和解並沒有維持很久，另一件事情又打破了他們之間的相安無事的局面。加里亞（Caria）㉚的波斯總督匹克索多拉斯（Pixodorus），因爲想藉着姻親關係而同費力浦訂立攻守同盟，所以派遣亞理斯多克利塔（Aristocritus）到馬其頓來，爲他的大女兒向費力浦的兒子阿里廸亞斯（Arrhidaeus）說親。亞歷山大的母親和朋友們便向他講許多閒話，他們說費力浦是想藉着這場顯赫的婚姻和重要的聯盟，預做一番準備工夫，最後把王位傳給阿里廸亞斯。亞歷山大聽到這些話之後甚感惶恐，他派遣悲劇演員帖薩拉斯（Thessalus）前往加里亞，勸使匹克索多拉斯放棄阿里廸亞斯，因爲他既非嫡出，又很愚魯，而改以亞歷山大爲他的女婿。匹克索多拉斯非常高興地接受了這項建議。但是費力浦聽到這個消息之後，馬上去到亞歷山大的房間，還把他的兒子的密友費羅塔斯（Philotas）——巴門尼歐的兒子——一起帶去，當着他的面對亞歷山大嚴加斥責，他說他竟想和一個卑賤的加里亞人——這個人充其量也不過是一個野蠻的帝王的奴僕而已——結親，實在是自甘墮落，不配接受他所將遺留給他的權力。他的憤怒還沒有就此平息，他又寫信給克林斯人，叫他們把帖薩拉斯加上縲絏押解回來，並且把哈帕拉斯、尼爾卡斯（Nearchus）、伊里吉亞斯（Erigyius）、和托勒密

（Ptolemy）都放逐出去，這些人都是他的兒子的朋友和親信，後來都被亞歷山大召回，畀與尊榮的職位。

不久之後，有人受了阿塔拉斯和克里奧佩特拉的嗾使而對鮑舍尼亞斯（Pausanias）加以侮辱，費力浦並沒有應鮑舍尼亞斯的要求主持公道，於是鮑舍尼亞斯便找機會把這位國王暗殺了。人們都認爲這場暗殺是由奧林匹亞斯主使的，據說她曾對那個憤怒的青年火上加油，慫恿他採取報復行動；也有人甚至猜疑到亞歷山大，據說當鮑舍尼亞斯向亞歷山大訴說他所遭受的委屈的時候，後者曾經背誦幼里披底斯的「米狄亞」（Medea）裏面的詩句：

「向丈夫，向父親，向新娘。」㉛

不過，他後來確曾查明參與這項密謀的份子，嚴加懲辦，並且爲了奧林匹亞斯背着他對於克里奧佩特拉所做的殘酷處置㉜，極表憤慨。

亞歷山大由於他的父親被殺而繼承王位的時候，只有二十歲，當時這個國家的處境可以說是危險重重，強敵環伺。那些和馬其頓毗鄰的野蠻民族都不甘奴役，急於獲得他們本族的帝王的統治；在希臘方面，雖然費力浦已經戰勝了希臘人，但是還沒來得及完成他的征服工作，使他們死心塌地的服從他的統治，所遺留下來的完全是一個紛擾混亂的局面。在馬其頓人看起來，當時似乎是一個很危險的時期；有些顧問人員勸告亞歷山大完全放棄希臘各邦，或者至少不要以武力壓制它們，而要用一種溫和的手段，來贏回那些企圖叛亂的野蠻部落的效忠，並且設法在反叛剛剛開始的時候，就採取安撫和防範其擴大的措施。但是，亞歷山大以爲這項建議過於懦怯，而未加採納，他認爲他唯一的自保之道是持着一種堅定態度和寬宏精神，如果卑躬屈節，其結果只有鼓勵大家都來欺負他。於是他極其迅速地遠征那些野蠻人的地區，深入多瑙河流域，在那裏把特里巴利(Triballi)人的國王舍瑪斯(Syrmus)打得一敗塗地，因而敉平了野蠻人的騷亂，以後不必再擔心他們有發動戰爭之可能。當他聽說底布斯人從事叛亂，雅典人也響應他們的時候，他馬上率軍通過德摩比利(Thermopylae)㉝，並且對狄摩西尼斯(Demosthenes)㉞——當他在伊里瑞亞人和特里巴利人中間的時候，這個人曾稱他爲幼兒；當他到達帖薩利的時候，稱他爲少年——說，等他抵達雅典城下的時候，他將成爲一個堂堂的男子漢了。

到達底布斯之後，他爲了表示自己的寬大爲懷，並且給與他們一個自新的機會起見，他僅僅要求他們把發動叛亂的斐尼克斯（Phoenix）和普洛底提（Prothyte）交出來，而對於其餘的願意歸順他的人們，一概不咎。但是底布斯人却針鋒相對地提出一個反要求，要他把斐羅塔斯和安提培特（Antipater)交給他們，並且號召一切願意爲希臘人的自由而奮鬪的人們都投奔到他們的陣營裏面去，這樣一來，亞歷山大便馬上全力進攻。底布斯人在敵衆我寡相差懸殊的情形之下，以超過本身實力的熱情和勇氣從事自衛，英勇奮戰。但是，當馬其頓軍隊從城砦衝出向他們猛攻的時候，他們四面被圍，大部份人都死於這次戰役之中；底布斯城於是被佔領，刼掠，並且夷爲平地。亞歷山大之所以用這種殘酷手段對待底布斯人，是想殺鷄儆猴，使其他各地的希臘人於驚恐之餘，乖乖地屈服；另外還有一個用意，就是想藉此來滿足他的一些盟友們的願望，因爲佛西斯人和普雷提亞（Plataea）人都很懷恨底布斯人。因此，除掉祭司們、與馬其頓人有友誼或親戚關係的人們、詩人平達的家屬、以及曾經投票反對這次叛亂的人們之外，所有其餘的人們，都被售爲奴隸，爲數共三萬人；被殺死的底布斯人，則在六千名以上。

這個城市遭受許許多多可怕的災禍。有一些色雷斯士兵闖進了一個品德高尙很有名望的名叫提摩克莉亞（Timoclea）的婦人的家裏，當他們在刼掠財物的時候，他們的隊長把那個婦人强姦了，然後問她有沒有金錢藏在什麽地方；她告訴他有，把他領到一個花園裏邊，走到一口井的前面，她說在城陷的時候，她把一切最貴重的物品都投到那口井裏面去了。於是那個貪婪的色雷斯軍官俯身察看財寶所在的地方，那個婦人便走到他的身後，用力把他推到井裏，又丟下一些大石頭，直至把他弄死爲止。那些士兵們發現這件事情之後，便把她綁起來，送到亞歷山大那裏，她的態度雍容，步履文雅，表明她是一個身份高貴氣質不凡的女人，而且毫無恐懼驚慌之色。當亞歷山大問她是什麽人的時候，她回答說，「我是底阿幾尼斯（Theagenes）的姊妹，他曾經以司令官的身份在凱洛尼亞之戰中同你的父親費力浦作戰，爲了希臘的自由而戰死在那裏。」亞歷山大對於她所做的事情和所說的話非常驚奇，他只有把她釋放，准許她和她的孩子們隨便到什麽地方去。

後來，他以非常寬大的態度對待雅典人，雖然雅典人對於底布斯人所遭遇的不幸極其關切，爲了對於死亡的底布斯人表示哀悼，他們停止了卽將擧行的神秘祭，並且對逃往雅典的底布斯人，極其親切地加以招待。不曉得是因爲他那獅子一般的暴怒已經由於殺人流血而得到充份的發洩，還是因爲他在做出一些極殘酷的行爲之後，很想擺出一副仁慈的面孔，他不僅完全寬恕了雅典人過去對他的冒犯，並且吩咐他們善自處理自己的事務，他告訴他們說，如果他一旦遭遇不測，將由雅典人號令整個希臘。據說，他後來時常爲了他加給底布斯人的殘暴待遇而深感懊悔，這種懊悔對於他的性情發生很大影響，使他後來以比較溫和的態度對待其他許多國家。他並且認爲，他之在酒後殺死克萊塔斯（Clitus），以及馬其頓人之不肯隨他征討印度，因而使他的功業和光榮不能登峯造極，都是由於底布斯的守護者戴奧奈莎斯神㉟的憤怒和復仇所致。後來，任何幸而殘存的底布斯人，不論向他提出什麼要求，他都有求必應。

不久之後，希臘人在哥林斯地峽舉行大會，決議大家和亞歷山大一起遠征波斯，並且一致推選他爲總司令。當他停留在那裏的時候，許多政治家和哲學家們從各地前來，爲了他的當選總司令而向他致賀；他本來預料當時正住在哥林斯的西諾普（Sinope）的戴奧幾尼斯㊱也會前來向他致意，但是這個人對亞歷山大毫不理會，他不但不來向他祝賀，而且一直不離開他所居住的那個名叫克雷尼亞姆（Cranium）的郊區，於是亞歷山大便去訪問他，到達那裏的時候，發現他正躺着晒太陽。他看見那麼許多人走近他的身邊，稍微抬抬身子，用眼睛望着亞歷山大；當亞歷山大很客氣地問他是否有什麼需要的時候，他回答說，「有的，我想請你站開一些，不要把陽光遮住。」亞歷山大深爲這個回答所感動，並且爲了這個對他如此不加理睬的人的偉大氣質而感覺驚奇，當他們走開的時候，他的隨行人員都在嘲笑那位哲學家的古怪脾氣，他却對他們說：「如果我不是亞歷山大，我也願意做戴奧幾尼斯。」

然後他到德爾菲去，爲了遠征亞洲的事情請示神諭，他到達那裏的一天正好趕上「禁日」，按照規定不能發佈任何神諭。他先派人去請女祭司來執行職務；女祭司不肯，她說法規不許她如此做，於是他便親自前往，要强行把她拉到神殿裏面，女祭司被他弄得沒有辦法，便對他說：「我的孩子，你是不可征服的。」亞歷山大聽到了這句話，便說他已經得到了他所希望得到的神諭，不必再向神請示了。在他出發的時候，出現了許多奇異的徵兆，其中之一是：在里勃斯拉(Libethra)的奧甫幽斯神雕像(用柏木製成的)出了大量的汗水，許多人都認這是一個不祥之兆，覺得很沮喪。但是阿理斯坦德却告訴亞歷山大說，那絕不是什麽不祥之兆，而是預示他將完成一些重大而光榮的功業，使後世的詩人和音樂家們不得不辛勞流汗，來叙述並頌揚那些事蹟。

至於他所率領的軍隊的數目，舉出最低數字的人說是有三萬步兵和四千騎兵，舉出最高數字的人也只說有四萬三千步兵和三千騎兵。據亞理斯多布拉斯(Aristobulus)說，他爲軍隊薪餉所準備的錢，不過七十泰倫；如果杜里斯(Duris)的話是可信的，他所準備的給養，只够三十天用；但是歐奈西克里塔則說他借了二百泰倫的債。可是，儘管在開始這項偉業的時候，他的財力是如此的微薄，他在上船之前，還特別一一垂詢隨他前往的朋友們的安家情形，並且供應他們的需要，送給這個一些優良的農場，送給那個一個村莊，對於另外一個則撥給了某一小村或海港鎮市的收益。到最後，他差不多把王室的全部財產都分配光了；當坡第卡斯(Perdiccas)問他爲自己留下了什麽的時候，他回答說，「我的希望。」坡第卡斯對他說，「你的部下也將分享你的希望，」於是他放棄了亞歷山大撥給他的產業。亞歷山大的另外一些朋友們也同樣地謝絕了他的贈與；但是對於那些願意接受並且希望他加以幫助的人們，他都盡他財力之所及，一一地滿足他們的要求，他在馬其頓的大部份產業便這樣地分配掉了。

帶着這樣堅强的決心和昂揚的意氣，他渡過赫勒斯龎特海峽，在特洛艾(Troy)㊲向敏諾華獻祭，並且向埋葬在那裏的英雄們奠酒致敬。此外，他還在阿基力斯的墓碑上面塗油，和他的朋友們按照習俗繞着墳墓裸體賽跑，在墓頂上面放置花環，並且宣稱這位英雄是幸運的，在生前有那麽一位忠實的朋友，在死後有那麽一位著名詩人來表彰他的事蹟。當他在探訪當地的其他古蹟的時候，有人問他是否願意去看看巴里斯 (Paris)㊳ 的豎琴，他說他認爲那個豎琴不値一看，但是他很高興去看看阿基力斯的豎琴，那位英雄在生前的時候，時常一邊彈奏那個琴，一邊歌頌英勇的人們的光榮和偉蹟。

在這個期間，達理阿斯(Darius)手下的將軍們已經調集大軍，屯駐在格拉奈卡斯河(Granicus)㊴的對岸，看起來亞歷山大必須經過一場戰鬪，才能進入亞洲的大門。河水很深，而大軍過河之後，還要爬上對岸的凹凸崎嶇的高坡，大多數軍官都很害怕。有些軍官則宣稱當時的時季不宜於作戰，因爲按照傳統的慣例，馬其頓歷代帝王都不在 Daesius（六月）這個月份率軍出戰。但是亞歷山大打破了他們的忌憚，下令把這個月份改爲第二個 Artemisius（五月）。巴門尼歐勸他不要在當天過河，因爲天色已晚，他告訴他說，他既已毫無畏懼地渡過了赫勒斯龎特海峽，現在却在格拉奈卡斯河畔躊躇不前，豈不將使赫勒斯龐特感覺羞愧。於是他沒有再多講話，馬上率領十三隊騎兵涉水渡河；在陡峭的對岸，佈滿了敵人的步兵和騎兵，箭矢像陣雨一般地發射過來，而且河水喘急，波濤洶湧，他當時所採取的行動，狂熱冒險的成份似乎多於審愼的判斷。可是，他堅持不懈地奮力渡河，經歷許多艱險之後，終於到達對岸，很費力地沿着那個十分泥濘而滑溜的高坡往上爬，在他還沒來得及把正在渡河的軍隊排成適當隊形的時候，馬上就被迫同敵軍做一人對一人的短兵相接的混戰。波斯軍隊喊聲震天地向他們襲擊，以騎兵對騎兵，先是使用長矛，長矛折斷之後，便用劍來襲擊他們。亞歷山大由於他所持着的盾，和盔上佩帶的兩大簇白色的翎毛，很容易被人辨認出來，所以許多敵軍從四面八方向他襲擊，雖然有一次敵人用長槍刺穿了他的胸甲的一個接縫之處，他並未受傷。波斯的兩名指揮官羅塞舍西（Rhoesaces）和史比斯里戴提(Spithridates)同時出手襲擊他，他避開史比斯里戴提，而用長槍刺擊羅塞舍西，羅塞舍西穿着一件非常堅固的胸甲，竟把他的長槍折斷，他於是改用短劍。當他們兩人正在這樣地交戰的時候，史比斯里戴提又從一側殺來，在馬上抬抬身子，奮全力用他的戰斧向亞歷山大的盔砍去，結果砍掉了他的一簇羽飾，他的盔算是勉强抵擋住這個沉重的砍擊，但是戰斧的邊緣已經碰到他的頭髮。當史比斯里戴提再度舉臂想做第二次砍擊的時候，被稱爲「黑克萊塔斯」的克萊塔斯却先下手爲强，用長槍刺穿了他的身體。在這同時，亞歷山大也用劍殺死了羅塞舍西。當雙方的騎兵正在這樣地兇猛作戰的時候，馬其頓的方陣（phalanx）㊵過河來了，於是雙方的步兵也參加作戰。但是，攻擊剛一開始，敵軍便招架不住，很快就撤退逃走了，只有的僱傭的希臘軍隊，繼續盤據在一座小山上面，要求亞歷山大答應寬赦他們，才肯投降；亞歷山大憑着一時衝動，不肯答應這項要求，而且率先去攻擊他們，他的座騎（不是布塞法拉斯，而是另外一匹馬）被敵人一劍刺死。他的部下在這場戰鬬中的傷亡，超過渡河之後的混戰中的全部傷亡，因爲那些希臘軍隊都很富於作戰經驗，而且存着死裏求生的意念，拼命奮戰。在這次戰役當中，波斯軍隊共死亡步兵兩萬名，騎兵兩千五百名。在亞歷山大這邊，據亞理斯多布拉斯說，死亡者不過三十四人，其中九人爲步兵；爲了紀念這些死者，亞歷山大下令爲他們每人建立一座銅像，那些銅像是由賴息帕斯鑄造的。爲了使希臘人分享他的勝利的光榮，他把戰利品爲他們送回去一部份，並且特別送給雅典人三百隻盾；在所有其他的戰利品上面，他都下令刻出如下的文字：「費力浦之子亞歷山大和拉西第蒙人除外的所有希臘人自居於亞洲之野蠻人取得者。」所有他從波斯人手中取得的杯盤、紫袍、和其他的這一類的東西，除了少數自己留用而外，他都送贈給他的母親。

這次戰役馬上使亞歷山大的處境變爲十分順利。波斯帝國的沿海省份的重鎭薩狄斯（Sardis），和許多其他重要地方，都向他投降了；只有哈利加納薩（Halicarnassus）和米利都繼續抵抗，他只有用武力加以佔領，並且征服了附近的全部地區。然後，對於下一步所應採取的行動，他有些猶豫難決。有時候，他想最好趕快找到達理阿斯，同他做孤注一擲的決戰；有時候，他認爲比較審愼的辦法是，先把沿海省份全部佔領，在那些地方行使自己的權力，確實掌握住那些省份的資源，然後再尋找敵人交戰。當他正在這樣考慮着的時候，剛好里西亞（Lycia）㊶詹薩斯城（Zanthus）附近的一個泉水忽然自行高漲，溢出岸邊，冲出來一面銅牌，在那面銅牌的邊緣刻着一些古代文字，大意說，波斯帝國將來有一天要被希臘人所滅亡。亞歷山大受了這個預言的鼓勵，趕快去征服全部沿海地區，直至西里西亞(Cilicia)㊷和腓尼基爲止；他的大軍在通過龐非利亞(Pamphilia)㊸沿海地區時的順利迅速，使許多史家在記述的時候歌頌讚歎，認爲那是一個奇蹟，由神恩天惠所賜，他們說，波濤通常都是從大海很猛烈地向岸邊滾流，在懸崖峭壁之下的海灘，完全要被洶湧的波濤所淹沒，但是在亞歷山大到達的時候，海水却自動後退，爲他讓出一條道路。米南達(Menander)㊹的一篇喜劇裏的下面的詩句，就是指着這個奇蹟而言：

「亞歷山大的幸運也不過如此罷？
我想會晤誰，他就自己找上門來，
如果我想從海洋中間走過去，
海水無疑地會爲我讓出一條路。」

但是亞歷山大在他的書信裏面，却完全沒有講到這種奇異的事情，他只說他離開法舍力斯（Phaselis）之後，取道所謂「梯路」，向前行進。他曾在法舍力斯停留一些時候；因爲在市場發現了原籍該城已經死去的狄奧德克提（Theodectes）的雕像，他在吃過晚飯並且喝了許多酒之後，環繞着那座雕像跳舞，還爲它戴上一些花環，在歡笑之中很風雅地向這位哲學家的英靈致敬，因爲當他從前受教於亞理斯多德的時候，曾經和他有過交往。

然後他征服了對他加以抵抗的匹西底亞(Pisidia)㊺人，擊敗了弗里吉亞人；弗里吉亞的主要城市戈迭姆(Gordium)據說是古代的邁達斯(Midas)㊻的住所，在他佔領了這個城市之後，他看到那輛被用山茱萸皮製成的繩索綁到軛上面的著名的馬車，並且聽到流傳在當地居民之間的一種傳說─誰能解開那根繩子，誰就會成爲全世界之王。大多數作家都說，那個繩結被纏結得很複雜，末端摺在裏邊，亞歷山大解不開那個結，便用劍把它割斷。但是亞理斯多布拉斯告訴我們說，亞歷山大很容易地把它解開了，因爲軛和轅桿是由一隻木栓結牢的，他把那隻木栓拔出，馬上就把軛卸下來了。他從這裏進入帕發拉格尼亞(Paphalgonia)和卡帕都細亞(Cappadocia)，很快地征服了這兩個國家；這時候，消息傳來，達理阿斯派駐沿海地區的最優秀的司令官、並且可能對於他的軍事進展做出許多阻礙和困擾的麥姆儂(Memnon)死了，使他受到很大鼓勵，決心向亞洲的內地省份進軍。

在這時候，達理阿斯已經離開蘇薩(Susa)㊼，率軍向沿海地區行進，滿懷着信心，不僅因爲他的兵力强大，共有六十萬之衆，而且由於他做了一個夢，波斯預言者們爲他做了一個阿諛性的解釋，而沒有按照本來的或然性加以說明。他夢見馬其頓軍隊的方陣都着起火來，亞歷山大身上穿着他從前担任先王專差的時候所穿的那種衣服，侍候着他，然後便走進貝拉斯(Belus)㊽神殿而不見了。這個夢的含義，似乎是向達理阿斯顯示馬其頓人所將完成的顯赫事蹟，而且正像他自己能由專差一躍而爲國王的情形一樣，亞歷山大將成爲亞洲的主人，不過他在勝利之後不會活得很久，而在榮耀之中結束他的一生。因爲亞歷山大在西里西亞停留很久，達理阿斯的信心更爲大增，他認爲那是由於他的懦怯。

但是亞歷山大之所以在西里西亞停留那麼久，實在是因爲他生病了：至於他的病的起因，有人說是由於疲勞的結果，有人說是因爲他在息德納斯河（Cydnus）㊾洗澡，河水過涼所致。這些姑且不說，所有的醫生都不敢對他加以治療，因爲他們認爲他的病情嚴重，如果治死了，馬其頓人必將紛紛責難，懷疑他們在中間動了手脚；只有阿卡內尼亞人費力浦，鑒於他的病勢十分危急，憑着他們二人之間的爲人所熟知的友誼，決心竭盡自己的醫術來救治他，寧肯使自己的信譽和生命面臨危險，而不讓他因爲無人醫治而白白死去；於是他爲他配出一些藥，勸他大胆地吃下去，如果他想迅速康復，以便繼續從事戰爭的話。在這時候，巴門尼歐從軍營寫信給亞歷山大，要他提防費力浦，因爲達理阿斯已經答應給他鉅額金錢，並且把女兒嫁給他，要他來害死亞歷山大。亞歷山大把這封信仔細讀過之後，便放在枕頭下面，連任何一位最親近的朋友，他都沒有使之看到；當費力浦拿着藥杯進來的時候，亞歷山大極其高興而信賴地把藥接過來，同時把那封信遞給他看。這的確是一幕很富於戲劇性的景象，亞歷山大在喝藥，費力浦在看信，然後兩人彼此相望，不過各有其不同的心情；亞歷山大的神情是愉快和坦誠的，表示着他對於這位醫生的友善和信任，費力浦則對於這項誹謗充滿了驚訝與憤慨，一下子舉手指天，請神明爲他的清白做見證，一下子俯伏在亞歷山大的床邊，要他丟開一切恐懼，放心地接受他的醫療。藥力很強，最初似乎把他的生命力都驅到內部去了；他不能講話了，陷入昏迷狀態，差不多已經完全失去知覺，脉搏也停止跳動。可是，在費力浦的照料和治療之下，不久他就恢復健康，公開出現在馬其頓人之前，他們直到看見了他，才消除了他們的憂懼和沮喪心情。

這時候，在達理阿斯的軍中有一個馬其頓的逃亡者，名字叫做阿敏塔斯（Amyntas），很熟知亞歷山大的脾氣。這個人看出達理阿斯想在山隘和峽道上襲擊敵軍，便很誠懇地勸告他停留原處，以便在廣闊的平原上面用人數衆多的軍隊同數目上居於劣勢的敵軍做一決戰。達理阿斯沒有採納這個人的建議，他說他擔心敵軍企圖逃走，那樣一來，亞歷山大便逃出他的掌握了。阿敏塔斯回答他說，「關於這一點，你不必擔心，他不但不會逃避你，而且會儘速來找你，很可能他現在已經率領軍隊往你這邊來了。」但是，阿敏塔斯的建議是白費的，達理阿斯馬上撤營，就在亞歷山大率軍到敘利亞來找他的同時，把軍隊開進西里西亞；他們在黑夜之中彼此錯過了，於是兩個人又都折回來。亞歷山大對於這個局面覺得非常高興，趕快前往峽道去迎戰達理阿斯，而達理阿斯却急於想使他的軍隊從這樣一個非常不利的地方脫身，回到從前的營地。因爲現在他已看出，他把軍隊投入這樣的一個地區，實在是一個錯誤，這個地區一面是海，一面是山，又有平內拉斯河（Pinarus）橫貫其間，他的軍隊必須化整爲零，騎兵幾乎毫無用處，而這種地形，對於人數較少的敵軍，却是甚爲有利的。能得到這樣一個有利的戰場，固然是亞歷山大的幸運，但是他的巧妙的佈署，却對於勝利做了更大的貢獻。因爲他的軍隊在人數上處於很大的劣勢，所以他竭力設法不被敵軍所包圍，他把他的右翼延伸到超過敵軍左翼很遠的地方，他本人親自在那裏的前鋒作戰，使敵軍終於潰退。在這次戰役之中，他的大腿受了傷；據查雷斯（Chares）說，那個傷是達理阿斯同他短兵相接的時候所造成的。但是在他寫給安提培特的一封報告這次戰況的信裏，雖然承認他的大腿受了劍傷，並不嚴重，却沒有提到那個傷是由何人造成的。

他獲得了一場輝煌的勝利，消滅敵軍十一萬有餘，美中不足的是未能俘獲達理阿斯，那位波斯國王極其勉强地得以逃脫了。可是，他在追趕的時候，擄獲了達理阿斯的戰車和弓，然後才回來；回來之後，他發現他的部下正在分取波斯軍營裏面的財物，雖然達理阿斯爲了減輕他的軍隊的負擔，把他們的大部份行李都留在達馬士革（Damascus）㊿，他們的財物仍然是非常豐富的。但是，達理阿斯的那座充滿了華美傢具和金銀器皿的帳篷，亞歷山大的部下却爲他保留着；他卸下甲冑之後，便去沐浴，並且對左右的人們說，「讓我們在達理阿斯的浴室裏面洗掉戰爭的辛勞罷。」他的一個朋友回答說，「不對，應該說是在亞歷山大的浴室裏面，因爲被征服者的財產是屬於征服者的，而且應該被稱爲他的東西。」在浴室裏面，他看到那些浴盆、水瓶、淺盆、和膏油箱等等，都是用金子做的，製造得很精巧，滿室芳香，他從這裏走到一個非常高大的帳篷，其中擺設着一些極其華美的長椅和桌子，和一桌豐盛的宴席，他轉身對左右的人們說，「這大概就是帝王之所以爲帝王罷。」

當他正要開始進晚餐的時候，有人來報告說，達理阿斯的母親、太太、和兩個未婚女兒也和那些俘虜一起被俘，她們看到了達理阿斯的戰車和弓，都悲傷慟哭，以爲他已經死了。亞歷山大略事猶豫，顯然他當時的惻隱之心比他勝利後的得意心情更爲强烈，於是他派遣里歐納塔斯（Leonnatus）去告訴她們說，達理阿斯並沒有死，她們不必恐懼亞歷山大會加給她們任何傷害，因爲他只是爲了爭奪霸權而同達理阿斯作戰；她們以前從達理阿斯那裏所得到的一切供應，現在都照樣給與。這項仁慈的消息使那些被俘的婦女們十分快慰，而亞歷山大後來又以同樣仁愛而慷慨的實際行動來履行那些諾言，尤其使她們高興。因爲他准許她們埋葬她們所願意埋葬的死亡的波斯人，並且可以從戰利品之中取用喪葬所需的衣服和用具。他沒有減少她們的僕從，她們所受的厚待和尊重，都和從前一樣，而且他給她們的津貼，比以前還多了。但是，他加給那些顯赫的俘虜的待遇，有一點最能表現他的高貴氣質和帝王風範，那就是，絲毫不去損害她們的美德和高尚品性，不使她們聽到、受到、甚或擔心任何非禮的言行。她們好像是住在一個神殿，或者聖潔的處女的庇護所裏面，過着一種完全不受侵犯與干擾的與外間隔絕的生活，而不像是住在敵營裏面。據說達理阿斯的太太是當時的最美的王后，正像她的丈夫是當時的最魁梧最漂亮的男人一樣，女兒們都長得很像她們的父母。但是，亞歷山大認爲克制自己比征服敵人更具有帝王之風，所以他沒有去接近這些女人之中的任何一個，而且在他結婚之前，除了巴塞茵(Barsine)之外，不會接近過任何其他女人；巴塞茵是麥姆儂的遺孀，在達馬士革被俘的。這個女人精通希臘文學，氣質高雅，品德優美，而且是王室之後，因爲他的父親阿塔巴索斯（Artabazus）是一位波斯國王的外孫，亞歷山大又受了巴門尼歐的慫恿和鼓勵（據亞理斯多布拉斯說），更加戀慕這個秀逸可人的女子。至於其他的女俘虜，儘管也都窈窕美麗，他並沒有對她們多加理睬，只是以玩笑的口吻說，波斯女人們眞是叫人看了眼睛難受。他表現一種節制和克己的美，來和那些女人的美貌相抗衡，所以他終於能把那些女人視爲沒有生命的雕像一般，而保持其方寸之不亂。有一次，他手下的駐沿岸地區部隊的司令官費洛克森納斯寫信給他說，那裏的一個名叫提歐多拉斯的塔倫坦人有兩個非常俊美的男童出售，問他是否想買，他看了那封信之後非常生氣，向他左右的朋友們大聲詢問好幾遍，不曉得費洛克森納斯在他身發現了什麼卑劣的品質，居然胆敢向他做出這種可恥的建議。他馬上回覆費洛克森納斯一封很嚴厲的信，他告訴他說，提歐多拉斯及其貨品應該連同他的善意一起付諸毀滅。在海格儂寫信給他，告訴他要把一個名叫克羅貝拉斯的哥林斯俊美少年買來送給他的時候，他也同樣地對他嚴加譴責。他聽說達芒和提摩修斯——巴門尼歐手下的兩名馬其頓士兵——把幾個外國傭兵的太太姦汚了，便致書巴門尼歐，嚴格地命令他說，如果發現那兩名士兵確實犯罪，就應該像對待那些專事爲害人類的野獸一樣，馬上處死。他在那封信裏並且講到，他不曾見過達理阿斯的太太，也不想見她，而且不許任何人在他面前講到她的美。他時常說，睡覺和性交最能使他感覺到他遲早不免一死，而疲倦和快感都是人類的同一弱點的自然結果。

他在飲食方面，也是極有節制的，這種事例很多，我們現在只舉出他對艾達(Ada)所說的話，做爲一個證明。他奉艾達爲義母，後來並封她爲加里亞女王；艾達非常關懷他，每天爲他送去一些精美的菜餚和甜食，並且打算派來一些最善於烹調的廚子和麵包師傅，亞歷山大却告訴她說，他完全不需要那些好廚子，因爲他的老師里昂尼達斯已經給了他最好的廚子，那就是：夜行軍會爲他調製一頓美味的早餐；早餐少吃，會爲晚餐造成强烈的食慾。他並且說，里昂尼達斯當時還時常到他的房間裏面搜查櫃櫥，看看他的母親是否爲他留下什麼精美或奢侈的東西。他遠不如一般人所認爲的那樣嗜酒；人們之所以認爲他嗜酒，是因爲他常常在餐桌上面花費很長的時間，其實他那些時間大都用於談話，而非喝酒，他的每一杯酒都是在同旁人做漫長的談話之中慢慢地喝下去的，而他的餘暇時間也往往是這樣度過的。因此，在他有事要辦的時候，他不會像其他將軍們那樣地因爲喝酒、睡眠、遊戲、偷情、或觀賞娛樂表演而受到躭擱；他能在短短的一生之中，完成那麼多而又那麼偉大的事蹟，就是一個强有力的證明。他在閒暇的日子，起床之後，總是先祭神，然後坐下來吃早飯；這一天的其餘時間，他都是用於打獵，或寫回憶錄，對於某些軍事問題做一裁決，或讀書。在不太緊急的行軍之中，他總是一邊走一邊練習射箭，或者在戰車以全速力行駛的時候，從下面跳上去，再從上面跳下來。有時候，如他的日記中所記載的，他也獵狐和打鳥，做爲消遣。到晚上回到營地的時候，在沐浴和塗油之後，他總是把麵包師傅和主要的厨子們叫來，詢問他們是否已把他的晚餐準備妥善。要到很晚天黑的時候，他才開始晚餐；他對於同席的人非常慇懃周到，務必使每個人都得到同等的飲食，而且不使任何人有向隅之感；他的喜歡談話，如我們在前面已經講過的，使得他在飲酒時候花費很長的時間。他的談吐本來比任何其他帝王都更爲風趣愉人，只有一種毛病，就是有時候會像凡庸的武夫那樣地誇耀自己，在那種情形之下，脅肩諂笑之輩便乘機對他大肆奉承，而那些品德高超的人們則深感不安，因爲他們覺得，如果和那些諂媚者爭着奉承亞歷山大，是一種卑鄙的行徑，如果不對他的豐功偉蹟加以恭維，又有引起誤會的危險，因此他們躊躇於羞恥與危險之間，頗有無所適從之感。在這樣的一場飲宴聚談之後，他往往就去洗個澡，然後就寢，常常一直睡到中午，有時候竟睡一整天。他在吃東西方面是非常不在乎的，有時候，人們爲他帶來稀罕的魚類和水果，他就分給他的屬僚們，常常一點也不給自己留下。可是，他的餐食總是非常豐盛的，其費用也是隨着他的成就而不斷增加，直到最後，他每天的伙食費高達一萬德拉克馬，這個數字便成爲他的規定額，旁人如果宴請他，一餐的費用也不許超過這個數額。

在伊索斯(Issus)㉛戰役之後，他派人到達馬士革去擭取波斯人的錢財、行李、和妻子兒女；在這些戰利品之中，帖薩利騎兵分到的最多，因爲他們在戰爭之中表現得非常英勇，亞歷山大特別把這個差事派給他們，使他們得到適當的酬報。不過其餘的軍隊也都分到相當多的戰利品，大家都發了財。這是馬其頓人第一次嚐到波斯的財貨、女人、和野蠻的豪華生活的味道，食髓知味，便像追踪臭跡的獵犬一般，急於想繼續追捕到更多的東西。但是亞歷山大認爲，必須先把沿海地區徹底征服，然後再向前進展。塞浦路斯（Cyprus)㉜的統治者們把那個島嶼奉獻給他，腓尼基——太爾城（Tyre）除外——也向他投降。他對太爾城圍攻了七個月，他築起了土堤，使用弩砲，還有兩百隻軍艦從海上攻擊。在圍城期間，他夢見赫庫力斯在城牆上向他招手，要他進城。許多太爾人也夢見阿波羅神對他們說他對他們的行爲很不高興，卽將離開他們，投到亞歷山大那邊去。於是太爾人把阿波羅神當作被捉回的逃兵一般，用繩子把他的雕像綑起來，再用釘子把雕像釘在底座上面，譴責他是一個親亞歷山大份子。又有一次，亞歷山大夢見一個半人半山羊之神（satyr）在遠處向他嘲弄，當他上前去捉他的時候，他還是逃脫了，亞歷山大追捕很久，最後才算把他制服。解夢者們把 Satyrus㉝分成兩字，告訴亞歷山大說太爾將歸他所有。直到現在，那裏的居民們還可以指出一個泉水，據說當年亞歷山大就在那個泉水附近夢見半人半山羊之神。

在大軍主力圍攻太爾期間，他還曾率領一股人去征討居住在安提利巴納山（Mount Antilibanus）㊹一帶的阿拉伯人，在那次出征的時候，他的老師賴息瑪卡斯堅持要隨同他一起前往，因爲他說他並不比阿基力斯的監護人斐尼克斯更爲老邁，或者比較缺乏勇氣。在這次出征期間，他曾爲了照應這位老師，而使自己的生命陷入很大的危險之中。原來當軍隊走近山地的時候，他們下了馬，徒步前進，其他的官兵們都遠遠地走在他們的前面，當時黑夜即將來臨，敵軍又距離很近，亞歷山大不肯丟下這位行動遲緩、疲憊、而上了年紀的老師，他鼓勵着他，扶着他慢慢前進，同行的只有少數隨員，這一行人不知不覺中竟和大隊距離很遠，失去聯繫，被迫停留在一個很不方便的地方，要在黑暗中度過一個極其寒冷的長夜。後來他看見遠處有敵軍的許多漫佈着的營火，因爲他對於自己的身手的靈活很有信心，又總想在馬其頓人處於困苦之中的時候，爲他們分擔辛勞，對他們加以鼓舞和支援，因此他就朝着最近的一處營火跑去，到了那裏之後，用他的短劍把坐在營火旁邊的兩個野蠻人殺死，拿起一根燃燒着的木條，趕緊回到他那一行人所停留的地方。他們馬上燃起很大的一片火，使敵軍大爲驚恐，許多敵兵都逃跑了，那些胆敢前來進攻的人們也都很快地被他擊敗，於是他們很平安地度過了那一夜。這些情形，都是根據查雷斯的記載。

現在再來說這場圍城的情形，其結局是這樣的：亞歷山大因爲他的軍隊作戰已久，甚感疲憊，爲了給與他們一個休息的機會，他只率領少數軍隊前去攻城，目的只是困擾敵人，使他們不得休息，並不希望有多大收穫。在這個時候，預言者阿理斯坦德向神獻祭，把犧牲的內臟察看一番之後，很有信心地向站在他身旁的人們宣稱，太爾城一定可以在那個月內攻下，那些人聽了之後，對他的話加以嘲笑，因爲那一天已經是那個月的最末一天了。亞歷山大看到阿理斯坦德的樣子很窘，而且他一向都願意支持他的預言的靈驗，於是他下令不要把那一天算做三十號，而把它算做二十三號，並且下令吹起軍號，然後便比他所預定者更爲認眞地從事攻城。因爲進攻得非常猛烈，留在大營裏面的軍隊也都按捺不住，紛紛前去協助，結果聲勢非常浩大，攻勢銳不可當，太爾人不支後退，亞歷山大眞的就在當天佔領了那個城市。下一步，他去圍攻叙利亞的主要城市之一迦薩（Gaza），在攻城期間，有一天，一隻大鳥從他的頭頂飛過，把一塊泥土掉在他的肩上，然後就落在一門弩砲上面，却突然陷入羅網之中，而被捉住，那種網子是用牛筋製成的，做爲保護那些操縱機關的繩索之用的。後來發生的事情，完全和阿理斯坦對於這個朕兆的解釋相符合：亞歷山大的肩部受了傷，但是他把那個城市佔領了。

從這裏，他把大部份戰利品送給奧林匹亞斯，克里奧佩特拉，和其他的朋友們；他也沒有忘記他的老師里昂尼達斯，送給他五百泰倫(talent)[55]乳香[56]和一百泰倫沒藥（myrrh)[57]，他這份禮物的意義，是爲了紀念他的老師在他幼年時期對他的期許。因爲有一次，在亞歷山大獻祭的時候，里昂尼達斯站在一旁，看見亞歷山大兩手拿着滿把的香，往火裏面投，他便告誡他說，目前在獻祭的時候，最好節省一些，等到將來他把那些出產樹膠和香料的國家征服之後，才可以像現在這樣地揮霍香類。因此亞歷山大現在寫信給他說，「我現在送給你大量的乳香和沒藥，將來你在祭神的時候不必那麼慳吝了。」在他從達理阿斯取得的財寶和戰利品之中，有一個很寶貴的小箱，主管人員認為那是一件罕有的珍品，特地奉獻給他，他詢問左右的人們把什麼東西放置在那個小箱裏面最合適；他們提出了種種的意見，他都不以為然，他告訴他們說，他要用那個小箱收藏荷馬的「伊里亞特」。許多可信賴的作家，都講到這個故事。如果那些亞歷山大里亞(Alexandria)[58]人根據赫拉克萊狄(Heraclides)的說法所告訴我們的事情是眞實的話，在他的出征期間，荷馬是對他很有裨益的一個良伴。在征服埃及之後，他決定在那裏建造一座大城，供希臘人居住，並且以他的名字為名；在一些最優秀的工程師的建議之下，他已經測量出一片地方，樹樁標明界線，即將開始奠基，可是有一天晚上，他在夢中看見一個奇異的景象：一位面貌可敬的白髮老人走近他的身邊，讀出了這兩行詩[59]

「在波濤怒吼的海上，有一個島嶼，
在埃及的前邊，他們稱之為費羅斯(Pharos)。」

於是亞歷山大馬上起來，到費羅斯去，那時費羅斯還是一個島嶼，位於尼羅河卡諾帕斯(Canopus)河口不遠之處，雖然現在它已經藉着一個堤道同大陸連接起來了。那個地方是一個長長的地峽，一邊是礁湖，一邊是大海，在大海這邊的盡頭有一個很大的港口，他一看到那片地方，就覺得它非常便利，他說荷馬在其他的種種長處之外，還是一位很出色的工程師，於是他便吩咐按照這個地勢畫出整個的建築圖樣。因為手邊沒有粉筆，他們便用麵粉在那一大片黑地上面劃出一個半圓形的範圍，在那個半圓形範圍上面畫出一些直線，使之成為一個短斗篷的形狀；亞歷山大正在欣賞這個設計圖的時候，突然有無數的各種大鳥，像一片烏雲似的從礁湖和河上飛過來，把畫線的麵粉吃得乾乾淨淨，這個兆頭使亞歷山大甚爲煩惱，但是那些預言者們却告訴他說，這個預兆所表示的意義是，他所要建立的這個城市的資源極其豐富，不僅沒有匱乏之虞，而且還可以把食物供應許多其他國家，於是他又恢復了信心。他命令工程師們繼續進行工作，他自己則動身前往參拜亞蒙的神殿。

這是一個漫長而艱苦的旅程，而且還冒着兩種危險。第一，他們的水的供應可能中斷，因爲在路上會有好幾天連一滴水都無法得到；第二，當他們在那片廣袤的極深的沙漠上面行進的時候，如果遇上强烈的南風，便會陷入坎貝西斯（Cambyses）⑥所曾遭遇的命運：狂風襲來的時候，把整個沙漠吹成波濤洶湧的海洋一般，結果坎貝西斯的五萬軍隊都被埋沒，葬身沙海。亞歷山大的屬僚把這些困難都加以考慮，並且向他報告過了，但是他如果想做什麼事情，別人是很難改變他的意向的。因爲命運之神一向對他非常好，所以他遇事更加堅持自己的主張，總以爲他的意見都正確，而他的勇敢天性又激發起他的克服一切困難的雄心，使他覺得單是在戰場上常勝還不夠，還要能夠征服時間、空間、和大自然本身。在這次旅程之中，天神對於他的困苦所施與的解救和幫助，更爲驚人，比他後來所領到的神諭更爲令人相信，我們也可以說，由於那些神助的事蹟，人們才重視並且相信那些神諭。第一，天上降下來大量的雨，解除了他們的渴死的恐懼，消滅了沙漠的乾燥（沙漠被雨水濕潤之後，變爲固結，比較易於行走），並且使空氣更爲淸純。其次，當他們因爲導路的標誌毀損不見而致迷失路徑，往返徘徊的時候，便有一些烏鴉⑥出現，爲他引路；當他們行進的時候，烏鴉在前面飛，當他們躭擱和落後的時候，烏鴉便等待他們；最奇怪的是（據考里塞尼斯 Callisthenes⑫ 說），如果有人在夜間走錯路，烏鴉便不停地叫，直至把他們引回正路爲止。當亞歷山大走過那片荒漠，到達目的地的時候，大祭司代表亞蒙向他表示歡迎之意，好像亞蒙就是他的父親一般。亞歷山大首先詢問大祭司，謀殺他的父親的兇犯們之中有沒有任何漏網的人，大祭司叫他在說話的時候要謹愼一些，因爲他的父親並不是一個人。於是亞歷山大改變措辭，問他謀殺費力浦的人們還有沒有未受到懲罰的，然後又詢問關於他的帝國的問題，他將來能否作全世界的主人？神曉諭他說，他將來會成爲全世界的統治者，所有謀殺費力浦的人們都已受到懲罰。亞歷山大聽了非常滿意，於是向邱比特·亞蒙奉獻豐美的祭品，並且向祭司們餽贈很多金錢。關於他這次請示神諭的經過情形，大多數作家的記載都是如此。但是亞歷山大在寫給他母親的一封信裏，說神還對他做了一個秘密的諭示，等他回去之後，將把那些諭示的內容只告訴她一個人。有些作家們說，祭司爲了向他表示好感起見，用希臘語稱呼他 "O Paidion"（意思是「我的孩子」）。但是由於發音不好，把最末一個字母 n 讀爲 s，因而說成了 "O Pai Dios"（意思是「宙斯——即邱比特——的孩子」）。亞歷山大對於這項發音的錯誤甚感高興；人們傳說邱比特曾稱他爲「我的兒子」，也是由此而起。

他在埃及的時候曾經聆聽哲學家薩孟（Psammon）論道，對於那位哲學家所說的話，他最加讚許的一句是：所有的人都由上帝所主宰，因爲一切統治和支配的權力都是奉神之命而行使的。但是，他自己對於這個問題所表示的意見却更富於哲學意味，他說上帝是我們全人類的共同的父親，但是他尤其是人類之中的最優秀最有品德的份子們的父親，在野蠻人的面前，他的態度甚爲傲慢，好像他對於自己的天神後裔的身份是確信不疑的；但是在希臘人之間，他的態度就比較謙遜，不常自詡爲天神之後。不過，在他爲薩摩斯的事情寫信給雅典人的時候，他曾經說過這樣的話，「賜給你們那個自由而榮耀的城市的並不是我，而是你們當時的君主被稱爲我的父親的人」[63]，就是指着費力浦而言。可是後來有一次，當他爲箭矢所傷而覺得非常痛苦的時候，他曾對左右的人們說，「我的朋友們，這裏所流的是眞正的血，而不是靈液[64]

「像諸神所流灑出來的那種東西。」[65]

又有一次，空中響了一聲巨雷，大家聽了都很害怕，詭辯家安納克薩卡斯便問身爲邱比特之子的他，是否也能發出這樣的響雷，亞歷山大笑着回答說，「不，我不願意像你所希望的那樣，對我的朋友們做出一些可怕的事情，你曾蔑視我的餐桌，因爲上面所擺列的是魚，而不是公侯們的人頭。」據說，有一天安納克薩卡斯看見這位馬其頓王送給赫斐斯欽（Hephaestion）的一些小魚，曾經講出那樣的話，藉以諷刺和貶抑那些費盡辛勞冒險犯難去追求宏偉目標的人們，因爲他們最後所得到的享受並不比旁人爲多。從上面這些記述看來，亞歷山大自己顯然並不以天神自居，或者爲此而有揚揚得意之感，他只是把他的天神身份當做促使其他民族臣服的一種手段而已。

當他從埃及前往腓尼基回來之後，他舉行獻祭和莊嚴的遊行，藉以敬神，另外還有歌舞和悲劇的表演，那些表演十分精采，不僅服裝和佈景都很華麗，而且演出者們也發揮了高度的競爭精神。因爲塞浦路斯的國王們都在這裏擔任演出者，正像在雅典用抽籤辦法從各部族選出的那些演出者一樣。他們競爭得極其激烈，互相爭勝；尤其是薩拉密斯(Salamis)王尼考克利昂(Nicocreon)和索里(Soli)王巴舍克拉底(Pasicrates)之間的競爭，最爲熱烈，他們兩人分別負擔兩位最著名的演員亞底諾多拉斯(Athenodorus)和帖薩拉斯的費用，前者代表巴舍克拉底表演，後者代表尼考克利昂表演。亞歷山大最讚許帖薩拉斯，不過在裁判員沒有投票之前，他沒有把他的意見表示出來。裁判員投票的結果，決定亞底諾多拉斯爲優勝者。他在臨去的時候，對於裁判員們的決定表示讚揚，但是他又說，他情願失去他的王國的一部份，也不願看到帖薩拉斯被人擊敗。後來，亞底諾多拉斯因爲未參加酒神祝典的表演，而被雅典人罰款，他請求亞歷山大爲他寫一封信向雅典人說情，亞歷山大沒有答應爲他寫信，却送給他一筆足够的金錢，來償付那筆罰金。又有一次，當斯卡費亞(Scaphia)的賴康(Lycon)正在戲院裏面做很精采的表演的時候，他在戲詞中間揷進一節詩，要求餽贈他十泰倫，亞歷山大當場便笑着送給他那筆錢。

　　達理阿斯寫給他一封信，並且派人來同他說項，請求他接受一千泰倫錢，做爲俘虜的贖金，並且建議把幼發拉底河(Euphrates)這邊所有的土地都割讓給他，把他的一個女兒給祂爲妻，交換的條件是將來和睦相處，結成聯盟。亞歷山大把這些建議告訴他的朋友們。巴門尼歐說，「如果我是亞歷山大，我將欣然接受這些條件。」亞歷山大則說，「如果我是巴門尼歐，我也將接受。」在回覆達理阿斯的信裏，他告訴他說，如果他親自前來投降，他將受到最親切的待遇；不然的話，他決定馬上前去找他。⑥但是，不久之後達理阿斯的太太因爲難產死亡，使他對於這封覆函的一部份很覺懊悔，顯然他在爲了失去一個表現寬厚仁慈的機會而難過；他爲她舉行了一場豪華的葬禮，藉資彌補。

有一名服侍波斯皇后的太監，名字叫做泰理亞斯(Tireus)，也和那些婦女們一起被俘，他在皇后死去之後，逃出亞歷山大的軍營，騎馬跑到達理阿斯那裏，向他報告這個噩耗。達理阿斯聽說他的太太已死，不禁用手槌頭，號啕痛苦，高聲喊道：「天哪，波斯何其不幸！他們的國王的配偶和姊妹，在生前做了俘虜還不够，到死後却又只能被草草地埋葬。」那個太監回答說：「國王，關於皇后的葬禮，以及她在葬禮中所應受到的尊榮，你完全沒有理由抱怨你的國家的噩運；因爲據我所知，你的皇后斯泰蒂拉在活着的時候，以及你的母親和女兒們，都過着和從前一樣的養尊處優的生活，除了不能看見你的尊顏之外，而我確信天神歐羅瑪斯底(Oromasdes)將來必會恢復你的尊顏的昔日的光輝。我確實告訴你，在她死後，不僅殯葬之事辦理得極其豐厚隆重，而且你的敵人們也曾爲之流淚；因爲亞歷山大在獲勝之後的態度的溫和，正像他在作戰時期的勇武可怕一樣。」達里阿斯聽到這些話之後，在極度憂傷和情緒激動之中，竟發生一種荒謬的猜疑，他把泰理亞斯帶到他的帳篷的一個比較僻靜的地方，對他說：「如果你還沒有和波斯的好運一起背棄了我，而變成了一個親馬其頓份子，如果你還承認我是你的君主達理亞斯，我要你憑着米斯拉斯(Mithras)⑰的光和你的國王的右手發誓告訴我，我現在所爲之哀悼的，是否只是斯泰蒂拉的最小的不幸？在她活着的時候，我是否曾經遭受到更爲可恥可悲的事情？如果我所面臨的是一個更爲嚴苛而殘酷的敵人，我的榮譽是否會少受到一些損傷？因爲像他那樣一個年青人，對於他的敵對者的太太如此優待，怎麽會不是出自一種可以爲我帶來恥辱的動機呢？」他的話還沒有說完，泰理亞斯便俯伏在他的脚下，請求他不要再說這種話，旣寃枉了亞歷山大，又玷辱了他的死去的太太和姊妹，泰理亞斯並且說，戰勝他的人乃是一個具有超人的美德的人物，這個事實是皇帝在災難之中的一個最大的安慰，如果他存着上面的想法，這種僅存的安慰也將被破壞無遺了；泰理亞斯勸他以友愛和敬佩的態度看待亞歷山大，因爲他對於波斯婦女們所表現的克制，不下於他對波斯男人們所表現的英勇。這個太監用一些鄭重而厲害的誓語來證明他所說的話都是眞的，並且詳細叙述亞歷山大在其他場合所表現的節制與慷慨，這時候，達里阿斯突然跑到他的朋友和朝臣那邊去，把兩手朝天舉起，禱告說：「主宰我的家族和我的王國的衆神們，如果可能的話，我懇求你們重振波斯的衰頹局勢，使它恢復從前的昌隆，使我有能力來報答亞歷山大在我的不幸時期所加給我最親近的人們的恩惠。但是，如果刼數難逃，波斯的王權必須中止，如果由於神意和世事變遷，我們必須面臨滅亡的話，那麽，我懇求你們准許我，除掉亞歷山大之外，不要讓旁人坐上賽拉斯(Cyrus)68的寶座。」

現在我們再來叙述亞歷山大的情形。他把幼發拉底河這邊的全部亞洲土地完全征服之後，便率軍去尋找達理阿斯，而達理阿斯也正率領一百萬軍隊來迎擊他。在亞歷山大的行軍途中，發生了一件很可笑的事情。隨營的僕役們爲了遊戲的目的，把他們自己分成兩隊，並且把一隊的司令官稱爲亞歷山大，把另一隊的司令官稱爲達理阿斯，最初他們只是互相投擲土塊，然後又動起拳頭，最後竟爲爭勝的熱情所激動，大家都拿起石塊和木棍，打得難解難分；後來亞歷山大聽說這件事情，便命令由那兩個首領單獨交戰，來決定勝負；他把自己的甲胄爲那個被稱爲亞歷山大的首領穿上，費羅塔斯則爲那個被稱爲達理阿斯的首領武裝起來。全軍都在一旁觀戰，想從這場戰鬬的結局獲得他們的未來勝利的預兆。這兩個人奮戰很久，那個被稱爲亞歷山大的人終於獲勝，亞歷山大賜給他十二個村莊，做爲對於他的勇武的獎賞，並且准許他穿着波斯長袍。上面這件事情，是根據艾拉托塞尼的記載。

亞歷山大同達理阿斯所做的一場大戰並不（如大多數作家所說的）在阿比拉(Arbela)[69]，而在高加米拉(Gaugamela)[70]；在波斯語裏，「高加米拉」的意義是「駱駝之家」，因爲一位波斯古代帝王曾經騎着一匹快速的駱駝而逃脫了敵人的追擊，他爲了感激那匹駱駝，便爲牠在那裏建立一個家，並且指定用某些村莊的收益來維持牠的生活費用。在九月裏發生了一次月蝕，大約就在雅典的秘密祭剛剛開始的時候；在月蝕之後的第十一夜，當時兩軍彼此都可以看得見，達理阿斯命令他的部下武裝備戰，並且藉着火把對他們做一次總檢閱。但是亞歷山大却趁着他的軍隊睡覺的時候，同他的預言者阿理斯坦德在帳篷前面舉行一些秘密祭的儀式，並且向恐懼之神獻祭。在這個期間，他那些年紀較長的司令官們，特別是巴門尼歐，看到奈發底斯(Niphates)和高岱阿(Gordyaean)山脈之間的整個平原上面，都閃耀着野蠻人的營火，並且聽到一片混淆喧騰的聲音從他們的營地傳來，好像遠處大海上面的波濤的吼聲一般，他們對於敵軍的人數之衆，深感驚愕，大家商討一番，認爲在白晝同這樣一支人數衆多的軍隊交戰，實在是非常困難而冒險的事情，於是他們便去迎晤祭神歸來的國王，請求他在黑夜進攻達理阿斯，藉以掩飾未來的這場戰爭中的危險。對於這項要求，他給與他們一句著名的答語：「我不願意偷取勝利」；雖然當時有些人認爲這句話說得很幼稚而輕率，同自己的危險開玩笑；可是，其餘的人們則認爲他對於當時的情勢深具信心，並且對於未來做了正確的判斷，他不願意讓達理阿斯在戰敗之後，還能找到一個口實，做重整旗鼓之計，因爲達理阿斯很可能把他的失敗歸咎於黑夜的不利條件，就像他從前把失敗歸咎於高山、峽道、和大海一樣。因爲他還擁有如此衆多的兵力和廣大的領土，他絕不會因爲缺少兵源和武器而放棄戰爭，只有使他相信自己已經遭遇一場明白而無可否認的失敗，失去了一切勇氣和希望，才會死心場地。

在那些司令官們得到這個答覆而離去之後，亞歷山大便在他的帳篷裏面躺下睡覺，他睡得比平常更爲酣暢，第二天早晨他屬下的司令官們前來請示的時候，看見他仍在酣睡，都很驚奇，他們只有自行發佈命令，叫士兵們先吃早飯。但是到最後，時間不容許他們再等待下去了；巴門尼歐便走到他的臥榻之旁，把他的名字喊了兩三聲，才把他喊醒；巴門尼歐問他說，他即將去從事一場最重大的戰鬬，何以會睡得那麼酣暢。亞歷山大微笑着囘答說；「難道現在我們不是已經獲得勝利了嗎？既然我們不必像過去那樣的在一片廣大而荒涼的土地上面東奔西走，去追尋一個避免同我們交戰的達理阿斯。」不僅在戰爭之前，就是在危險的高潮之中，他一直有着偉大的表現，並且對於自己的正確遠見和信心顯示出一種堅定不移的態度。因爲這場戰鬬的結局究竟如何，有一個時期是很譎詭難測的。在巴門尼歐指揮下的左翼，遭受巴克特里亞（Bactria）騎兵的猛烈襲擊，陣容紊亂，被迫後退，同時馬舍亞斯(Mazaeus)派遣一隊騎兵，迂迴到後方，去攻擊那些守護行李的馬其頓士兵，這兩件事情使巴門尼歐深感困惱，於是他派人去報告亞歷山大說，如果他不馬上從前方抽調大批部隊，解救後方，則軍營和行李都將不保。在那個時候，亞歷山大正打算向左右的司令官們發出進攻的號令，他聽到這項報告，便叫他們傳話給巴門尼歐：他一定已經失去了理性，並且在驚惶之中忘記了這個原則——如果戰勝，敵人的行李也將爲你所有；如果失敗，也就不必顧慮自己的行李和奴隸，而只有英勇地作戰，光榮地死去。他說了這句話之後，便戴上他的盔，在走出帳篷之前，把其餘的甲胄也都穿好。他穿上一件緊身的西西里式短外衣，外面罩着一件用亞麻布縫合的很厚的胸甲，這件胸甲是他在伊索斯之戰中獲得的戰利品之一。他的盔是提奧費拉斯（Theophilus）的作品，雖然是用鐵做的，却光亮得如最精純的銀。盔下帶着一塊頸甲，也是用鐵做的，上面鑲着寶石。他那把劍，也就是他在作戰時最常用的武器，是西提亞人（Citieans）的國王的贈品，其淬鍊之佳，與份量之輕，令人讚歎。他還有一條皮帶，也是他每逢出戰必定佩帶的東西，比他的甲胄的其餘部份都製造得更爲精美。這條皮帶是老赫里康（Helicon）的作品，由羅德（Rhodes）人送贈給他，做爲一種敬意的表示。他在排列戰陣、發佈命令、以及檢閱部隊的時候，都不騎布塞法拉斯，這匹駿馬現在已經有些老了；但是每當他要去作戰的時候，他必定叫人把布塞法拉斯牽來，他一跨上這匹馬，便馬上開始進攻。

他在那一天向帖薩利人和其他的希臘人們㉛發表一篇極長的演說，他們大家報之以高聲的呼喊，要求他領導他們去打野蠻人，於是他把他的長槍移到左手，把右手朝天舉起，向衆神懇求說（據考里塞尼斯的記載），如果他眞是邱比特的兒子，請他們幫助希臘人，加强希臘人的力量。在這時候，身穿白斗篷頭戴金冠的預言家阿理斯坦德，騎馬從行列中走過去，對大家指點一隻鷹正在亞歷山大的頭頂上面翱翔，指示着他進攻敵人的途程，大家看了這個景象，心情更爲振奮，在彼此互加鼓勵和勸勉之後，騎兵便以全速力出擊敵人，步兵的整個方陣則像潮水一般地隨在後面湧進。但是兩軍的前鋒尙未正式交戰，那些野蠻人便退縮了，亞歷山大猛追，把敗退的敵軍驅向戰陣的中央，也就是達理阿斯所在的地方。因爲亞歷山大老遠就越過那些最前面的行列而看到了達理阿斯，很顯著的置身在他的衞隊之間，一個身材魁梧面貌俊美的男子，站在一輛高大的戰車上面，無數的最優秀的騎兵在護衞着他，那些騎兵在戰車四週排成密集的隊形，準備迎擊敵人。但是亞歷山大的來臨非常可怕，迫使後退的人們向那些固守陣地的人們衝去，以致全體敵軍都大爲驚惶，紛紛逃散。只有少數最勇敢的份子在抵抗這場追擊，他們在達理阿斯的面前被殺，一堆一堆的倒下去，在瀕死的痛苦之中還在奮力抓住馬其頓騎兵的馬腿。達理阿斯看出大勢已去，那些被佈置在前面保護他的軍隊都被驅退，轉過頭朝着他湧來，而且他的戰車已經很難動轉，車輪都已經糾纏受阻於死屍之中，那一大堆一大堆的屍首不僅使馬匹無法行動，而且幾乎把牠們掩蓋起來，使牠們豎起前腿，不聽駕馭，御者在驚恐之中束手無策，達理阿斯看到一切都完了，只有捨棄他的戰車和甲胄，騎上一匹剛剛生過馬仔的母馬逃走了。但是他也不可能就此逃脫，如果巴門尼歐不曾再度送信給亞歷山大，要求他趕快回去援救他，他說大批敵軍仍然集結在那裏，不肯後退。大家都認爲巴門尼歐在這次戰役之中很呆滯遲鈍，毫無貢獻，其原因也許是由於年紀衰老，勇氣消滅，也許是如考里塞尼斯所說的，由於他對亞歷山大的聲威日增存着忌恨心理。亞歷山大雖然因爲他被如此召回未能追擊達理阿斯而深感不快，但是他不曾向部下宣佈實情，只說天色已晚，不必繼續追殺，發出收兵的號令；當他騎馬馳往危險地區的時候，在途中得到消息，知道敵軍已經大敗而逃了。

這場戰爭便這樣地結束了，波斯帝國已經滅亡；被宣佈爲「亞洲之王」的亞歷山大向衆神奉獻很豐盛的祭品，表示謝意，並且論功行賞，對他的朋友和屬僚們分別賜給大量的金錢、田產、和地方的統治權。爲了討好希臘人起見，他寫信告訴他們說，他將廢除一切虐政，使他們可以按照自己的法律過着自由的生活；他並且特別致書普雷提亞人，說他將把他們的城市重建起來，因爲他們的祖先從前在希臘人爲了共同的自由而同野蠻人作戰的時候，曾經把國土奉獻出來，作爲戰場。他並且把一部份戰利品送給意大利的克羅托內(Crotona)人，藉以對於他們的公民費拉斯(Phayllus)的熱忱和勇氣表示敬意；費拉斯是一個角力者，在米底亞戰爭期間，當意大利的其他希臘人都不肯對希臘加以支持的時候，他却自己出資建造一隻船，到薩拉密斯加入希臘艦隊，分擔那項危險的任務。亞歷山大竟是這樣地對於所有各種美德都表示他的關切，並且如此熱心地保持着一切偉大事蹟的記憶。

從這裏，他又率軍通過巴比倫，巴比倫馬上向他投降；在艾克巴塔納(Ecbatana)，他看見火從地的裂縫源源不斷地湧出，像泉水一般，在地縫不遠之處，則有石腦油(naphtha)[72]大量地流出，形成了一個湖，這些景象使他極感驚奇。這種石腦油，在其他方面都很像瀝淸，只是非常容易着火，在火焰還沒有接觸到它之前，火焰周圍的光輝就會把它點燃起來，而且中間的空氣常常也都燃燒起來。那些野蠻人爲了表明這種東西的力量和性質起見，把小滴的石腦油灑佈在通往亞歷山大住所的大街上面，當時差不多已經黑天了，他們持着火把站在街頭的較遠的一端，將火把移近地上被石腦油沾濕的小點，最初的幾個小點馬上燃燒起來，而且頃刻之間，從那條街道的這一頭到那一頭都着起火來，整條街變成一道長長的連續的火焰。在亞歷山大塗油和沐浴時候服事並且娛悅他的人們之中，有一個名叫亞底諾芬尼斯（Athenophanes）的人，是雅典人，他要求把石腦油的效能在斯蒂芬尼斯的身上做個實驗，史蒂芬尼斯是一個面貌醜陋得可笑的少年，但是很善於唱歌，當時也在浴室裏面，站在亞歷山大的身邊。亞底諾芬尼斯說，「如果石腦油把他燃燒起來，而且不能撲滅，我們才能確實相信它具有最不可征服的力量。」奇怪得很，那個少年也欣然接受這場實驗，他的身體一經塗上石腦油之後，馬上迸放出一片火焰，燃遍了他的全身，情勢十分危急，使亞歷山極感困窘和驚恐；要不是當時正好有很多侍侯沐浴的人拿着水桶站在一旁，大家費了很多力氣共同把火澆滅的話，那個少年一定會被燒成灰燼的；他雖然在那種情形之下保全住性命，但是週身都被灼傷，過了很久之後，才被醫治好。有些人用神話來附會事實，說這種東西就是在若干悲劇裏面所講到的，米廸亞（Medea）⑬用以塗在他送給克瑞昂之女的王冠和長袍上面的藥品，這也不完全是無稽之談。因爲那些東西本身和火都不會自行燃燒起來，必須有火焰在附近，在不知不覺之中很迅速地同那些東西發生接觸，才會着起火來。因爲從遠處傳來的火的光線和放射物，對於某些物體，除了爲它們帶來光和熱之外，不會發生其影響，但是在另外一些物體的身上，那些光線和放射物會遭遇到一種空氣流通的乾燥和足够的豐富水份，因而聚集起自己的力量，很迅速地燃燒起來，造成一種變化。關於石腦油的產生的情形……⑭這種起火的液體是否出自像巴比倫那樣的肥沃而會產生火的土壤，大家也有許多不同的意見；巴比倫的土地極熱，大麥的穀粒常常會從地裏跳出來，好像一種强烈的燃燒在使大地震顫；在這種極端炎熱的氣候之中，居民們都在裝滿了水的皮囊上面睡覺。被派擔任埃及總督的哈帕拉斯，很想用一些希臘植物來裝飾皇宮的花園和步道，他種植各種花草，都很成功，只有常春籐不能在那種土地上面生長，每種必定枯死。因爲那種植物喜歡涼爽的土壤，而當地的燥熱土質對它極不相宜。不過，這些枝節的叙述最好就此打住，免得不耐煩的讀者多加責難。

在佔領蘇薩之後，亞歷山大在皇宮裏面發現四萬泰倫錢幣，另外還有無法形容的大量的用具和財寶；其中有赫邁歐尼的紫衣，價値達五千泰倫之鉅，那些衣服已經在那裏收藏了一百九十年，顏色仍然鮮艷如新。其原因，據說是因爲他們曾在紫顏料之中摻入蜂蜜，在白顏料之中摻入白橄欖油，這兩種物質經過那一段漫長的時期，仍能保持其原有的光澤。狄農(Dinon)並且講到，那些波斯帝王們曾經派人從尼羅河和多瑙河取水回來，和那些財寶一起收藏起來，做爲他們的領域廣濶和權勢普及的一個明證。

波斯的國土很難進入，因爲入口之處地勢崎嶇，關口由都最英勇的波斯人在防守着，達理阿斯本人則已經逃到內地。但是亞歷山大却找到一名嚮導，把他帶進波斯，所走的路徑雖然迂曲一些，却並不繞遠。那名嚮導的父親是里西亞人，母親是波斯人，所以能說兩種語言；從前亞歷山大幼年的時候，曾經到德爾非請示神諭，當時阿波羅的女祭司告訴他說，將來會有一個里西亞人引導他進入波斯；現在他的遭遇，正好應驗了那項預言。在這個國家裏面，他屠戮了無數的俘虜：據他自己說，是由他下的命令，殺害那些俘虜，因爲他認爲那種做法有利於他的最終目的。據說他在這裏發現的金錢，也不少於蘇薩，另外還有大量的用具和財寶，在運走的時候，共用了一萬對騾子和五千隻駱駝。有一次，他看到薛西斯(Xerxes)⑦⑤的一座大雕像在地上倒着，是一羣士兵在衝進皇宮的時候推翻的。亞歷山大站在雕像前面，同他講話，好像他是個活人一般：「現在你因爲曾經侵略希臘而躺在這塊地上，我是就讓你躺在這裏不管呢，還是要顧念你的毫爽和其他美德而重新把你豎直呢？」他在那裏站立很久，默默地考慮一番，最後還是置之不理了。他就在那個地方過冬，住了四個月，使他的士兵們獲得休息。據說當他第一次坐在金華蓋之下的波斯國王寶座上面的時候，同亞歷山大和他的父親費力浦都有深厚友情的哥林斯人笛瑪拉塔斯老淚縱橫地說，那些早死的希臘人，未及看到亞歷山大坐在達理阿斯的寶座上，實在是一件憾事。

他決定從這裏再度出兵征討達理阿斯，在動身之前，他參加一次軍官們的宴樂會，在這個集會裏，每個軍官的情人也被允許參加，一起飲酒。在與會的婦女之中，最著名的是雅典人泰綺思(Thais)，她是後來做了埃及國王的托勒密的情人。她一半是爲了對亞歷山大做一番適當的恭維，一半是爲了好玩，在酒酣耳熱之際發表一段談話，那段談話很適合她的國家的精神，但是似乎過於超越了她的身份。她說她隨着軍隊走遍亞洲，經歷了千辛萬苦，現在能夠在波斯國王的這座堂皇的宮殿裏面參加宴樂，揚眉吐氣，已經得到了適當的補償。但是，她繼續說，如果能把這場宴樂加以擴大，當着國王的面由她動手來把曾經使雅典化爲灰燼的薛西斯的宮廷點起火來，使後世的人曉得，追隨亞歷山大的婦女們代表希臘人對波斯人所做的報復，超過了已往的一切著名將軍們從海上和陸上所能做到的事情，那樣一來，她將更爲高興。她這些話說完之後，舉座喝采，亞歷山大受了大家的熱烈勸促，衆情難却，他便一躍而起，頭上戴着一頂花冠，手裏持着一支火把，走在前面領路，其餘的人們則喧囂着隨在後面，一邊走一邊跳舞，同時高聲喊叫，最後大家聚集在王宮的旁邊；其他的馬其頓人聽到了消息，也都高高興興地舉着火把趕到那裏；因爲他們認爲國王焚燬波斯皇宮，是表示他有意返回故國，不想長期居留在這野蠻人之邦。關於這件事情，有些作家的記載是如此的，雖然也有些作家說，他之焚燬波斯皇宮，乃是一種預謀的行爲；不過，所有的作家都一致宣稱，亞歷山大馬上就後悔了，並且下令把火撲滅。

亞歷山大生性極爲慷慨，財富大增之後，更是毫不吝惜，他在對人有所餽贈的時候，總是帶着一種親切毫爽的態度，使接受者感念難忘。我現在略舉數例。匹歐尼亞（Paeonia）[76]部隊司令官亞理斯頓（Ariston）在斬殺一個敵人之後，把人頭拿給亞歷山大看，並且對他說道：「國王，在我們的國家裏面，這樣的一件禮物要受到一隻金杯的獎賞。」亞歷山大笑着對他說：「你們的金杯是空的，我送給你一隻裝滿了酒的金杯，我敬你這杯酒。」又有一次，一名士兵趕着一匹騾子，上面馱着國王的一些財寶，那匹騾子馱不動了，那個士兵便把牠所馱的東西取下來，揹在自己的後背上，繼續前進，亞歷山大看他不勝負荷，便詢問他是怎麼一回事情，他明白了眞相之後，當那個人因爲極度疲勞正要把重負放下來的時候，他對他說：「不要洩氣，繼續走完你的行程，把這些東西揹到你自己的帳篷裏面去，它們都歸你所有了。」而且，他不高興那些不肯接受他的贈與的人，甚於那些向他請求贈與的人。因此他曾致書福細溫（Phocion）⑰說，如果他拒絕接受他的禮物，他將不再承認他是朋友。有一個和他一起玩球的靑年，名叫舍拉麗，他從來不曾對他有所餽贈，因爲舍拉麗不曾向他要求過。有一天，輪到舍拉麗同國王玩球了，但是他還是把球投向旁人，當國王問他爲什麼不把球投給他的時候，他回答說：「因爲你沒有向我要求。」國王聽了大爲高興，後來送給他很多東西。有一個名叫普洛提亞斯的喜歡說笑而且嗜酒的人，不曉得爲什麼事情觸怒了亞歷山大，請朋友向他說情，他自己也痛哭流涕地請他恕宥，亞歷山大便宣稱他已經原諒他了。普洛提亞斯說：「我不能相信你所說的話，除非你先給我一些確實的證明。」國王明瞭他的用意，馬上吩咐人送給他五泰倫。從奧林匹亞斯寫給他的信，可以看出他對朋友們和服事他的人們的賞賜，是如何的慷慨無度，在那封信裏，她告訴他對於左右的人們的餽贈，應該更有分寸一些。她說：「因爲你現在已經使他們的財富與帝王相埒，使他們有能力和機會來爲自己結交許多朋友，而使你自己却貧乏得一籌莫展。」奧林匹亞斯常常寫信給他，表達這個意思，但是他從來不把那些信的內容向旁人吐露，只是有一次，當他看信的時候，赫斐斯欽正好站在旁邊，而且像他們之間的慣常情形一樣，把那封信信的內容宣讀出來；但是等他讀完之後，亞歷山大馬上取下了他的王璽戒指，用王璽封閉起赫斐斯欽的嘴。達理阿斯宮廷中的最有權勢的人物馬薩亞斯(Mazaeus)的一個兒子，已經是一個省份的總督，亞歷山大現在却又賜給他一個更好的省份；可是那個青年很謙遜地辭謝了，並且對他說：「從前我們只有一個達理阿斯，現在你却製造了許多亞歷山大。」他把巴格亞斯（Bagoas）的房屋贈給巴門尼歐，其中發現了價值一千泰倫以上的衣物。他寫信給安提培特，叫他雇用一批衛隊，免得遭人暗算。他送給他的母親許多禮物，但是不容許她發揮好管閒事的脾氣，干涉政治和軍事；當她爲這件事情而同他爭吵的時候，他總是很有耐心地加以容忍。而且，有一次安提培特寫給他一封長信，對他的母親大加指責，他在閱讀之後，說了這樣的一句話：「安提培特不曉得，母親的一滴眼淚可以抹煞一千封像這樣的信。」

他發現他的僚屬們的生活愈來愈奢侈無度，開支浩繁，例如，提奧斯（Teos）人海格儂的皮鞋上面裝飾着銀釘，里歐納塔斯用好幾匹駱駝從埃及載運他在角力時所用的灰粉，費羅塔斯備有一百攏[78]長的獵網，他們在沐浴的時候大都使用名貴的膏油，而不使用平常的橄欖油，而且隨時隨地都有僕人侍候，在浴室裏面有人擦背，在寢室裏面又有特別精於舖床疊被的僕人服事着。他看到這種情形，便用一種很溫和而適度的措詞責備他們，他說他很奇怪，他們都是身經百戰的人，何以不能從經驗之中明白，從事勞役的人，會比被人服事的人睡得更爲酣甜，他們何以不能藉着對於波斯人的生活方式和他們自己的生活方式加以比較，而看出淫逸實爲卑鄙的標誌，刻苦才是高貴的表徵。他並且告訴他們說，一個自命爲軍人的人如果覺得自己動手照料自己的身體都太麻煩的話，他如何能夠好好照看他的馬，或使自己的甲冑和長槍保持光亮？他說：「難道你們還不曉得，我們的勝利的最完美的境界和目的就是避免那些被征服者的惡德和弱點？」爲了以身作則起見，他比過去更常常從事狩獵和軍事演習，不辭一切辛苦，甘冒種種危險；有一次，當他射死一隻兇猛的大獅子的時候，一位拉西第蒙的使者正好在旁邊，對他說：「你同獅子相鬪得十分英勇，大概是想分個高下，看看誰應爲王。」克雷提拉斯(Craterus)命人把這場狩獵的情景製成一幅雕塑圖，上面塑的是那隻獅子，幾條獵犬，國王同獅子交戰，他前來協助，其中有些圖像是賴息帕斯的作品，其餘的圖像則是由里歐查雷斯（Leochares）所塑造的；他並且把這幅雕塑的狩獵圖奉獻給德爾非的阿波羅神殿。亞歷山大就是這樣地不惜冒着身體的危險，一方面是爲了鍛鍊自己，一方面是爲了激勵其他的人們從事一些英勇高尙的行爲。

但是他的僚屬們，由於發財的結果，已經變爲驕橫，只想耽於逸樂，不耐長途行軍的辛苦，最後竟然非難他，說他的壞話。最初，他對於這些都很有耐心地忍受着，他說自己善待別人而被別人講壞話，這在身爲帝王者乃是份所當然的事。而且，每當他稍有機會向朋友們表示友情的時候，他總是無微不至地表達他的親切和敬重之意。當他聽說普塞斯提（Peucestes）被熊咬傷的時候，他寫信責難他爲什麽把這件事情告訴了旁人，而單單不通知他，他說：「不過，現在寫信來把你的情形告訴我，並且讓我知道，你的打獵同伴們有沒有人在你遭遇危險的時候棄你而走，我好處罰他們。」在赫斐斯欽因公他往的時候，亞歷山大寫信告訴他說，當他們在一起獵撲貓鼬消遣的時候，克雷提拉斯的兩條大腿不巧被坡第卡斯的標槍所刺傷。在普塞斯提的病體康復之後，亞歷山大寫信給爲他治病的醫生亞利西帕斯(Alexippus)表示謝意。當克雷提拉斯生病的時候,他做了一個夢,然後他就為了他的朋友的健康向神獻祭,並且叫克雷提拉斯也照樣做。當醫生鮑舍尼亞斯決定給克雷提拉斯服用黑藜蘆瀉劑的時候,他特別寫信給他,表示關切之意,並且對於那種藥品的使用方法,提供意見。他非常愛護朋友們的名譽,當伊斐亞提斯和西薩斯(Cissus)向他報告哈帕拉斯叛國逃走的最初消息的時候,他竟把他們兩人監禁起來,認為他們做虛偽的指控。當他把衰老和病弱的士兵遣回國內的時候,伊介(Aegae)的公民幼里羅卡斯(Eurylochus)也以病弱者的身份參加登記,後來發現他毫無疾病,他才承認因為愛上了一個名叫德萊西巴(Telesippa)的年青女人,想和她一起回國。亞歷山大詢問那個女人的身世,知道她雖然是一個妓女,却是一個自由人,於是他對幼里羅卡斯說:「我可以幫助你的戀愛,如果你的情人是可以藉着禮物和勸說來爭取到的話;但是我們不可使用其他手段,因為她是一個自由人。」

亞歷山大每為很小的事情就寫信給朋友,那種情形說起來是很令人吃驚的。例如,他曾寫一封信,命令尋找西路卡斯(Seleucus)的一名逃亡西里西亞的奴隸;又寫過一封信,向晉塞斯提表示感謝和讚許,因為他捕獲了克雷提拉斯的僕人尼康;在為了一個奴隸躲藏在一個神殿裏面而寫給密嘉柏索斯(Megabyzus)的一封信裏,他指示他說,如果可能的話,應該把那個奴隸引出神殿之外,加以逮捕,而不要在神殿之內對他下手。據說,當他最初審訊死刑案件的時候,在原告發言的時候,他總是用手堵起一個耳朵,為的是把那隻耳朵保留起來,可以毫無偏見地聽取被告的陳述。但是後來因為控告的案件太多了，而且許多指控都被判明爲眞實的，使他漸漸地失去了同情之心，對於那些虛僞的指控也加以採信；尤其是如果有人對他的品行加以誹謗的時候，他便會氣憤得完全失去了理性，表現得極端殘酷而無可通融，因爲他對於自己的榮譽和名聲的愛惜，甚於他的生命和王國。

如我們前面所講到的，他現在出發去尋覓達理阿斯，滿以爲可以在這次戰爭之中顯顯身手，但是消息傳來，達理阿斯已被貝薩士（Bessus）所俘獲，於是他把帖薩利部隊遣送回國，在應得的薪餉之外，又賞賜他們兩千泰倫。這場追擊是漫長而艱苦的，因爲他十一天行進了三千三百𣇉，他手下的騎兵大部分都支持不住了，主要是因爲缺少水。他們在行軍途中，正在渴得難受的時候，有幾個馬其頓人從一條河裏取得一些水，裝在皮囊裏面，馱在騾子身上，向亞歷山大這邊走來，當時正値中午，他們看見亞歷山大渴得很厲害，趕緊用盔裝滿了水，奉獻給他。他問他們這些水是拿給誰的，他們回答說是拿給他們的兒子們的，不過他們又補充說，只要有亞歷山大活着，就是那些兒子都死了，也還有彌補的機會。於是他把那個盔接到手裏，向四週看一看，他看到所有的士兵們都在伸長脖子看着那些水，於是他一滴也沒有喝，把水歸還原主，並且向他們道謝。他說：「如果單單我一個人喝了水，他們大家都會覺得氣餒的。」那些騎兵們看到他所表現的這種節制和氣度，馬上高聲呼喊，要求他領導他們勇敢地繼續前進，同時大家都開始揚鞭策馬。他們說，他們有這樣一個國王，就完全不在乎疲倦和口渴，他們已經不把自己看成凡人。雖然全體都很高興而情願地繼續前進，但是當亞歷山大衝進敵營的時候，和他在一起的只剩下了六十名騎兵，在那裏，他們騎馬踏過漫佈地上的大量金銀，經過許多裝滿婦女和兒童的馬車，那些馬車因爲已經沒有御者，都在無目的地蕩動着，他們奮力追趕逃在最前面的一批人，以爲達理阿斯必在其中，搜尋許久之後，終於發現他躺在一輛戰車上面，遍體都是槍傷，已經是奄奄一息了。可是，他還要求給他一些水喝，當他喝過涼水之後，他向那個給他水喝的坡利斯特雷塔（Polystratus）說：「我從你受到恩惠而不能有所報答，這可以說是我的惡運之極峯；但是亞歷山大無疑地會爲了你的善行而酬答你，至於亞歷山大對我的母親、太太、和子女們的恩惠，我希望衆神會酬答他。請你告訴他，我向他伸出這隻右手，做爲感謝的表示。」他這樣說着，同時握住了坡利斯特雷塔的手，便氣絕了。當亞歷山大趕到的時候，他顯得很憂傷，並且把自己的斗篷脫下，覆蓋起達理阿斯的屍體。後來，當他捉到貝薩士的時候，他下令撕裂他的身體：把兩棵直樹彎曲起來，使樹梢在中間相遇，把他的兩條腿分別綁在兩棵樹上，然後把樹鬆開，使他的身體隨着那種强烈的彈力而被肢解。至於達理阿斯的屍體，他下令完全按照帝王的殯儀辦理，並且把屍體塗上防腐香料，送交他的母親，亞歷山大並且把達理阿斯的弟弟艾克舍斯里（Exathres）納入他的親信人員之列。

然後他率領他的軍隊的精華進入亥克尼亞（Hyrcania），在那裏他看見大海的一個海灣，不比攸克辛海⑲小多少，不過其中的水比其他的海水都甜。他對於這個海灣得不到任何明確的資料，僅僅猜想它是梅奧提斯湖（Maeotis）出口的一個海灣。可是，古代的自然學家們對於這個海灣的來源知道得很清楚，在亞歷山大從事這項遠征的許多年前，他們在著作之中就已講到，共有四個海灣從大海延伸到內陸裏邊，而這個海灣就是其中最北部的一個，被人稱爲裏海（Caspian Sea）或亥克尼亞海。在這裏，那些野蠻人出人意料地和一些牽着駿馬布塞法拉斯的馬其頓士兵們相遭遇，俘虜了他們，並且把那匹馬帶走了，亞歷山大聽到了這個消息，非常忿怒，馬上派遣一名傳令官去告訴那些野蠻人說，如果他們不交還那匹馬，他將把他們和他們的妻子兒女們一起斬盡殺絕。但是當他們把馬交還，並且把他們的城市也奉獻給他的時候，他對他們非常和善，而且還送給俘獲那匹馬的人們一大筆錢，算是贖金。

從亥克尼亞，他率軍進入帕底亞（Parthia），在那裏，因爲沒有戰事，生活很悠閒，他第一次穿起野蠻人的帝王的衣服，其用意也許是爲了對於野蠻人的教化工作，更能易於推行，因爲爭取人心的最好辦法，莫過於遵行他們的習俗和時尚。另外還有一種可能的用意，就是用這件事情當做一個試驗，使馬其頓人漸漸地慣於容忍他的統治和生活方式的改變，看看能否使他們對他像波斯人對他們的國王那樣地俯伏禮拜。不過他並沒有採用米底亞人的服裝樣式，因爲那種樣式完全是粗陋怪誕的，既沒有穿長褲和帶袖的背心，也沒有戴頭巾，而採取介乎波斯和米底亞⑧之間的一種樣式，沒有前一種服式那麽炫耀，却比後一種服式更爲莊嚴。最初他只在同野蠻人交往、或者在家裏與密友相聚的時候穿這種衣服，但是後來他在外出和爲公務而接見訪謁者的時候，也穿起這種衣服了。他這種裝扮，使馬其頓人看了很不以爲然；但是因爲他們對於他的其他美德和高貴品質非常敬重，所以認爲應該在某些方面來滿足他的愛好和榮譽心。因爲，除了其他種種艱辛和冒險之外，他的下腿最近還受了箭傷，脛骨傷得很厲害，以致裂下一些碎片。還有一次，他的頸背被敵人用石子猛擊，以致他的視力很久都模糊不淸。可是，這一切都不能阻止他毫無顧慮地繼續冒險犯難，他並且渡過了奧里克薩底河(Orexartes)——他以爲那條河是坦奈斯河(Tanais)——，擊潰西徐亞(Scythia)人，追逐他們一百餘攏之遙，雖然在那個期間他一直在害痢疾。

許多作家都說，亞瑪孫族(Amazon)㊁的女王曾經去訪問他。克萊塔卡斯(Clitarchus)，坡利克萊塔(Polyclitus)，歐奈西克里塔，安提幾尼斯(Antigenes)，和伊斯特(Ister)都這麼說。但是擔任宮廷傳達官的亞理斯多布拉斯和查雷斯，以及底布斯人費朗(Philon)，底安格拉(Theangela)人費力浦，艾里特利亞(Eretria)人海克提亞斯(Hectaeus)，卡爾西斯(Chalcis)人費力浦，和薩摩斯人杜里斯却都認爲那完全是面壁虛構。亞歷山大自己似乎證實了後一種說法，因爲他曾在寫給安提培特的一封信裏，詳述一切經過情形，他講到西徐亞國王想要把女兒許配給他，但是完全沒有提到亞瑪孫族。許多年以後，當歐奈西克里塔爲賴息瑪卡斯㊂朗讀他的歷史第四卷中的這個故事的時候，那位當時身爲色雷斯王的聽者微笑着問他說：「那個時候我在哪裏呢？」

不過，不論我們相信這個故事與否，對於亞歷山大都沒有什麼影響。爲了恐怕馬其頓人對於繼續作戰感覺厭倦，他把大部份馬其頓軍隊留在營地，而只率領少數精選的士兵——共有兩萬名步兵和三千名騎兵——前往亥克尼亞，他臨行時向他們發表演說，大意如下：到現在爲止，那些野蠻人好像僅僅在一場夢境之中看見了他們的出現，如果他們不把亞洲征服，而在略作騷擾之後即行離去的話，他們的敵人會把他們當做懦弱畏縮的婦女一般來加以攻擊。不過，他告訴他們說，他絕不勉强任何人跟他一起走，願意離去的人都可以離去；不過他要請他們做證，在他爲馬其頓人征服全世界的時候，只有他的少數朋友和自願的人們和他一起繼續奮鬬。這些話差不多都是他寫給安提培特的一封信裏的原來字句，他在那封信裏並且講到，當他說過這些話之後，全體高聲喊叫，說他們願意永遠追隨着他，不論是到天涯或海角。他既經很成功地說服這些人向他表示効忠之後，便不難促使軍隊的主體來遵從他的意向，因爲他們都自然而然地以那些優秀份子爲榜樣。在這個時候，他使自己更加適應亞洲當地人民的生活方式，同時也促使他們儘量迎合馬其頓人的習俗，他以爲這種混淆融合會產生一種親善關係，使他在出征期間免去後顧之憂，這種做法當然要比使用暴力和强制手段爲佳。爲了達到這個目的，他還選拔了三萬名本地的男孩，教授他們希臘語文，並且訓練他們使用馬其頓武器。至於他同洛克莎娜(Roxana)的婚姻，完全是一個愛情事件；他在一次宴會席上看見她在跳舞，她的青春和美貌迷住了他；可是這項婚姻對於當時他所追求的目標似乎很有裨益。因爲那些被征服的人民看見亞歷山大從他們中間選擇配偶，都很高興，而且他們看到，在男女關係上一向特別有節制的亞歷山大，當他絕無僅有地傾心於一個女人的時候，還要先經過一種正當而合法的婚姻方式，才肯接近那個女人，因此他們對他更加具有好感。

在他的主要朋友和親信人員之中，赫斐斯欽最贊成他在生活方式上所做的改變，並且隨着他改著波斯服裝，而克雷提拉斯則堅決地維持其本國的服裝，亞歷山大看到這種情形，便叫前者負責同波斯人辦事情，後者負同希臘人或馬其頓人辦事情。一般說來，他對赫斐斯欽比較親切，對克雷提拉斯比較敬重；因爲他認爲，如他所常常說的，赫斐斯欽是亞歷山大的朋友，而克雷提拉斯是國王的朋友。因此，這兩個人總是彼此暗中懷有惡感，並且時常公開衝突。有一次，在軍次印度的時候，他們兩人甚至拔劍相向，並且在很認眞地的繼續互鬭，雙方的朋友們則在分別加以協助，這時候亞歷山大騎馬趕來，當衆對赫斐斯欽加以訓斥，罵他爲混蛋和瘋子，因爲他不明白，如果沒有亞歷山大的袒愛，他什麽也不是。他又私下對克雷提拉斯嚴加責備，然後把他們兩個人都叫到他的面前，爲他們和解，同時他並且憑着亞蒙和其他的神靈們發誓，說他愛他們兩個人甚於所有其餘的人們，但是如果他再聽說他們吵架，他一定要把他們二人處死，或者只少把那個首先發難的人處死。從那次之後，他們兩個人一直沒有再在行爲和言語方面互相觸犯，甚至在玩笑之中也沒有這種情形。

在馬其頓人之間聲名最大的，莫過於巴門尼歐之子費羅塔斯，因爲他不僅勇敢，善於忍受戰爭的艱辛，而且他對待朋友的慷慨豪爽，僅次於亞歷山大。有一次，他的一個朋友向他借錢，他吩咐管家爲他取來，管家說他的手中已經沒有錢了，他便斥責他說：「你不會把我的餐具和衣服拿出去賣嗎？」但是他的態度的驕橫，對於財富的誇示，以及他的炫耀和奢侈的習慣，都已經超過了一個爲臣民者的本份；而且，他假裝高貴威嚴，而完全未能表現出眞正偉大品質所具有的高雅，他那種虛假而不適當的尊嚴態度只有引起人們很大的猜忌和惡感，以致巴門尼歐有時也勸告他說：「我的孩子，你最好不要顯得這樣不可一世的樣子。」因爲很久以來，就有許多人對他表示不滿，時常到亞歷山大那裏去控告他。特別是，當達理阿斯在西里西亞被擊敗、馬其頓人在達瑪斯革取得大批戰利品的時候，在被帶到軍營的衆多俘虜之中，有一個年青的女子，名字叫做安提峨尼(Antigone)，是平德納(Pydna)人，長得很漂亮，這個少女歸費羅塔斯所有了。有一天，費羅塔斯在喝醉酒的時候，以他那種誇耀而坦率的軍人作風，向他的情人宣稱，所有的偉大的事蹟都是由他和他的父親做出的，而一切的光榮和利益，連同國王的頭銜，却由那個黃口孺子亞歷山大坐享其成。那個女人不能保密，把這些話洩漏給她的一個熟人，而那個人，像通常的情形一樣，又轉告另外一個人，直到最後，這件事情傳到克雷提拉斯耳中，他把那個女人帶到亞歷山大的面前。亞歷山大聽了她的報告之後，便命令她繼續和費羅塔斯交往，並且要把他所說的關於這一方面的話隨時向他報告。費羅塔斯還不知道自己已經落入一個陷阱之中，他有時爲了發洩怒氣，有時爲了誇耀自己，仍然不斷在安提峨尼面前講了許多不利於亞歷山大的愚蠢而輕率的話。亞歷山大雖然獲悉了那些話，並且由確實的證明而相信了，可是他當時還是置之不理，也許因爲他對於巴門尼歐的友愛和忠心深信不疑，也許因爲他對他們父子在軍中的權勢和聲望存有恐懼心理。就在這個時期，一個來自卡拉斯特拉(Chalastra)的馬其頓人里姆納斯(Limnus)密謀刺殺亞歷山大，並且把他的計劃告訴一個他所喜愛的青年，名字叫做尼考瑪卡斯（Nicomachus），邀請他參與其事。尼考瑪卡斯沒有接受，並且把這件事情洩漏給他的兄弟貝林納斯（Balinus），於是貝林納斯馬上去找費羅塔斯，請求他帶他們兄弟二人去見亞歷山大，因爲他們有很重要的事情向他報告。但是，由於一種不確知的原因，費羅塔斯不肯帶他們去，他說國王當時正在處理更爲重要的事務。當他們再度向他請求的時候，仍然遭受拒絕。於是他們去找另外一個人，由於那個人的的引見，他們得以晉謁亞歷山大。他們首先向他報告里姆拉斯的密謀，並且暗示費羅塔斯具有嫌疑，因爲他曾兩度拒絕他們的請求。亞歷山大聽了之後，大爲憤怒，後來里姆納斯又實行自衞，不肯就逮，而被前往逮捕的士兵殺死，這種情形使亞歷山大的心緒更加煩亂，因爲這樣一來便將無法查明共謀的人犯了。國王一對費羅塔斯表示不滿，費羅塔斯的一些老對頭們馬上趁機出來講話，他們坦率地說，國王居然認爲像里姆納斯那樣一個無足輕重的卡拉斯特拉人會獨自主持這樣一件大事，實在是太容易受欺騙了；他們說，他大概只是一名助手，或者毋寧說是被人利用的工具，在他的上面還有一種更高的力量在主持着，應該向那些最想掩飾這件事情的人們嚴密查究。國王一旦聽信了這些話而對費羅塔斯更加猜疑的時候，那些人便更進一步地對費羅塔斯提出無數的指控。於是費羅塔斯終被逮捕，接受拷問，當時朝廷主要官員們都在場，亞歷山大自己則隱身在幃幕的後邊，聆聽審訊的一切經過情形。當他聽到費羅塔斯向赫斐斯欽發出那樣可憐的號叫和卑鄙的懇求的時候，據說他突然說道：「費羅塔斯，你既然這樣卑鄙懦怯，怎麽還會從事這樣一樁冒險的陰謀？」在費羅塔斯死去之後，他馬上派人前往米底亞，把他的父親巴門尼歐處死——這個人曾經在費力浦斯手下有過卓越的貢獻，而且在亞歷山大的較老的朋友和顧問之中，他是唯一的鼓勵他遠征亞洲的人。他有三個兒子都在軍中，其中兩個已經戰死沙場，現在他却和這第三個兒子一起被處死了。這些情形使亞歷山大成爲他的朋友們的恐懼的對象，尤其是安提培特，特別覺得惴惴不安，他爲了加强自己的力量起見，秘密派人到伊脫利亞（Aetolia）人那裏，同他們商談結盟，因爲他們曾經毀滅了歐奈亞底（Oeniadæ）的城市，也正擔心亞歷山大會對付他們；亞歷山大得到這個消息之後，便對歐奈亞底的兒子們說，他們不必去爲他們的父親復仇了，因爲他將親自去懲罰那些伊脫利亞人。

不久之後，又發生了克萊塔斯的事件。克萊塔斯的可悲的下場，在那些僅僅聽說當時情形的人們看起來，似乎比費羅塔斯的結局更爲不近人情；但是如果我們對於這件事情發生的時勢和原因加以考慮的話，我們便會發現它乃是由於一種偶然的不幸所造成的，國王的憤怒和飲酒過度對於克萊塔斯發生一種激盪作用，使他好像惡魔附身一般，信口反擊，終遭殺身之禍。這件事情的經過情形是這樣的：有人從海濱爲亞歷山大帶來一些水果，他對於那些水果的新鮮美麗非常讚賞，便叫克萊塔斯過來看看，並且打算分給他一些。克萊塔斯當時正在獻祭，但是他馬上放下祭品，跑到國王這裏，已經灌奠過的三隻綿羊也跟在他的身後一起走來。亞歷山大聽說這種情形，便告訴預言者阿理斯坦德和拉西底蒙人克里歐曼蒂斯（Cleomantis），問他們這種情形是一種什麼朕兆；他們兩個人都斷言這是一種不祥之兆，於是他吩咐他們馬上祭神，爲克萊塔斯祈求平安，因爲在三天之前，他自己也會做了一個奇異的夢，夢見克萊塔斯身穿喪服，坐在巴門尼歐的死去的兒子們的旁邊。可是，克萊塔斯還沒有獻祭完畢，就過來和國王共進晚餐，國王在那一天曾經向卡斯脫和波拉克斯二神獻祭。當大家都已經酒酣耳熱的時候，有人開始歌唱普蘭尼卡斯（Pranichus）（有些作家說是皮瑞昂 Pierion）的詩句，其內容是諷嘲最近會被野蠻人戰敗的一些軍官們。在座的年紀較老的人們聽了很不高興，對於作詩者和歌唱者都加以譴責，雖然亞歷山大和他左右的比較年青的人們很高興聽，並且鼓勵他們繼續唱下去。

克萊塔斯當時已經喝了太多的酒，而且生性鹵莽剛愎，氣憤得不能忍受，他說不應該在野蠻人和敵人面前嘲笑馬其頓軍官，那些軍官雖然時運不濟，却比嘲笑他們的人們强得多。亞歷山大說，克萊塔斯爲懦怯加上時運不濟的美名，實在是爲他自己辯護，克萊塔斯聽到了這個話，馬上跳起來喊道：「你所說的這種懦怯，在你這個天神之子從史比斯里戴提的劍下逃走的時候，曾經拯救了你的性命；靠着馬其頓人所流的血和他們所受的劍傷，你才得以爬上今天的高位，可以不承認費力浦是你的父親，而自稱爲邱比特·亞蒙的兒子。」亞歷山大非常憤怒，回答他說：「你這個卑鄙的傢伙，你以爲你到處講這種話，煽動馬其頓人叛亂而可以不受到懲罰嗎？」克萊塔斯回答說：「難道我們還沒有受到足够的懲罰嗎？我們出生入死，得到了什麽報酬？我們實在羨慕那些早死的馬其頓人們，因爲他們看不見自己的同胞們被人用米底亞人的棍子笞打，並且要疏通波斯人，才能見到他們自己的國王。」當克萊塔斯繼續這樣地信口指責，而亞歷山大左右的人們也站起來反唇相譏的時候，那些年長的人們都在盡力平息這場紛擾。亞歷山大却在這個時候轉向帕德亞（Pardia）人詹諾多卡斯（Xenodochus）和科羅芳(Colopbon)人阿提米亞斯（Artemius)，問他們是否認爲希臘人置身於馬其頓人之間，就好像許多半人半神置身於一羣野獸之中一樣。克萊塔斯還是絲毫不肯退讓，他要求亞歷山大把他所要說的話都盡量說出來，不然他何必邀請這些慣於毫無保留地發表自己意見的人們共進晚餐？他最好去和那些野蠻人和奴隸們生活在一起，因爲他們會毫不躊躇地向他的波斯腰帶和他的白袍俯伏致敬。這些話使亞歷山大無法再抑制自己的憤怒，他從桌子上抓起一隻蘋果，向克萊塔斯擲去，打中了他的臉，然後亞歷山大又在自己身旁尋找他的寶劍。但是他的一名衞士亞里斯多芬尼已經把他的劍藏起來了，其餘的人們也都走過來勸他息怒，但是沒有效果；他突然離開大家，用馬其頓語大聲向他的衞兵們喊叫——那是表示發生重大變亂的信號，並且命令一名號兵吹號，那名號兵沒有馬上遵從他的命令，他便打他一拳；不過在事情過去之後，那名號兵却因爲不曾遵從那項命令而深受讚揚，因爲當時如果發出那項號令，將使全軍陷於驚慌騷亂之中。克萊塔斯仍然不肯讓步，他的朋友們勉强把他拉到室外。但是他馬上又從另外一個門進來了，很傲慢不馴地唱出了幼里披底斯的「安德洛瑪基」(Andromache)裏面的詩句：

「唉，希臘的事情搞得眞是亂糟糟！」

於是亞歷山大從一名衞士的手中奪來一桿槍，在克萊塔斯正拉門帘的時候和他相遇，亞歷山大一槍刺穿了他的身體。他馬上倒在地下，發出了一聲喊叫和一聲呻吟之後，當場氣絕。亞歷山大一看見這種情形，怒意頓消，完全淸醒過來了，他看見他的朋友們全都默無一語地站在那裏，他從克萊塔斯的屍體上面拔出來那桿槍，就朝着自己的咽喉戮去，幸而他的衞士們及時抓住了他的手，强行把他送回自己的房間裏面。那一夜和第二天一整天，他一直在痛哭着，直到最後，他哭號得精疲力竭了，便一語不發地躺在那裏，不時發出深深的嘆息。他的朋友看他一直保持着憂戚的沉默，很不放心，大家便跑進他的房間，加以勸慰，但是他們所說的話對他全不發生作用，後來阿理斯坦德提到他所做的那個有關克萊塔斯的夢，和後來發生的惡兆，認爲一切都是由無可避免的命運所造成的，這時他的心情才似乎寬慰一些。他們又把亞理斯多德的親戚考里塞尼斯和阿布德拉（Abdera）人安納克薩卡斯找來。考里塞尼斯用溫和撫慰的語句婉轉勸說，希望亞歷山大肯聽他所講的那些道理，藉以控制自己的悲憤之情。安納克薩卡斯在哲學方面一向特立獨行，不把同時代的其他哲學家們放在眼裏，他一走進屋來，便高聲喊道：「全世界人都在仰望着的亞歷山大，原來因爲恐懼旁人的批評責備而像個奴隸一般躺在這裏哭呢，實際上，他本身應該是世人的法律和是非的尺度，因爲他的征服已經付給他一種權利，主宰一切，而不可受制於無聊的輿論。你難道不曉得，邱比特被形容成爲兩手分掌着公理和法律，那就表示一個征服者所做的一切事情都是合法而正當的嗎？」安納克薩卡斯所講的這些話和其他類似的話，的確減消了國王的憂愁，但是同時也敗壞了他的品性，使他比以前更加胆大妄爲而目無法紀。同時他也藉此博得了國王的寵信；使他更不高興同考里塞尼斯晤談，在過去，因爲考里塞尼斯的態度嚴肅，國王本來已經不大喜歡他了。

有一次，這兩位哲學家在一次宴會席上相遇，當時大家的話題轉到氣候上面，發生一場爭辯。考里塞尼斯支持其中一派人的意見，認爲那裏的天氣比希臘冷，冬季氣候也更爲酷寒。安納克薩卡斯却完全不同意這種說法，頗爲激昂地發表相反的意見。於是考里塞尼斯對他說：「當然啦，你一定要承認這個地方是比希臘寒冷的，因爲從前在希臘的時候，你在最嚴寒的冬季身上只穿着一件毛絨已經磨光的斗篷，而在這裏，你的身上却一層罩着一層地穿了三件溫暖的外套。」這句諷刺的話當然使安納克薩卡斯大爲生氣。而其他一些自命爲有學問的人，和亞歷山大左右的那班佞臣，看見青年們因爲考里塞尼斯的口才而對他極表擁護，年紀較老的人們也因為他生活有規律、態度莊重、安於現狀而對他深加敬重，他們都很不高興。這一切都證實了考里塞尼斯所宣稱的追隨亞歷山大前來亞洲的目的，只是為了使他的同胞們從放逐之中被召回故鄉，重建起來他們的城市。除了他的盛名會引起旁人的嫉妬之外，他的態度也與人一個可乘之隙，使那些對他懷有惡感的人們利用機會來中傷他。因為在國王邀宴的時候，他多半拒絕參加，在參加的時候，也總是很嚴肅地坐在那裏，似乎對於當場的一切情形表示不滿。因此連亞歷山大都會唸出這樣的詩句⑭來暗諷他：

「我厭惡那種虛假的做作，

連自己的興趣也一筆抹煞。」

有一次，他同許多人和國王一起共進晚餐，當國王把酒杯遞給他的時候，他被請求即席發表一篇演說，來讚美馬其頓人；他講得非常精采，在座的人們全體起立，鼓掌喝采，並且向他投擲花環；只有亞歷山大引用幼里披底斯的詩句對他說：

「你雖然講得這麼出色，也不足為奇，

對於一個好題目，當然容易有精采表現。」

「因此，」他繼續說，「如果你想表現口才，最好講一講馬其頓人的缺點，對他們加以指責，使他們明白自己的錯誤，以便在將來加以改進。」於是考里塞尼斯馬上遵從他的命令，撤銷他以前所說的話，把馬其頓人攻擊得體無完膚，他並且說，費力浦之所以能够得勢，主要是由於希臘人的彼此不合，他用這行詩⑧⑤做爲結語：

「在內爭之中，豎子也可以成名。」

這句話大大地觸怒了馬其頓人，他們以後一直對他非常憎恨。亞歷山大則說，他在演說中所表現的不是他的口才，而是他對馬其頓人的惡感。據赫米帕斯告訴我們說，考里塞尼斯所僱用的一個爲他朗讀的僕人，名字叫做史特羅巴斯（Stroebus），後來把這件事情的經過告訴了亞理斯多德，情形大致就是如此，他並且說，當考里塞尼斯覺得國王愈來愈嫌惡他的時候，他臨走時曾把這兩行詩⑧⑥唸了兩三遍：

「死神終於也攫走了巴特羅克拉斯，

雖然他的美德比你高超得多。」

所以，亞理斯多德對於他所做的批評，不是沒有根據的，他說考里塞尼斯的確是一個了不起的演說家，但是缺乏常識。他不僅以一個哲學家的本色，拒絕向亞歷山大俯伏禮拜，而且把那些最優秀最年老的馬其頓人都只能暗中發發牢騷的事情，公開提出，加以指責。他打消了俯伏禮拜的辦法，使希臘人和亞歷山大都得以免於陷入恥辱之中。但是這件事情却把他自己毀了，因爲他的態度過火，使人覺得他在使用强制手段來完成應該對國王加以勸服的事情。據邁提里尼(Mitylene)的查雷斯的記載裏面說，在一次宴會席上，亞歷山大在喝酒之後，把杯子遞給他的一個朋友，那個人接過杯子之後，馬上站起來，面對着宮廷的神壇，把酒喝下去，然後向亞歷山大俯伏禮拜，然後再吻亞歷山大，做完這些事情之後，他再回到自己的席位。所有的賓客都按照順序這樣做了，只有考里塞尼斯例外，在輪到他的時候，他接過杯子，喝了酒，然後便走過去吻國王；當時國王正在和赫斐斯欽談話，沒有看到經過的情形，綽號斐當(Phidon)的狄米特里亞斯(Demetrius)却大聲喊道：「國王，不要接受他的吻，因爲在座的只有他一個人不肯向你俯伏禮拜。」於是國王拒絕了他的吻，而他却滿不在乎地高聲說：「那麼我今天要比各位少親一個吻而離席了。」國王當然爲這件事情而對他很不高興，但是還有許多其他事情共同促成了他的滅亡。第一，赫斐斯欽所說的話被採信了，他說考里塞尼斯曾經許諾像旁人一樣地對國王俯伏禮拜，但是他並沒有遵守諾言。第二，賴息卡瑪斯和海格儂一班人也對他加以攻擊，他們說這位詭辯家到處誇耀他自己反抗專制，青年人紛紛對他加以擁護，認爲他是萬萬千千人之中唯一有勇氣保持個人自由的人。因此，當赫摩勞斯(Hermolaus)的陰謀被發現的時候，考里塞尼斯的敵人們對他所提出的指控更加容易被人相信，他們說，當那個青年問他怎樣才可以成爲世上最有名的人的時候，他告訴他說最便當的方法就是殺死那個最有名的人；他並且鼓勵他動手來做這件事情，叫他不要被國王的金榻所嚇住，而要記得亞歷山大也是像旁人一樣地會生病會受傷的人。可是，赫摩勞斯的共犯們，甚至在最厲害的刑訊之中，也完全沒有講到考里塞尼斯曾經參與其事。而且，亞歷山大在不久之後寫給克雷提拉斯、阿塔拉斯、和阿爾西塔斯（Alcetas）的一些信件裏面，也說那些被刑訊的青年們都宣稱那件事情完全是他們自己幹的，並沒有任何旁人參與。但是在他後來寫給安提培特的一封信裏，他却宣稱考里塞尼斯是有罪的：「那些青年人被馬其頓人用石頭打死了，至於那個詭辯家（指考里塞尼斯），我要把他和派他到我這裏來的人們、連同那些在自己城市裏面窩藏陰謀犯的人們一起加以懲罰，」他在這句話裏很明白地表示出他對於亞理斯多德的敵意，因爲考里塞尼斯是亞理斯多德的侄女希羅（Hero）的兒子，由亞理斯多德在自己的家裏撫育起來的。關於考里塞尼斯死亡的情形，史家的說法很不一致。有些人說他是由亞歷山大下令絞死的；有些人說他是在獄中病死的；但是查雷斯的著作裏面却說，他被捕之後，被監禁了七個月，爲的是可以舉行一次正式審判，屆時使亞理斯多德也在場，但是因爲他身體太胖，又由跳蚤傳染上一種疾病，不久就死在獄中了，大約就在亞歷山大在印度被瑪里．奧克西德雷凱(Malli Oxydracae)人擊傷的時候。不過這些都是後來發生的事情。

我們現在按照時間的順序繼續講。哥林斯人笛瑪拉塔斯當時已經是上了年紀的人了，他還不辭辛苦前來訪晤亞歷山大；在他看到亞歷山大之後，他說那些早死的希臘人們，未及看到亞歷山大坐在達理阿斯的寶座上，實在非常可惜。但是他對於國王的盛意也未能享受很久，因爲不久之後他就生病而死了。他的葬禮舉辦得很盛大，軍隊用土爲他建立一座很大的高達八十腕尺[87]的記念塚。他的骨灰被用一輛裝飾得很堂皇的戰車載送到海濱去，轉運回國。

亞歷山大現在把全幅精力放在對印度的遠征上面。他發現士兵們携帶的戰利品過多，對於行軍很有防礙。於是，在黎明時，當行李車都裝好之後，他先把他自己的和他的朋友們的行李都放火燒燬了，然後下令把所有其餘的人們的行李一律燒燬。這件事情的籌劃和決定，似乎比執行更爲困難，因爲在執行的時候，沒有什麼人表示不滿，大多數士兵都好像受到一種感召，發出了一陣歡呼和吶喊，互相送贈一些絕對必需的物品，然後把那些多餘的東西全部焚燬；那種情景使亞歷山大執行自己計劃的熱情大爲加强。而且，他對於犯過者的懲罰，也變爲非常嚴厲而無可通融。他的一個朋友米南德(Menander)因爲放棄了一個由他負責駐守的城砦，而被他處死；一個野蠻人奧索戴提（Orsodates）則因爲反叛他，而被他親自動手用箭射死。

在這個時候，有一隻綿羊生下一隻小羊，那隻小羊的頭部的形狀和顏色完全和波斯的王冠一樣，而且在每一邊有一個睪丸；亞歷山大對於這個不祥之兆非常不高興，馬上叫他的巴比倫祭司們爲他消解災難（他總是爲了這個目的而經常携帶着那些祭司），並且告訴他的朋友們說，他並不爲自己憂慮，而是爲他們擔心，因爲他恐怕在他死去之後，天意會使他的帝國落入一個卑劣無能者的手中。但是在不久之後發生的一件奇異的事情，被認爲是一項吉兆，消除了他的這種恐懼。主管國王裝備品的馬其頓人普洛克森納斯(Proxenus)在奧科薩斯河（Oxus)邊掘土以便爲國王搭設帳篷的時候，發現一個油泉，在它的表層流掉之後，便流出來一種很淸純的油，在味道和香氣方面都和眞橄欖油無異，其光澤和滑潤也與眞橄欖油完全一樣，雖然那個地方並不出產橄欖。據說，奧科薩斯河的水非常滑潤，人在裏面洗澡之後，皮膚上會留下一種光澤。從亞歷山大寫給安提培特的一封信裏，我們可以看出他對於這件事情非常高興，他說這是天神賜給他的最吉利的預兆。預言者們說這個預兆表示他的遠征將會獲得輝煌的結果，但是同時也將遭遇許多艱難辛苦，因爲油是天神賜給人們用以恢復疲勞的東西。

他們的判斷沒有錯，因爲他在後來所從事的戰鬪之中遭遇許多危險，而且受了幾次重傷，不過他的軍隊的最嚴重的損失，是由氣候惡劣和給養不足所造成的。但是他仍然努力憑着決心和勇氣克服命運和一切阻力，他認爲，對於眞正無所畏懼的人，沒有不能征服的對象，而對於懦怯之輩，任何防務都不是堅强可靠的。據說，在他向據守在一個險峻而無法接近的城砦上面的西思密底理(Sisimithres)圍攻的時候，他的部下都已十分氣餒，認爲沒有攻下那個城砦的希望，這時候，他向歐克薩提斯(Oxyartes)詢問西思密底理是不是一個勇敢的人，歐克薩提斯回答說那個人極其懦怯，於是他說道：「那麼你等於告訴我這個地方可以很容易地攻下來，既然它的防守者是個懦弱的人。」不久他就對西思密底理施以恐嚇，毫無困難地佔領了那個城砦。在率同一些馬其頓士兵圍攻另外一個同樣險峻的城砦的時候，他對一個名叫亞歷山大的士兵說，單單爲了那個名字的原故，他就必須奮勇作戰。那個青年果然戰鬪得非常勇敢，終於死在敵人的刀槍之下，亞歷山大聽到這個消息之後，非常難過。還有一次，在圍攻一個叫做奈薩（Nysa）的地方的時候，士兵們前進得很緩慢，而且顯得有些躊躇，因爲在他們和那個城市之間有一條很深的河，亞歷山大看到這種情形，便走在前邊，站在河岸上面說道：「我沒有學過游泳，眞是可憐！」說着便打算不顧一切地持着盾涉水過河。在這場進攻結束之後，幾個被圍困的城市的使者們前來乞和，他們看見他身上仍然穿着甲冑，而身邊沒有一名侍從，都覺得很驚奇；後來，當有人終於爲他送來一個褥墊的時候，他自己沒有享用，却讓來使中最年長的阿庫普希斯(Acuphis)拿去坐下，他們看見這種情形，更爲驚奇。阿庫普希斯感於他的慷慨和慇懃，便詢問他的同胞們應該做些什麼事情，才配獲得亞歷山大的友誼。亞歷山大對他說：「我要他們推舉你主持國政，並且把一百名最優秀的人送到我這裏來，做爲人質。」阿庫普希斯笑着回答說：「國王，如果我不送來一百名最優秀的人，而送來一百名最壞的人，我將可以把我的國家治理得更好一些。」

據說，印度的泰克西里斯王（Taxiles）的領域和埃及一樣大，有許多優良的牧場，而且出產非常豐富。這位國王是一個非常明智的人，他第一次和亞歷山大見面的時候就這樣對他說：「如果你此來的目的不是要剝奪我們的水或必需的食糧（這些東西是明智的人們的唯一的挺身而戰的原因），我們爲什麼要彼此作戰呢？至於其他的所謂財富，如果我比你更爲富有，我情願與你分享；如果命運之神賜給你的比我更爲豐厚，我也不反對領受你的惠贈。」這些話使亞歷山大非常欣悅，他擁抱着他，對他說道：「你以爲，你用這些和善的言語和謙恭的行爲就可以使我們不必經過鬬爭而結束這場會晤嗎？我告訴你，你是無法逃脫的。我將盡全力同你較量一番，不論你是如何地親切仁厚，我絕不容許你在慷慨方面勝過我。」然後亞歷山大接受他的一些賜與，却還送給他一些更爲寶貴的東西，最後他竟一下子贈送給他一千泰倫錢幣；這件事情使他的老朋友們很不高興，但是他却因此而博得了許多野蠻人的好感。印度人當中的最優秀的戰士，是那些受僱於若干城市的傭兵，他們非常英勇地保衛那些城市，使亞歷山大深受其苦，因此當他在某一城市同那些傭兵談好投降條件之後，在他們動身回去的時候，他突然對他們加以襲擊，全部殺光。這項違背諾言的行爲，是他的軍事成就當中的白璧之瑕，因爲除此之外，他的一切行爲都合乎公理與榮譽，完全不失王者之風。印度的哲學家們也像那些傭兵一樣地爲他帶來許多困擾，他們對那些歸順亞歷山大的帝王們痛加攻擊，並且鼓動那些自由的民族起而反抗。因此他也捕獲了一些哲學家們，處以絞刑。

關於他同波拉斯(Porus)之間的戰爭，他曾在他的信件裏面加以敘述。據他說，在兩軍之間隔着一條海達斯比河(Hydaspes)，在河的對岸，波拉斯一直用大象排成戰陣，把那些大象的頭對着敵軍，監視他們不得渡河；而亞歷山大呢，却每天隔着河在他的軍營裏面發出很大的喧噪聲音，使那些野蠻人聽習慣了，漸漸地消除了恐懼之感；於是，在一個暴風雨的黑夜裏，他率領一部份步兵和最優秀的騎兵渡河，到達和敵軍所在之處有相當距離的一個小島上。在那裏，大雨傾盆而降，同時雷電和暴風大作，有些士兵被雷電殛死了，但是他還是從這個小島出發，向對岸前進。在這場暴風雨之後，海達斯比河水大漲，流勢湍急，把河岸冲潰，造成一個缺口，一部份河水便向那裏流去，他率軍登岸之後，很難立足，因爲那片陸地正好處於兩條河流之間，非常滑濘而不穩固。就是在這個地方，他說了這句話：「啊，雅典的人們，你們能够相信我爲了博得你們的讚譽而遭遇的種種危險嗎？」不過，這句話是出自歐奈西克里塔的記載。據亞歷山大自己說，他們在這裏下了船，雖然身披甲胄，却仍然從漫腰的水裏涉渡過去，然後他便率領騎兵在步兵的二十壠之前行進，他認爲，如果敵軍以騎兵向他進攻，他將處於絕對的優勢；如果敵軍以步兵進攻，他的步兵也可以及時趕到，參加作戰。他的判斷沒有錯誤；敵軍先派出了一千名騎兵和六十輛武裝戰車向他進攻，他俘獲了全部戰車，並且當場殺死了四百名騎兵。這時候，波拉斯猜想亞歷山大本人已經渡河，便率領全軍向他進攻，只留下一小部份人，阻止其餘的馬其頓軍隊渡河。但是亞歷山大因爲顧慮敵軍人數衆多，又有大象當前，便避免正面交鋒，他把軍隊分爲兩路，親自率領一路去攻擊敵軍的右翼，命令科納斯（Coenus）率領另外一支軍隊進攻左翼，都很成功。因爲藉着這種方法，敵軍的兩翼都被擊潰，紛紛向中央後退，把象羣圍在裏邊。他們在那裏重整旗鼓，和馬其頓軍隊短兵相接，直到當天八點鐘的時候，才被完全擊敗，這些情形，都是這位征服者在他的書信裏面所講述的。

差不多所有的史家都一致地說波拉斯身高四腕尺一指距⑧，因爲他的身材特別魁梧，當他騎在他那匹最大的象身上的時候，十分配合，看起來就像一個騎士騎在馬上一般。在全部戰鬬期間，這匹象始終表現出牠的非常智慧和對於國王的特別照應；在國王精力充足能够和敵人作戰的時候，牠極其勇敢地保護着他，驅退一切來襲的敵人；一到牠發覺國王已經受了許多創傷不能支持下去的時候，爲了免得他跌落下去，牠便輕輕的跪下，用鼻子把他身上的箭矢拔出。在波拉斯被俘之後，亞歷山大問他希望受到怎樣的待遇，他回答說：「像一個國王一般。」當第二次被問到有沒有其他要求的時候，他回答說那句話已包括了一切的含意。於是亞歷山大不僅讓他以總督的名義繼續統治他從前的國家，而且還把他所征服的其他十五個獨立民族的土地——包括五千個大城市和無數的村莊，劃歸他的治下。另外一片有這個地區三倍之大的地方，則由亞歷山大撥歸他的一個朋友費力浦治理。

在這場戰爭不久之後，布塞法拉斯死去了，大多數權威作家都說牠是在治療創傷時候死去的，不過歐奈西克里塔却說牠是因爲衰老而死，因爲牠當時已經三十歲了。亞歷山大爲牠的死亡非常難過，就好像死了一個老伙伴或密友一般；他爲了紀念這匹馬，在海達斯比河岸建立一個城市，命名爲布塞法拉斯。據說，他另外還建立了一個城市，以他死去的愛犬柏里塔斯（Peritus）爲名，那隻狗是由他親自撫養起來的。據蘇遜(Sotion)告訴我們，這件事情是他從勒士包斯(Lesbos)人波塔蒙(Potamon)那裏聽說的。

但是，這一場對波拉斯的戰爭，挫折了馬其頓人的勇氣，使他們不敢再向印度深入。因爲在那場戰爭當中，對方只在戰場上用出了兩萬步兵和兩千騎兵，就已經使他們費盡九牛二虎之力，才把敵軍擊敗，所以當亞歷山大堅持渡過恆河（Ganges）的時候，他們便堅決地加以反對，據他們聽說，那條河有三十二嚨寬，一百尋[89]深，而且在對岸還佈滿了無數的敵軍。因爲他們聽說格蘭達里特人（Grandaritans）和普雷西人（Praesians）的國王們正率領着八萬名騎兵、兩萬名步兵、八千輛武裝戰車、和六千隻戰象，在那裏等待着他們。這些話並不是用來恐嚇他們的虛誇之詞。因爲在不久之後統治那些地區的安德羅考塔斯（Androcottus），有一次贈送西路卡斯五百隻大象，並且用六萬名軍隊征服了全印度。最初，亞歷山大對於他的部下這種不願繼續前進的態度，非常憂愁而憤怒，他把自己關在帳篷裏面，躺在地上，他說如果他們不肯渡過恆河，他對於他們過去的一切成就都毫不感激，因爲他認爲在現在退却，就等於明白承認他自己已經失敗。但是，他的朋友們的得體的勸慰，和那些帶着懇求態度擁集在他的帳篷門口的士兵們的痛哭流涕，終於使他軟化，答應回國。可是他在臨去的時候，還爲他這次遠征留下一些虛假記念物，矇騙後世的人，藉以誇大他的聲譽，例如，他遺留一些比他們所實際佩帶的更大的武器，比他們的馬所實際使用的更大的馬槽子、馬嚼子、和馬籠頭，散置在各處。他還建立一些祭神的聖壇，直到現在，普雷西人的國王們在過河的時候，還到那裏表示崇敬，並且按照希臘的方式獻祭。安德羅考塔斯當時還是一個少年，在那裏看見過亞歷山大，他後來常常對人說，亞歷山大當時差一點兒沒派他做國王，因爲他們當時的國王由於行爲卑劣出身微賤而深受人民的憎惡與輕蔑。

亞歷山大現在急於看見海洋。爲了這個目的，他下令建造大量的划艇和筏子，然後便乘着這種交通工具，很悠閒地順流而下。不過他這段航程却也不是沒有收穫或無所作爲的。一路之上，他不時登岸突擊，進攻那些設防的城市，終於征服了兩岸的全部地區。不過，在圍攻瑪里（Malli）人——這個民族有印度的最勇武的民族之稱——的城市的時候，他幾乎斷送了性命。因爲在用驟雨般的一陣箭矢把守衛者驅退之後，他第一個用雲梯爬上牆城，但是他剛一爬到上面的時候，梯子便斷了，把他一個人暴露在那裏，遭受野蠻人從下面發射出去的大量箭矢的襲擊。於是他轉過身體，向下面的敵軍聚集之處一躍而下，在落到地上的時候，還很幸運地得以站住了脚。當時他的甲冑光輝閃耀，叮噹作響，那些野蠻人最初以爲他的身上發出了閃電或一種神秘的光耀，在驚恐之餘，紛紛逃散。後來他們看見他的身旁只有兩名衛士，便又逼近過來，對他做短兵相接式的襲擊；在他很英勇地從事自衛的時候，有幾個敵兵企圖用劍和槍刺穿他的甲冑。一個站在較遠處的敵人向他射來一箭，非常準確而有力，竟致刺穿他的胸甲，揷在他胸下的肋骨當中。這一箭的力量非常猛烈，使得他的身體向後搖擺，一膝屈在地上，這時那個野蠻人又拿着一把彎軍刀跑過來，想一下子結果了他的性命，幸而普塞斯提和里姆尼亞斯（Limnaeus）及時挺身相護，使他得免於難；這兩個人都受了傷，里姆尼亞斯當場死去，普塞斯提仍然堅持抵抗，而亞歷山大則趁機殺死了那個野蠻人。但是他並沒有脫除危險，因爲他除了受到許多其他創傷之外，最後他的頸部又被敵人用棍子猛擊一下，使他不得不把身子靠在牆上，不過他的眼睛仍然望着敵人。在這個最危急的關頭，馬其頓人蜂擁而來，圍集在他的身旁。他們把他抱起來，這時他已昏迷過去，對於身旁所發生的事情渾然不覺，他們把他送回帳篷，當時整個軍營裏面都盛傳他已死亡。他們首先很費力地把那根木製的箭桿鋸掉，然後又同樣費力地把他的胸甲脫掉，最後把那支插在肋骨裏面的三指寬四指長的箭頭取出。在這場手術期間，國王陷於昏迷狀態，瀕臨死亡的邊緣，但是在箭頭取出之後，他便甦醒過來。雖然危險已經渡過，他的身體却仍然虛弱，有很長的一段時期，他只吃着規定的飲食，接受醫療；有一天，他聽到馬其頓人在外面喧噪不已，知道他們急於要看見他，於是他穿上斗篷，出去和大家相見。他向衆神獻祭之後，便又上了船，在沿河航行途中，又征服了兩岸的許多地區和一些大城市。

在這次航行途中，他捕獲了十名印度哲學家，因爲他們曾經最積極地勸促薩巴斯（Sabbas）反叛，爲馬其頓人帶來許多困擾。這些被稱爲「裸體哲學家」⑨的人們，素以善於做出敏捷而簡潔的回答聞名，於是亞歷山大便向他們提出一些困難的問題，加以考驗，他並且宣稱，他將把第一個回答不恰當的人首先處死，然後把其餘的人們按照順序處死；他並且指定他們之中的最年長的人擔任裁判。亞歷山大向第一個人所發出的問題是：世界上的活着的人比較多，還是死去的人比較多？那個人回答說：「活着的人比較多，因爲死去的人已經不復存在。」他向第二個人詢問：陸地出產的動物多，還是海洋出產的動物多？回答是：「陸地，因爲海洋是陸地的一部份。」他向第三個人詢問：一切動物中之最狡滑的是什麽？回答是：「是迄今人類尚未發現的一種動物。」他詢問第四個人爲什麽勸誘薩巴斯反叛？回答是：「不過是使他光榮地活着，不然就光榮地死去。」他向第五個人詢問：夜的年齡較大，還是晝的年齡較大？回答是：「晝的年齡較大，至少大一天。」這位哲學家發覺亞歷山大對於他的回答似乎有些困惑，他又補充說，如果奇怪的問題得到奇怪的答覆，他不應該感覺驚奇。然後他繼續問下一個人：一個人怎樣才能被旁人特別愛戴？那個人回答說：「擁有大權而不使自己被旁人畏懼。」對於第七個問題「一個人怎樣可以變成神」，回答是：「做人所做不到的事情。」第八個人所得到的問題是：生死二者哪一個比較强？他回答說：「生比較强，因爲它忍受許許多多的困苦。」最後一個人被詢問的問題是：他認爲人最好能活多長的時間？他回答說：「直到他覺得死比活着好的時候。」然後亞歷山大便吩咐那位裁判宣佈他評判的結果。那個人回答說：「我所能斷定的是，他們每個人都回答得不如另一個人。」亞歷山大對他說：「唔，如果你做出這樣的裁判，我就先把你處死。」那位裸體哲學家回答說：「你不能這樣做，除非你自食前言，因爲你方才說過，你要把回答得最壞的人首先處死。」結果，他送給他們許多禮物，放他們回去了。

然後，他派遣犬儒學派哲學家戴奧幾尼斯的弟子歐奈西克里塔去訪問那些最負盛名而過着隱遁生活的哲人，請他們前來和他相會。據說，卡拉納斯（Calanus）對歐奈西克里塔的態度非常傲慢無禮，要他把衣服完全脫掉，光着身子聽他講話，不然的話，即使他是邱比特派來的人，他也不肯同他講一句話。但是丹達米斯的態度却比較謙恭有禮，聽他談論蘇格拉底、畢達格拉斯、和戴奥幾尼斯的學說，然後發表意見說，他認為他們都是極有才學的人，但是犯了一項最大的錯誤，就是過於尊重他們本國的法律和習俗。不過，有些作家則說，丹達米斯只同他說了一句話，問他亞歷山大為什麽長途跋涉，到那些地方去。後來，卡拉納斯經泰克西里斯的勸說，還是前去訪晤亞歷山大了。他的本名是斯芬尼斯（Sphines），但是因為他看見希臘人的時候總說「卡里」（Cale）——「卡里」是印度人見面時的招呼語——他們便稱他為卡拉納斯。據說，他曾經向亞歷山大提示一個很有啓發性的政府的象徵。他把一張乾枯縐縮的皮革放在地上，然後用脚在上面踩它的邊緣，他在這個地方踩下去，另外一個地方便鼓起來，在所有的邊緣部份，都是這種情形，直到最後，他站在那張皮革的中央，所有各部份才都顯得服服貼貼了。這個比喻的意義是說，他應該經常居留在帝國的中央，而不可在它的邊界花費太多的時間。

他這一段沿河行進的航程，共用去七個月的時間；在進入大海之後，他駛向一個島嶼，那個島嶼他稱之為西拉斯提（Scillustis），而另外一些人則稱之為西爾圖息斯（Psiltucis）；他在那裡上了岸，向衆神獻祭，並且儘量對海洋和海岸的情形加以觀察和研究。他向衆神祈求，以後不要讓任何人超越他這次遠征的範圍；然後他便準備啓程回國。他任命尼爾卡斯為艦隊總司令，歐奈西克里塔為領航長，他命令艦隊繞道航行，在右方沿着印度海岸向前行進；他自己則取道奧里特（Orites）人的地區從陸路返國；在那裏，他因爲缺乏給養而陷入極大的困境，並且損失了大量的兵員；他在進入印度的時候，共有十二萬步兵和五千騎兵，經過這場損失之後，剩下的只有原數的四分之一；那些士兵死亡的原因是疾病、飲食惡劣、和天氣酷熱，但是其中大多數人是死於飢餓。因爲他們所經過的是一片未開墾的地區，居民們的生活很困苦，只有少數的羊，而且是一種很不好的羊，那種羊肉的味道腥臭難聞，因爲它們經常是以海魚爲食的。

他們在這個地區走了六十天，才進入吉德羅細亞（Gedrosia）㉑，在那裏，他們得到了豐富的供應，因爲鄰近的帝王和總督們聽說他即將來臨，都特別加意備辦，來供應他的需要。他的軍隊在這裏休息一些時候之後，便通過卡瑪尼亞（Carmania）繼續前進，在路上一連舉行七天的宴樂。他和他的最親密的朋友們所搭乘的馬車，由八匹馬拉着緩緩前進，上面搭着一座高臺，他們就在那上面不分晝夜地飲宴作樂。無數的馬車隨在後面，有些是用紫色的刺繡的天篷覆蓋着，有些則用時常更換的綠枝覆蓋着，在這些車輛裏面，他的其餘的朋友和指揮官們頭上戴着花冠，舉行飲宴。在這裏，看不到一個盾，一頂盔，一桿槍；士兵們所擺弄的不是甲胄，而只是酒杯、高脚杯、和壺狀杯；一路之上，他們不斷地用這些飲具從大盆和酒罈裏面舀酒，你敬我，我敬你，有些人是坐在席前（沿途每隔相當距離，便有酒席擺設）暢飲，有些人則是一邊行進，一邊喝酒。到處都迴蕩着琴、笛、和歌唱之聲，婦女們嬉鬧舞蹈，宛如置身於酒神的祝典之中。因爲這個零亂而迤邐的行軍行列，除了盡情暢飲之外，還表現着禮讚酒神者們的一切的嬉鬧與放蕩，好像酒神親自在那裏贊助並且領導着這個遊行行列一般。而且，在到達吉德羅細亞的皇宮之後，他又讓他的軍隊休息一個時期，每天大事宴樂；有一天，他在喝了很多酒之後，去觀賞一場歌舞比賽；他所愛的巴格阿斯在比賽中獲得勝利之後，穿着舞蹈的服裝從舞臺走過來，坐在他的身旁；馬其頓人們看見這種情形非常高興，他們高聲喝采，要求他吻巴格阿斯，他們一直不停地叫囂鼓掌，亞歷山大終於摟着巴格阿斯，吻了他。

他的海軍總司令尼爾卡斯到這裏來謁見他，向他報告航程的一切情形，他聽了之後非常高興，決定率領一支龐大的艦隊，駛出幼發拉底河口，環航亞拉伯和非洲，然後經過赫庫里斯之柱（Hercules's Pillars）[92]而進入地中海；爲了達到這個目的，他下令在泰普薩卡斯（Thapsacus）建造各種船隻，並且四處網羅水手和領航人員。但是，他在征討印度期間所經歷的種種困難，他本身在瑪里人中間所遭遇的危險，他的軍隊在奧里特人的地方所遭受的重大損失，已經傳遍各處，使人們懷疑他是否能夠平安歸來，所以許多被征服的國家都在醞釀叛亂，他所委派在各地的總督和司令官們也都趁機混水摸魚，做出許多不正當、貪婪、而橫霸的行爲，所以整個局勢是動盪不安的，人心都在期待着一場改變。甚至在國內，奧林匹亞斯和克里奧佩特拉也已經結成一個派系，共同反對安提培特，她們並且把他的王國分而治之，由奧林匹亞斯掌握了伊匹魯斯，克里奧佩特拉則治理馬其頓。當亞歷山大聽到這個消息的時候，他說他的母親的選擇比較高明，因爲馬其頓人絕不會甘於被一個女人治理的。因爲有這種不穩定的情勢，他再度派遣尼爾卡斯回到海上，率領艦隊去征討沿海地區，而他本人則在行軍途中，對於那些行爲不良的司令官們施以懲罰，特別是阿布里提斯（Abuletes）的一個兒子歐科薩提斯，被他親手用長槍刺死。阿布里提斯沒有按照自己的職份爲他供應必需的給養，却送來三千泰倫錢幣，亞歷山大叫他把那些錢丟給馬，馬不加理睬，於是亞歷山大說道：「你這種供應對於我們有什麽用？」然後下令把他監禁起來。

在進入波斯的時候，他向婦女們分散金錢，因爲那是波斯帝王們的一種習俗，他們在每次從各屬地回來的時候，總要送給每位婦女一個金幣的；因爲這個緣故，據說有些國王很少回來，尤其是歐卡斯（Ochus），竟鄙吝到這種程度，爲了省去這筆開支起見，在他的整個在位期間一次也不曾返回故國。亞歷山大發現賽拉斯的墳墓被人破開盜竊了，馬上把那個盜墓的人坡利瑪卡斯（Polymachus）處死，雖然這個人頗有名望，而且是貝拉(Bella)⑨³的人。在他讀到墓碑上面的波斯文墓誌銘的時候，他吩咐把那段文字在下面再用希臘文刻出；那段文字是：「喂，來的人，不論你是誰，不論你來自何處（我知道你一定會來的），我告訴你，我是賽拉斯，波斯帝國的建立者；不要連這一小塊葬身之地都捨不得讓我佔用。」亞歷山大讀了之後，深受感動，大興人事滄桑之感。在這個時候，卡拉納斯因爲害了腸疾，要求爲他搭設一個火葬堆；他騎馬來到那裏，先做了禱告，在自己身上撒了酒，割下一些頭髮，投到火裏，在走上火葬堆之前，並且向站在旁邊的馬其頓人們擁抱道別，希望他們同他們的國王在歡樂與親愛之中度過那一天，他說他不久一定可以在巴比倫和國王相見。他說完了這些話，便躺在火葬堆上，把臉蒙起，當火燒近的時候，他一動不動，仍然保持原來的姿勢，便這樣地按照那些國家的哲學家們的古老習俗，自焚而死。許多年後，另一位隨同凱撒⑨⁴前來雅典的印度人也做了同樣的事情，直到現在，人民仍然可以在那裏看到那個所謂「印度人之墓」。亞歷山大從火葬堆回來之後，邀請許多朋友和主要軍官們共進晚餐，他並且提議舉行飲酒比賽，勝利者將得到一頂王冠。普洛瑪卡斯(Promachus)喝了十二夸爾㊿酒，得去了那個價值一泰倫的王冠，但是他在勝利之後，僅僅活了三天便死去了；在其他的賓客之中，據查雷斯說，後來還有四十一個人死於這場暴飲，因爲在酒醉之後，正好趕上一陣非常寒冷的天氣。

在蘇薩，亞歷山大娶達理阿斯的女兒斯泰蒂拉爲后，並且把波斯的一些最高貴的女士分配給他的最優秀的朋友們，締結姻緣，同時舉行一場大宴會，慶祝其他的已經在波斯結婚的人們的婚姻。據說出席這個盛大宴會的賓客，不下九千人，每位賓客都由亞歷山大贈送一個灌奠用的金杯。他的各種豪奢的事例，不必細表；他甚至把全體賓客所欠的債務，一律代爲償還，這筆開支總數共爲九千八百七十泰倫。只有一隻眼睛的軍官安提幾尼斯，雖然並不欠債，却把自己的名字列入債務人的名單，找一個人出面，冒充他的債權人，說過去曾經借給他多少錢，現在便把那筆錢領去了。後來這個騙局被發現了，國王非常憤怒，把他從宮廷趕出去，並且剝奪了他的兵權。可是他是一個優秀的軍人，極其勇敢，在青年的時候，曾隨費力浦圍攻伯林修斯（Perinthus），當時他的一隻眼睛被弩砲射出的箭所傷，他既不肯讓人把那支箭取出，也不肯離開戰場，却一直很英勇地繼續奮戰，直至把敵人驅回城內爲止。他當然受不住現在所遭受的這種恥辱，在憂憤之餘，很可能自尋短見，亞歷山大因爲恐怕演成這樣的悲劇，不僅恕有了他，而且對於他騙去的那筆錢，也不追還了。

從前他所留下的由專人加以教育的三萬名兒童，現在都大有進步，不僅身體健壯，儀容俊秀，而且在操練方面，也非常熟練而靈活，亞歷山大看了非常高興；但是那些馬其頓人卻爲此而惴惴不安，因爲他們擔心國王會不像從前那樣重視他們了。後來，當國王要把病弱和殘廢的馬其頓人遣送回國的時候，他們非常不滿，宣稱這對他們是一種不公正而恥辱的待遇，因爲他們追隨亞歷山大遠征各地，無役不從，在體力衰竭之後，卻遭受擯棄，被遣返故里，回到父母親友的圈子裏面，而他們自己則已經年華老大，疲憊殘缺，迥異當年了。所以，他們要求亞歷山大把他們全體都打發回去，當作所有的馬其頓人都已無用，因爲他現在已經有那批會跳舞的少年們，儘可帶着他們去征服世界。這些話使亞歷山大非常生氣，他在憤怒之中對他們大加責罵，然後便命令他們走開，把守衛工作交付給波斯人，從波斯人當中選出他的衞士和侍從人員。當馬其頓人看到亞歷山大被波斯人所護衞着，而他們自己則遭受排斥的時候，他們的意氣大爲消沉，大家商討一番，嫉妒和憤怒的心情促使他們發狂。到了最後，情緒平定下來的時候，他們又跑到亞歷山大的帳篷外面，都沒有携帶武器，每人身上只穿着一件內袍，痛哭流涕地向他請罪，要他把他們當作忘恩負義的人們對待。可是，這些話都沒有效果；雖然他的怒氣已經消減一些，卻還是不肯同他們見面，而那些馬其頓人也不肯離開那裏，在他的帳篷前面站了兩天兩夜，哀號痛苦，懇求身爲他們的君主的亞歷山大原諒他們。到第三天，他出來了，看到他們那種低首下心的懺悔的樣子，他自己也哭了很久；他對他們做一番溫和的責備，然後便下令把那些不適於服役的人們遣返，給與他們豐富的賞賜，並且致書安提培特說，在一切公共表演和演戲的場合，應該讓他們坐在最前面的位置，並且爲他們戴上花冠。他還規定，所有陣亡的人們的子女，都繼續領取他們的父親的薪餉。

到了米底亞的艾克巴塔納，當他把最緊急的公務處理完畢之後，他又舉辦各種表演和娛樂，藉資消遣，因爲剛剛從希臘來了三千名演員和藝人。但是，由於赫斐斯欽染患熱病，這些娛樂不久便中止了；赫斐斯欽很年青，又是個軍人，所以在生病期間，不肯嚴格遵守醫生規定的飲食；有一次，趁着醫生格勞卡斯（Glaucus）去看戲時，他吃了一隻雞，又喝了許多酒，於是病勢馬上轉劇，不久之後就死了。對於這場不幸，亞歷山大非常憂傷，爲了表示哀悼起見，他下令把所有騾馬的鬃毛和尾巴一律剪掉，把各鄰近城市的城垛一律拆除。他把那個可憐的醫生釘死在十字架上，並且有過很長的一段時期，禁止在軍營裏面吹奏笛子或其他樂器，直至得到亞蒙的神諭爲止，那項神諭指示他把赫斐斯欽當作一位英雄尊敬，並且向他獻祭。然後，爲了用戰爭來消滅自己的悲傷，他把人當做狩獵的對象，因爲他去進攻科西安人（Cossaeans），把那個民族全部殺光。這件事情被稱爲對赫斐斯欽鬼魂之獻祭。爲了他的朋友的墳墓、墓碑、和二者的裝飾，他打算花費一萬泰倫；在設計的新奇和手藝的精巧方面，尤其要特別考究。他希望由史泰西克拉底（Stasicrates）來擔任這項工作，因爲這位藝術家所做的一切設計，都表現出一種豪放、不平常、而壯麗的意境。在以前他們二人見面的時候，他曾對國王說，在他所看過的所有的山當中，色雷斯的阿索斯山（Athos）最適於加以改製，用來表現一個人的形狀和輪廓，如果國王那樣命令他的話，他將把那座山製成全世界的一座最高貴最耐久的雕像，它的左手握着一個有一萬居民的城市，右手則傾洩一條大河流入海中。亞歷山大雖然拒絕了這個建議，現在他却花費很多時間，同藝術家們擬議一些更爲荒誕而豪奢的計劃。

在他向巴比倫前進的途中，尼爾卡斯（他在遠征海上之後已經率領艦隊駛入幼發拉底河）前來報告說，他曾遇見幾位迦勒底（Chaldaea）預言者，他們認爲亞歷山大不可進入巴比倫。但是亞歷山大對於這項警告未加理會，繼續前進；當他走近巴比倫城牆時，他看到許多烏鴉互相打架，有些烏鴉死後就掉在他的身旁。在這件事情發生之後，他得到密報，知道巴比倫總督阿坡羅多拉斯曾經向神獻祭，探問他的命運，於是他把預言者畢達格拉斯找來；畢達格拉斯承認有這回事情，他便問他犧牲的情形如何；當畢達格拉斯告訴他犧牲的肝臟沒有肝葉的時候，他說道：「這的確是一個重大的預兆！」他沒有對畢達格拉斯加以傷害，但是後悔沒有聽從尼爾卡斯的勸告；他大部份時間都在巴比倫城外度過，他的帳篷時常遷移，有時候也在幼發拉底河上航行消遣。而且，另外還發生了許多奇異的現象，使他煩惱。一隻馴順的驢去攻擊他所蓄養的一隻最大最漂亮的獅子，而且一脚就把牠踢死了。有一天，他脫了衣服塗油，和一些少年們玩球；玩完球之後，那些少年去爲他取衣服的時候，看見一個人穿着國王的袍子，頭上戴着王冠，默默地坐在他的寶座上面。當那個人被詢問他是誰的時候，他很久沒有講話，最後他神智淸醒過來的時候，他說他的名字叫戴奧奈修斯（Dionysius），是麥森尼亞（Messenia）人，因爲被指控犯罪，而被從海邊帶到那裏來；在那裏，他已被監禁很久，剛才西雷庇斯神（Serapis）[96]出現在他的面前，解除他的桎梏，把他帶到那個地方，叫他穿上王袍，戴上王冠，坐在那裏，不要講話。亞歷山大聽到這個情形，便聽從預言者們的意見，把那個人處死了，但是他從此却意氣銷沉，不信賴衆神的庇護和協助，並且猜疑他的朋友們。他特別擔心安提培特和他的兒子們會對他不利；安提培特的一個兒子艾歐勞斯（Iolaus）擔任他的司酒長，另一個兒子凱桑德（Cassander），最近才從馬其頓來到巴比倫，因爲完全是按照希臘的禮法被教養起來的，所以當他第一次看見野蠻人向亞歷山大俯伏禮拜的時候，不禁哈哈大笑，亞歷山大對於這種冒犯態度很生氣，他用兩手抓住凱桑德的頭髮，把他的頭往牆上撞。還有一次，當旁人指控安提培特的罪狀時，凱桑德想爲他的父親辯護，亞歷山大打斷他的話說：「你說什麼？這些人如果沒有受到傷害，他們會走這麼遠路來誣告你的父親嗎？」凱桑德回答說，他們走這麼遠路，遠離開那些可以反駁他們的證人，就足以證明他們的指控是虛假的，亞歷山大聽到這個話之後，笑着說這是亞理斯多德式的詭辯，這些詭辯可以同樣地適用於雙方；他並且說，如果查明他們父子對於那些控訴的人們稍有不義的行爲，即將對他們二人加以嚴懲。所有這一切，都在凱桑德的心中留下很深刻的恐怖的印象，直到很多年後，他已經做了馬其頓王和全希臘的主人，當他在德爾非各處行走，觀賞那些雕像的時候，他一看到亞歷山大的雕像，便突然驚慌起來，全身發抖，頭暈眼花，很久才恢復過來。

亞歷山大一旦屈服於對於超自然的力量的恐懼，他的心神便惶惶不可終日，極易受驚，任何一件稍微有些不尋常的事情，他都認爲是一個奇異現象或預兆，他的宮廷充滿了預言者和祭司們，那些人的任務就是獻祭、預測未來、和逢凶化吉。不信宗教輕蔑神靈固然不好，迷信也同樣的要不得；像水往低處流一樣，迷信專事侵襲那些沮喪的心靈，使之充滿了恐懼和愚蠢觀念，亞歷山大現在的情形就是如此。但是，在得到一些有關赫斐斯欽的神諭之後，他又丟開煩憂，再去從事獻祭和飲宴。有一天，在他爲尼爾卡斯舉行一場豪奢的宴會之後，他已經按照日常習慣沐浴了，正要就寢的時候，又應了密迪亞斯（Medius）的請求，去參加一場宴樂。在那裏，他整夜飲酒，又接着在第二天喝了一整天，直到最後，他發覺自己害了熱病；這場熱病的侵襲，並不是如某些作家所說的，發生於他從「赫庫里斯之杯」喝酒之後，也不是背部突感疼痛，好像被長槍所刺一般，那些話都是某些作家們的面壁虛構，他們以爲，像這樣一齣偉大悲劇的結局，總要儘可能地弄得富於悲劇意味而動人，才說得過去。據亞理斯多布拉斯說，他在熱病的狂烈狀態之中，口渴不堪，喝了一些酒，然後便陷入狂亂昏迷的狀態，在六月十三日死去[97]。

但是，宮廷的日誌對於他的生病和逝世的經過情形，却有如下的記載。在該月十八日[98]，他因爲害熱病的關係，睡在一個浴室裏面。第二天，他在沐浴之後，遷回臥室，並且同密迪亞斯擲骰子玩。在晚上，他沐浴，向神獻祭，任意地吃了些東西，熱度整夜未退。二十日，在做過例行的獻祭和沐浴之後，他躺在浴室裏面，聽尼爾卡斯講述他的航海情形，和他在大海上所做的觀測。二十一日，他也是在同樣情形中度過的，熱度仍在增加，夜間深感痛苦。第二天，熱病更加劇烈，他吩咐把他的床搬到大浴池的旁邊，躺在那裏，同他的主要軍官們商談如何選拔一些適當的人員，來塡補軍隊中的空出的職位。二十四日，他的情形大爲惡化，由旁人揹着下床獻祭，他並且下令主要軍官們停留在院子裏面，下級軍官們則整夜在門外守候。二十五日，他被遷往河對岸的王宮裏面，在那裏睡了一些時候，但是熱度未減，當他的將軍們走進他的房間的時候，他已不能講話，這種狀態一直繼續到第二天。因此，馬其頓人們認爲他已經死了，大家吵吵嚷嚷地來到王宮的門口，威脅着那些高級官員們，他們只好容許他們進來；他們都沒有穿着甲冑，一個一個地從他的榻旁走過。在這同一天，匹松（Python）和西路卡斯二人被派前往西雷庇斯神殿，請示是否要把亞歷山大帶到那裏去，神諭指示不要移動他。二十八日的晚上，他死了。這一段敘述，大部份都保持着日記中本來的字句。

在當時，沒有人懷疑他是被人毒害的，但是過了六年之後，奧林匹亞斯因爲得到一項情報，而把許多人處死，並且下令把艾歐勞斯（這時他已經死去）的屍體從墳墓裏挖出來，認爲他就是下毒謀殺亞歷山大的人。但是有些人認爲這件謀殺行爲是由亞理斯多德主謀，他勸使安提培特下手做這件事情，毒藥也是由他設法供給的，他們並且舉出一個名叫海格諾底米斯(Hagnothemis)的人，做爲這種說法的根據，據說海格諾底米斯是從安提格納斯王(King Antigonus)那裏聽到這個故事；他們並且說，那種毒藥是從諾納克里斯（Nonacris）地區的一座岩石滴流下來的冰冷的水，像一滴淡淡的露水似地被採拾回來，收藏在一個驢蹄裏面，因爲這種水非常寒冷而具有强烈的腐蝕作用，其他的容器都不適用。可是，大多數作家却認爲，這一切都是憑空揑造的故事，因爲在他的手下將領們的歷時數月的紛爭期間，他的屍體一直在無人照料的情形之下擺在一個悶熱的地方，却始終保持淸新狀態，沒有呈現出被毒品腐蝕的跡象，這就是一個很有力的證明。

洛克莎娜當時已經懷孕，因而大受馬其頓人的尊重；她爲了嫉妬斯泰蒂拉，便假裝亞歷山大仍然活着，派人持着一封假信，把斯泰蒂拉接到她那裏去；當斯泰蒂拉陷入她的掌握之中的時候，她便把她和她的一個姊妹一起殺掉，將她們的屍體投到井裏，然後用土把那口井塡塞起來；這項謀殺行爲，是在坡第卡斯的參與和協助之下完成的；亞歷山大逝世之後，大權已經落入坡第卡斯的手中，他利用阿里迪亞斯做爲掩護，假藉他的名義行使王權。阿里迪亞斯是費力浦的兒子，由一個名叫費林娜（Philinna）的出身微賤的女人所生，他的智力很愚鈍，並不是因爲生來在身體或心智方面有什麽缺陷；相反的，他在兒童時期，表現出一種很令人喜愛而有出息的氣質；但是後來奧林匹亞斯給他服用一種藥，造成一種病態的習性，不僅損害了他的健康，也毀壞了他的心智。

註解：

①（106-48 B. C.）羅馬將軍。

②爲愛琴海東北部之希臘島嶼。

③在希臘神話中，奧甫幽斯爲色雷斯之詩人與音樂家，他所彈奏的七弦琴的樂聲，能使禽獸木石爲之感動。他創立一種崇拜戴奧奈莎斯神（Dionysus）的儀式。

④戴奧奈莎斯爲希臘神話中的酒與戲劇之神。

⑤在色雷斯語中，爲「酒神女信徒」之義。

⑥爲色雷斯之一古代民族。

⑦參加戴奧奈莎斯神祝典的人們頂在頭上的東西。

⑧爲希臘阿伽狄亞東南部之一城市。

⑨（276?-195? B. C.）希臘天文學家。

⑩朱諾爲邱比特之妻。

⑪公元前二五六年。

⑫小亞細亞之一古城。

⑬戴安娜亦爲以弗薩的守護女神。

⑭小亞細亞之一城市。

⑮馬其頓將軍，死於公元前三三〇年。

⑯爲亞德里亞海（Adriatic Sea）之東的一個古國。

⑰公元前第四世紀末葉之希臘雕刻家。

⑱公元前四世紀之希臘畫家。

⑲公元前四世紀之希臘哲學家。

⑳ pancratium，爲角力與鬥拳混合之競技。

㉑（361?-281 B. C.）希臘將軍與色雷斯王。

㉒爲阿基力斯（荷馬史詩「伊利亞特」中的英雄）的老師。

㉓普留斯爲阿基力斯之父。

㉔他們稱那些學問爲 acromatic 和 epoptic，爲「口頭傳授的」或「玄秘的」之意。

㉕（525–456 B. C.）希臘悲劇詩人。

㉖（396–314 B. C.）希臘哲學家。

㉗希臘中西部之一城市，卽本書著者普魯塔克之故鄉。

㉘在希臘東部。

㉙古希臘西部之一古國。

㉚小亞細亞西南部之一地區。

㉛從上下文看來，亞歷山大是暗示他殺害費力浦，阿塔拉斯，和克里奧佩特拉。

㉜在費力浦死後，奧林匹亞斯把他所遺留下來的幼兒和幼兒的母親克里奧佩特拉放在一個裝滿了火的銅盆上面，活活地烤死了。

㉝希臘東部之山隘。

㉞（385?–322）雅典演說家與政治家。

㉟戴奧奈莎斯據說係塞米利（Semele）所生，塞米利爲底布斯的建立者 Cadmus 的女兒。

㊱見四十五頁註㊺。

㊲爲小亞細亞西南部之古城，在赫勒斯龐特海峽之南。

㊳荷馬史詩「伊利亞特」中之人物，爲特洛艾王 Priam 之子，Helen 的愛人。

㊴在小亞細亞西北部。

㊵由重武裝步兵所構成之隊形，士兵的盾互相連接，槍矛交錯，人數最初爲四千，馬其頓王費力浦將其數增爲二

倍，其後增至最初之四倍。

㊶小亞細亞南部之一古國。

㊷小亞細亞東南部之一古國。

㊸小亞細亞南部之一沿海地區。

㊹（343?–291 B. C.）希臘喜劇詩人。

㊺小亞細亞南部之一古國。

㊻邁達斯爲希臘神話中之弗里吉亞國王，戴奧奈莎斯神曾應他的請求而賜給他一種特殊能力，任何東西一經他的手接觸，即變爲黃金，但是當他的食物和自己的女兒也都變爲黃金的時候，他便要求戴奧奈莎斯收回這種恩惠。

㊼爲波斯首都。

㊽古代巴比倫尼亞人所信奉的神。

㊾在西里西亞。

㊿爲敍利亞之主要城市。

(51)伊索斯爲小亞細亞東南部之城市，此次戰役發生於公元前三三三年十一月。

(52)地中海東部之一島。

(53) Sa Tyros 表示 Tyre is thine（太爾爲你所有）。

(54)在巴勒斯坦。

(55)泰倫亦爲一種重量單位。

(56) 爲以色列民族所燒的一種香，用一種芳香的樹脂製成。
(57) 爲熱帶地方所產的一種樹脂，普通呈琥珀色，氣香而味苦。
(58) 埃及的一個濱臨地中海的城市，即下文中亞歷山大所擬建立之城市。
(59) 見於荷馬之「奧德賽」。
(60) (?-522 B. C.) 米底亞 (Media) 與波斯之王。
(61) 另據托勒密 (Ptolemy) 的說法，是有兩條蛇爲亞歷山大的軍隊引路。烏鴉做嚮導的說法，是出自一向報導正確的亞理斯多布拉斯，比較可信。
(62) (?360-328 B. C.) 希臘哲學家與歷史家。
(63) 此語係參考 Perrin 與 Langhorne 之譯文譯出。
(64) Ichor——希臘神話中所講到的流動於諸神血管中的靈液。
(65) 見於荷馬之「伊里亞特」。
(66) 這只是那封傲慢的覆函的結語。
(67) 爲波斯的光與眞理之神。
(68) (600?-529 B. C) 波斯帝國的建立者。
(69) 波斯之一城鎭。
(70) 亞西里利 (Assyria) 之一村莊，在阿比拉之西，相距約三十二哩。
(71) 作者所說的「希臘人」，有時包括馬其頓人，有時不包括，須看上下文決定。

(72)當卽現在的石油（petroleum）。

(73)米廸亞爲希臘神話中的一個女巫，曾幫助傑森（Jason）取得金羊毛，後來傑森將她遺棄，娶克瑞昂之女格勞斯（Glauce）爲妻，米廸亞爲了報復起見，送給格勞斯一件非常精美的長袍，在上面塗了毒藥，格勞斯穿上那件衣服之後，身體的熱氣同衣服上的毒藥一接觸，發生一種作用，使她終被灼死。米廸亞爲好幾部古典悲劇的題材，其中最著名者爲幼里披底斯的作品。

(74)此處希臘文原著及英文譯本均有脫落。

(75)（?-465 B. C.）於 486-465 B. C. 期間爲波斯國王。

(76)原爲馬其頓之北的一個地區，後被併入馬其頓。

(77)（402-317 B. C.）雅典政治家與將軍。

(78) furlong，爲長度名，等於八分之一哩。

(79)卽黑海。

(80)「介乎波斯和米底亞之間」係採用 Perrin 和 Langhore 兩種譯本的說法，Dryden 的譯本爲「介乎波斯與馬其頓之間」。前一種說法似乎比較可以採信。

(81)居於西徐亞之剛勇女族。

(82)見註㉑。

(83)希臘中西部之一地區。

(84)出自幼里披底斯的某一劇本。

(85) 爲一俗諺詩句，有時被認爲是考里瑪卡斯（Callimachus）的語句。

(86) 荷馬史詩「伊里亞特」裏面阿基力斯對赫克特（Hector）所說的話。巴特羅克拉斯被赫克特所殺，後來赫克特又被阿基力斯所殺。

(87) cubit，約合十八吋。

(88) 指距（span）爲姆指尖至小指尖間伸張時之距離，約爲九吋。四腕尺一指距合六呎三吋。

(89) 一尋（fathom）等於六呎。

(90) 見四十三頁註⑧。

(90) 亞洲西南部之一古國。

(91) 即直布羅陀海峽東端兩岸之二岬，相傳係由赫庫里斯所豎立者。

(93) 爲亞歷山大之小同鄉。

(94) 指奧古斯都·凱撒。

(95) 一夸爾（quart）等於四分之一加侖。

(96) 西雷庇斯爲下界之神。

(97) 亞歷山大的死年是公元前三二三年，他的生年是公元前三五六年。

(98) 按照公元的曆法，爲公元前三二三年六月二日。

中華史地叢書

希臘羅馬名人傳（上冊）

作　　者／Plutarch　著、吳奚真　譯
主　　編／劉郁君
美術編輯／鍾　玟

出 版 者／中華書局
發 行 人／張敏君
副總經理／陳又齊
行銷經理／王新君
地　　址／11494 臺北市內湖區舊宗路二段181巷8號5樓
客服專線／02-8797-8396　　傳　　真／02-8797-8909
網　　址／www.chunghwabook.com.tw
匯款帳號／兆豐國際商業銀行　東內湖分行
067-09-036932　中華書局股份有限公司

法律顧問／安侯法律事務所
製版印刷／維中科技有限公司　海瑞印刷品有限公司
出版日期／2018年3月七版
版本備註／據1989年6月六版復刻重製
定　　價／NTD 300

國家圖書館出版品預行編目（CIP）資料

希臘羅馬名人傳 / Plutarch著 ; 吳奚真譯.--
七版. -- 臺北市 : 中華書局, 2018.03-
冊 ;　公分. -- (中華史地叢書)
ISBN 978-957-8595-13-2(上冊 : 平裝)

1.傳記 2.希臘 3.羅馬

784.951　　106024671

NO.G2006-1
ISBN 978-957-8595-13-2（平裝）